Journal of Japanese Legal Studies

日本法研究

第1卷

2015

牟宪魁　主编

中国政法大学出版社

2015・北京

目 录

C O N T E N T S

CONTENTS

专题研究

ARTICLES

行政裁量基准在日本之展开
——以裁量基准的法律性质及其控制为视角

张荣红 *

一、引 言

近年来，我国行政机关在行政处罚领域相继制定了大量的裁量基准，但在裁量基准的具体适用上不断出现纠纷，并出现了相应的司法判决。[1] 如何应对这一现象已成为行政法学的一个课题。在裁量基准的研究中，我们无法回避何为裁量基准、裁量基准的法律性质是什么、在司法审查中裁量基准发挥何种作用这些关于裁量基准的基础理论问题。针对这些问题，我国行政法学界已经展开了深入的探讨。[2] 但正如周佑勇教授指出的那样："究竟什么是裁量基准，为什么需要裁量基准？这一问题目前在理论

* 张荣红，法学博士（九州大学），九州大学法学研究院助教。

〔1〕 例如，周文明诉文山交警不按"红头文件"处罚案。参见王天华："裁量基准与个别情况考虑义务——周文明诉文山交警不按'红头文件'处罚案评析"，载《交大法学》2011 年第 1 期，第 229－235 页。

〔2〕 代表性的研究成果有：王锡锌："自由裁量权基准：技术的创新还是误用"，载《法学研究》2008 年第 5 期，第 36 页以下；余凌云："游走在规范与僵化之间——对金华行政裁量基准实践的思考"，载《清华法学》2008 年第 3 期，第 54 页以下；王天华："裁量标准基本理论问题刍议"，载《浙江学刊》2006 年第 6 期；周佑勇："裁量基准的制度定位——以行政自制为视角"，载《法学家》2011 年第 4 期，第 1 页以下；等等。

上仍然存在着较大的分歧。”[3] 而且，随着制定行政程序法的呼声日益高涨，是否在行政程序法中对裁量基准进行规定以及如何规定，会成为一个必须面对的问题。因此，可以说，对裁量基准的基础理论进行更为深入的研究，是当前我国行政法学界面临的一个重要课题。目前，在法律上要求行政机关制定裁量权行使准则的国家还不多见，而日本正是其一。从比较法的观点来看，研究日本是如何在法律上规定裁量基准、如何理解裁量基准的法律性质，以及在司法审查中是如何看待裁量基准的，应当会对我国的裁量基准理论产生一定的启示。尤其是，近年来，日本行政法学界出现了从新的角度研究裁量基准的理论成果，最高法院也作出了一些正面回应裁量基准问题的判决，值得我们关注。本文基于上述的问题意识，从裁量基准的法律性质及其控制的视角出发，考察裁量基准在日本的理论发展与实际运用。[4]

二、裁量基准的概念及其展开

（一）裁量基准的概念

在论述裁量基准之前，首先需要明确日本法是如何界定“裁量基准”这一概念的。日本行政法学一般认为，裁量基准是关于行政机关裁量权行使的内部基准。[5] 在这一定义中，如何理解“裁量”对裁量基准的界定具有至关重要的意义。日本关于“裁量”的理论研究在明治宪法时代就已存在。最初行政裁量是针对行政行为提起的理论，一般把法律规定明确、行政机关通过对法律的机械性执行而做出的行政行为称为羁束行为；把法律规定中存在不确定性的多义概念、行政机关必须通过自己的判断而做出的行政行为称为裁量

---

〔3〕 周佑勇：“作为行政自制规范的裁量基准及其效力界定”，载《当代法学》2014年第1期，第30页。

〔4〕 关于日本的裁量基准制度，朱芒教授已作过相应介绍。参见朱芒：“日本《行政程序法》中的裁量基准制度——作为程序正当性保障装置的内在构成”，载《华东政法学院学报》2006年第1期，第73－79页。朱芒教授的论文主要从行政程序法的条文规定出发，对日本的裁量基准制度进行了介绍。从内容看，其论文应该是根据行政程序法2005年修正之前的条文进行的分析。由于2005年修正中对裁量基准的条文设置（并未对裁量基准的具体内容）作了修改，本稿将引用现行行政程序法条文。

〔5〕 塩野宏，行政法Ⅰ［第五版補訂版］，有斐閣，2013年，第105页。

行为。对于羁束行为，法院可以自己进行事实认定并适用法律得出结论，进行全面审查，即所谓的判断代替审查；而对于裁量行为，因为法律承认了行政机关的判断权，所以不承认法院的司法审查权。但是，这种观点导致法院的审查范围过于狭窄，所以日本的学说又把裁量行为区分为适于接受司法审查的羁束裁量（或法规裁量）行为和不适于接受司法审查的自由裁量（或便宜裁量）行为。在此基础上，如何区分羁束裁量和自由裁量成为焦点，并出现了要件裁量说和效果裁量说两大阵营的对立。首先，要件裁量说从法律规定的要件出发，认为（当法律规定中存在不确定的多义性概念时，并不一定是自由裁量）法律没有规定要件或者规定的要件中存在公益等概念时承认行政机关的自由裁量，排除司法审查（佐々木惣一[6]）。而效果裁量说从行政行为的效果和性质出发，认为法律要件的认定中不存在行政裁量，只有关于行政行为效果的决定才存在行政裁量；而且主张，限制国民的权利自由的行政行为不属于自由裁量，与国民的权利自由没有关系的行政行为或者授益行政行为属于自由裁量（美濃部達吉[7]）。

日本在第二次世界大战前对要件裁量基本上持否定态度，但二战后由于推行各项占领政策成为行政机关迫在眉睫的课题，需要司法承认行政机关的广泛裁量权。在此背景下，出现了从法院的判断能力这一新视角出发展开的自由裁量理论。[8] 法院也从专门技术判断、综合性政治性的价值判断等考虑出发，承认行政机关的要件裁量。[9] 二战后，日本行政诉讼法第30条裁量权滥用法理的采用，使得羁束裁量和自由裁量的区分变得相对，行政法学界也渐渐地不再使用“自由裁量”这一用语，而仅以“裁量”或“行政裁量”称之。现在，日本行政法学一般把行政裁量区分为要件裁量和效果裁量。要件裁量是指，对是否满足作为行政行为根据的要件承认行政机关最终认定权的情形；而效果裁量是指，对是否作出行政

〔6〕 佐々木惣一，日本行政法総論，有斐閣，1924年，第69页以下。

〔7〕 美濃部達吉，行政裁判法，千倉書房，1929年，第152页。

〔8〕 宮田三郎，専門技術的裁量について，判例時報2067号，2010年，第3页。

〔9〕 著名判例是マクリーン事件上告审判决，最高裁判所判决，1978年10月4日，民集32卷7号，第1223页。

行为以及作出何种行政行为承认裁量的情形。[10] 因此，裁量基准是对法律授权行政机关的要件裁量和效果裁量制定的行政机关裁量权行使的内部基准。

（二）行政程序法的规定

日本裁量基准的制定义务首先是由最高法院提出来的。著名的个人出租车许可申请案中，最高法院认为“行政机关根据具体的各个事实关系从多数人中选定少数特定人给予许可时，对于事实认定行政机关不得采取客观上存在行政机关独断之可能性的不公正程序。即，道路运送法第6条只规定了抽象的许可基准，所以行政机关就算在行政机关内部也应当制定对第6条进行具体化的审查基准，而且应当公正并合理地对其进行适用。”[11] 该案的一审判决[12]也认定了行政机关制定审查基准的义务。当时正值行政程序法制定过程中，该一审判决出台后出现了规定行政机关制定并公开行政许可认可的“许可基准”义务的桥本草案[13]，之后的行政程序法的草案基本上沿袭了桥本草案。[14] 因此该判决对行政程序法规定审查基准和处分基准起到了极大的推动作用。1993年制定的日本行政程序法正式规定了审查基准和处分基准。在此需要注意的是，行政程序法规定的审查基准和处分基准并不是只针对裁量行为。行政程序法并没有区分裁量行为和羁束行为，它对所有的行政行为都适用（适用除外条款规定的行为除外），因此审查基准和处分基准除裁量基准外也包括解释基准。[15]

---

〔10〕 塩野宏，行政法 Ⅰ，第5版補訂版，有斐閣，2013年，第126－127页。

〔11〕 最高裁判所判决，1981年10月28日，判例時報647号，第22页。

〔12〕 东京地方裁判所判决，1963年9月18日，行集14卷9号，第1666页。

〔13〕 橋本公亘，行政手続法草案，有斐閣，1974年。

〔14〕 塩野宏・高木光，条解行政手続法，弘文堂，2000年，第139页。

〔15〕 解释基准指，为了确保行政的统一性，上级行政机关对下级行政机关发布的法令（法律和授权立法）解释的基准。解释基准对下级行政机关具有拘束力，但是对公众和法院不产生拘束力。在诉讼中对解释基准的合法性产生争议时，法院不需要考虑，也不应当考虑解释基准，而是自己解释并适用法令（参见塩野宏，行政法 Ⅰ，第5版補訂版，有斐閣，2013年，第102页）。在对法院的拘束力这一点上，解释基准与裁量基准（后述）存在很大的区别。实际上，审查基准和处分基准是裁量基准还是解释基准的区分日趋困难，常常需要法院根据授权法的规定对行政裁量的有无和大小进行判定之后才能做出判断（参见佐伯祐二，審査基準・処分基準の法的性格，收录于高木光・宇賀克也編，行政法の争点，有斐閣，2014年，第78－79页）。

1. 审查基准

审查基准主要针对基于行为人申请的行政许可、认可等应申请[16]行政行为（应申请处分[17]），指根据法令的规定判断是否作出基于申请的行政许可、认可等行政行为所需要的基准（行政程序法第2条第8号ロ）。行政程序法第5条规定，行政机关应当制定审查基准；在制定审查基准时，必须根据行政许可、认可的性质将其尽量具体化；而且只要不存在行政上的特别需要，必须将审查基准公开于众。这一规定旨在确保行政机关判断过程的透明性，是保护申请人程序性权利的规定。[18]

根据该条规定，行政机关负有制定审查基准的义务，但是在一些例外情形下允许行政机关不制定审查基准。[19] 首先，当法令的规定明确，仅根据法令的规定便可以判断是否作出行政许可等行政行为时，不需另行制定更为具体的审查基准。其次，过去没有申请的例子或者根据实际情况来看将来不会发生申请行为等特殊情况下，可以在产生审查的必要性时再制定审查基准。最后，对在性质上必须根据各个申请进行具体判断的行政许可，制定较法令的规定更为具体的基准存在困难时，行政机关可以不必制定。

---

〔16〕 行政程序法第2条第3号规定，“申请”指根据法令（法律、根据法律授权制定的命令、地方自治体议会制定的条例，以及地方自治体的知事、市长等执行机关制定的规则等）申请行政机关赋予许可、认可、资格证等对自己具有某种利益的处分行为，对该申请行为，行政机关负有许可或拒绝的答复义务。

〔17〕 “行政行为”这一用语在我国已成为法律用语，而日本行政程序法使用的用语不是“行政行为”而是“处分”。其实，在日本“行政行为”仅仅是学界使用的用语，法律一般使用“行政处分”（如地方自治法第242条之2第2款）或“处分”[如行政程序法、行政不服审查法（相当于我国的行政复议法）、行政事件诉讼法（相当于我国的行政诉讼法）]。而且，正如行政不服审查法规定的那样，“处分”这一用语不仅包括法律行为，还包括一些事实行为。加之，随着行政诉讼法中处分概念外延的扩大，行政立法、行政规划等行政活动有时也被作为“处分”对待。因此，在日本，“处分”的外延与“行政行为”的外延并不完全一致，一般而言，“处分”的外延更宽一些。但是，如注16和注22所述，行政程序法对“处分”作了界定，排除了事实行为和行政立法、行政规划等行政活动，所以本稿为便于我国读者理解，以“行政行为”这一用语替代日本行政程序法使用的“处分”这一用语。

〔18〕 室井力ほか编，コンメンタール行政法Ⅰ 行政手続法・行政不服審查法，第2版，日本評論社，2008年，第92－93页。

〔19〕 行政管理研究センター编，逐条解説行政手続法［18年改訂版］，ぎょうせい，2006年，第139页。

制定审查基准应当具体到何种程度，要根据行政许可的性质而不同。一般认为，当行政许可是羁束性较强的行政行为时，应当尽可能地把审查基准具体到可以得出一种判断的程度；而当行政许可是赋予行政机关广泛裁量的行政行为时，审查基准可以是方针或者考虑要素等内容。[20] 制定的审查基准不存在行政上的特殊情况时，应当以备放在行政机关等其他适当的方式予以公开。行政上的特殊情况主要指，存在危害国家安全、损害与其他国家或国家机关的信赖关系或者外交交涉可能性的情形。这时是否公开的判断权归属于行政机关。[21]

2. 处分基准

处分基准主要针对行政机关作出的不利行政行为（不利处分[22]），指根据法令的规定，判断是否作出不利处分或作出何种不利处分所需要的基准（行政程序法第2条第8号ハ）。行政程序法第12条规定，行政机关制定处分基准并将之公布于众，行政机关在制定处分基准时，应当根据不利处分的性质尽量予以具体化。由此可以看出，与审查基准不同，处分基准的制定和公开并不是一种法定义务，而是一种努力义务，其原因在于不利处分中行政机关的裁量权相对较大，而且需要在具体事例中判断作为处分原因之事实的反社会性或行政相对人的具体情况，因此制定统一的具体基准在技术上存在困难。[23]

（三）裁量基准的制定状况

如上所述，日本的行政程序法以法定义务或者努力义务的形式要求行政机关制定审查基准和处分基准。行政程序法于1994年10月1日开始施行，国家和地方行政机关也开始制定各种申请基准和

---

〔20〕 同前注，第139页。

〔21〕 同前注，第140页。

〔22〕 行政程序法第2条第4号规定，“不利处分”指行政机关根据法令的规定，对特定人直接课以义务或限制权利的行政处分，但不包括事实行为、对申请行为做出的拒绝处分、基于行政相对人的同意作出的不利行为等。

〔23〕 行政管理研究センター编，同前注19，第166页。除此之外，认为作为努力义务的原因也在于公开处分基准有可能促使违法行为的发生（例如处分基准中明确第一次违反、第二次违反仅进行口头或者书面上的劝告，而只有在第三次违反之后才予以处罚时，才有可能促使违法行为的发生）。参见宇賀克也，行政手続法の解説第6次改訂版，学陽書房，2013年，第107页。

处分基准。[24] 其制定状况如表 1 和表 2 所示。

表 1　审查基准的制定状况（1994 年 10 月 1 日—2005 年 3 月 31 日）

区分		国家机关			地方机关（平均）		
		本部	地方支部等	合计	都道府县	市	合计
对象处分数		5790	2571	8361	1450	292	1742
已制定		4666（80.6%）	2405（93.5%）	7071（84.6%）	1137（78.4%）	195（66.8%）	1332（76.5%）
方式	以通知等形式制定	2343（50.2%）	1934（80.4%）	4277（60.5%）	691（60.8%）	116（59.5%）	807（60.6%）
方式	法令规定的标准明确，无需另行制定	2323（49.8%）	471（19.6%）	2794（39.5%）	446（39.2%）	79（40.5%）	525（39.4%）
未设定		1124（19.4%）	166（6.5%）	1290（15.4%）	313（21.6%）	97（33.2%）	410（23.5%）
理由	过去罕有申请的例子，预先制定审查基准存在困难	509（45.3%）	79（47.6%）	588（45.6%）	×	×	×
理由	根据事例的不同裁量的幅度不同，制定审查基准存在困难	117（10.4%）	3（1.8%）	120（9.3%）	×	×	×

〔24〕 日本行政程序法第 3 条第 3 款规定，地方公共团体根据该地方公共团体的条例或规则作出的行政行为不适用行政程序法关于行政行为的相关规定。但日本 99.9% 的地方公共团体已经制定了与行政程序法内容相当的行政程序条例，所以在此对地方公共团体制定审查基准和处分基准的状况一并进行考察。参见，总务省，地方公共団体における行政手続条例（規則等）及び意見公募手続制度の制定状況，检自 http://www.soumu.go.jp/main_ content/000058385.pdf，检索日期：2015 年 6 月 6 日。

续表

区分		国家机关			地方机关（平均）		
		本部	地方支部等	合计	都道府县	市	合计
理由	虽然过去有申请的例子，但是未来不存在申请的可能性，不存在制定审查基准的实际意义	466 （41.5%）	53 （31.9%）	519 （40.2%）	×	×	×
	其他	32 （2.8%）	31 （18.7%）	63 （4.9%）	×	×	×
公开 （以通知等形式制定）		2260 （96.5%）	1934 （100%）	4194 （98.1%）	647 （93.6%）	107 （92.2%）	754 （93.4%）
方式	网络公开	1138 （50.3%）	803 （41.5%）	1941 （45.4%）	×	×	×
	在行政机关可自由阅览	236 （10.5%）	329 （17.0%）	567 （13.3%）	×	×	×
	根据申请提供	886 （39.2%）	802 （41.5%）	1688 （39.4%）	×	×	×
不公开		83 （3.5%）	0 （0%）	83 （1.9%）	44 （6.4%）	9 （7.8%）	53 （6.6%）

注：“×”指该项数据未公开。

出处：笔者根据总务省《行政手続法の施行状况に関する調査結果——国の行政機関》（2006年5月15日）和总务省《行政手続法の施行状况に関する調査結果——地方公共団体》（2006年7

月 11 日)[25] 制作。

表 2　处分基准的制定状况（1994 年 10 月 1 日—2005 年 3 月 31 日）

<table>
<tr><th rowspan="2" colspan="2">区分</th><th colspan="3">国家机关</th><th colspan="3">地方机关（平均）</th></tr>
<tr><th>本部</th><th>地方支部等</th><th>合计</th><th>都道府县</th><th>市</th><th>合计</th></tr>
<tr><td colspan="2">对象处分数</td><td>4255</td><td>1747</td><td>6002</td><td>1364</td><td>313</td><td>1677</td></tr>
<tr><td colspan="2">已制定</td><td>2880
(67.7%)</td><td>1395
(79.7%)</td><td>4275
(71.2%)</td><td>904
(66.3%)</td><td>191
(61.0%)</td><td>1095
(65.3%)</td></tr>
<tr><td rowspan="2"></td><td>以通知等形式制定</td><td>915
(31.8%)</td><td>908
(65.1%)</td><td>1823
(42.6%)</td><td>445
(49.2%)</td><td>105
(55.0%)</td><td>550
(50.2%)</td></tr>
<tr><td>法令规定的标准明确，无需另行制定</td><td>1965
(68.2%)</td><td>487
(34.9%)</td><td>2452
(57.4%)</td><td>459
(50.8%)</td><td>86
(45.0%)</td><td>545
(49.8%)</td></tr>
<tr><td colspan="2">未设定</td><td>1375
(32.3%)</td><td>352
(20.1%)</td><td>1727
(28.8%)</td><td>460
(33.7%)</td><td>122
(39.0%)</td><td>582
(34.7%)</td></tr>
<tr><td rowspan="3">理由</td><td>过去罕有处分的例子，预先制定处分基准存在困难</td><td>617
(44.9%)</td><td>165
(46.9%)</td><td>782
(45.3%)</td><td>×</td><td>×</td><td>×</td></tr>
<tr><td>根据事例的不同裁量的幅度不同，制定处分基准存在困难</td><td>703
(51.1%)</td><td>139
(39.5%)</td><td>842
(48.8%)</td><td>×</td><td>×</td><td>×</td></tr>
<tr><td>虽然过去有处分的例子，但是未来不存在处分的可能性，不存在制定处分基准的实际意义</td><td>12
(0.9%)</td><td>13
(3.7%)</td><td>25
(1.4%)</td><td>×</td><td>×</td><td>×</td></tr>
</table>

---

〔25〕 可参阅 http：//www. soumu. go. jp/main_ sosiki/gyoukan/kanri/tetsuzuki/tetsuzuki_ tyousa. html，检索日期：2015 年 6 月 6 日。2006 年以后总务省的调查主要以前一年度新增处分的审查基准和处分基准的制定状况为调查对象。

续表

区分		国家机关			地方机关（平均）		
		本部	地方支部等	合计	都道府县	市	合计
	其他	43 （3.1%）	35 （9.9%）	78 （4.5%）	×	×	×
公开（以通知等形式制定）		816 （89.2%）	798 （87.9%）	1614 （88.5%）	414 （93.0%）	97 （92.4%）	511 （92.9%）
方式	网络公开	479 （58.7%）	273 （34.2%）	752 （46.6%）	×	×	×
方式	在行政机关可自由阅览	123 （15.1%）	163 （20.4%）	286 （17.7%）	×	×	×
方式	根据申请提供	214 （26.2%）	362 （45.4%）	576 （35.7%）	×	×	×
不公开		99 （10.2%）	110 （12.1%）	209 （11.5%）	31 （7.0%）	8 （7.6%）	39 （7.1%）

注：“×”指该项数据未公开。

出处：笔者根据总务省《行政手続法の施行状況に関する調査結果——国の行政機関》（2006年5月15日）和总务省《行政手続法の施行状況に関する調査結果——地方公共団体》（2006年7月11日）[26]制作。

综观日本行政机关公开的审查基准或处分基准，有一部分直接引用了法令条文，这表明行政机关认为法令规定的标准已很明确，无需另行制定更为具体的审查基准或处分基准。如表所示，这一形式在日本行政机关的实务中占一定的比例。相较而言，认为法令规定的标准尚不够明确需要另行制定审查基准或处分基准的情况更

---

〔26〕 可参阅 http：//www.soumu.go.jp/main_sosiki/gyoukan/kanri/tetsuzuki/tetsuzuki_tyousa.html，检索日期：2015年6月6日。2006年以后总务省的调查主要针对前一年度新增处分的审查基准和处分基准的制定状况。

多。不制定基准的原因主要在于，过去罕有申请或处分的例子，事先制定审查基准或处分基准存在困难。而其中不制定审查基准的另一重要原因是未来申请的可能性很小，不存在制定的实际意义；而不制定处分基准的另一重要原因是，根据具体事例的不同处分的幅度也不同，制定具体的处分基准存在困难。这也正体现了行政处罚等不利行政行为要求行政机关灵活运用其裁量权的必要性更高。行政机关制定的处分基准或审查基准基本上都予以公开。〔27〕其中主要采取在政府信息公开网站（e－Gov〔28〕）或行政机关的网站主页刊登等网络公开的方式。

三、裁量基准的法律性质

（一）裁量基准与行政立法二元论

裁量基准是行政机关制定的规范裁量权行使的内部基准，属于行政机关制定的规范。日本的传统行政法学把行政机关以法条形式制定的规范称为行政立法，并以是否涉及国民的权利义务（法规性的有无）为标准分为法规命令和行政规则。〔29〕法规命令是指行政机关制定的关于国民权利义务的法规范，其形式一般是政令（内阁总理大臣制定）、府省令（内阁府或内阁的各省大臣制定）、规则（行政委员会或会计监察院、人事院制定）。根据依法行政原理重要原则之一的法律的法规创造力原则，制定法规命令需要法律的授权（授权立法）。〔30〕根据法律的授权制定的法规命令具有与法律同等的适用效力，对法院产生拘束效果，亦即具有外部效力。而行政规则是指，行政机关制定的规定与国民权利义务无关的行政机关内部事项的抽象性规范，一般采用通知、纲要、告示等形式。行政规则

---

〔27〕表 1 和表 2 只列出了以通知等形式制定的审查基准或处分基准的公开情况。但是因为在法令规定的标准明确无需另行制定基准的情形下，法令只要一经公布，便代表公众可以知晓，无需另行公开，所以表 1 和表 2 中的公开状况可理解为所有审查基准和处分基准的公布情况。

〔28〕http：//www. e－gov. go. jp/index. html.

〔29〕参见田中二郎，新版行政法上Ⅰ全訂第一版，弘文堂，1963 年，第 144－153 页。

〔30〕值得注意的是，这里所说的授权仅有组织法的授权是不充分的，必须有作用法上的具体授权。

不涉及国民的权利义务关系，所以不需要法律的授权，只对行政机关内部产生拘束效果，对法院不产生拘束力。日本行政法学一般认为裁量基准属于行政规则。[31]

随着行政事务的复杂化及专门化，需要对法令进一步具体化，从而导致行政机关制定的规范日益增多。其中不直接以公众的权利义务为内容的规范占很大比重。这些规范根据传统的行政立法二元论属于行政规则，而行政规则的效力限定在行政机关内部，否认它对公众和法院的拘束力。但是行政机关在实际运用中，除了以法律和根据法律授权的法规命令为根据之外，往往也把行政规则作为行动的标准。在这种情形下，行政规则往往在事实上产生拘束公众权利的效果。例如，裁量基准作为行政规则，属于行政机关制定的内部行政规范，原则上对公众和法院不发生拘束力。但是，在行政机关的实际运用中，裁量基准对公众和法院产生事实拘束力的现象日益显著。日本的法院和行政法学界针对这一现象作出了相应的回应，下面就此进行讨论。

（二）最高法院的观点

如前所述，行政程序法的施行使得行政机关制定并公开了大量的裁量基准。在现实中，因裁量基准的适用而产生的纠纷也日益增多。在具体的诉讼中，各级法院对裁量基准的法律性质作出了相应的判断。因为下级法院往往根据最高法院的判决理论进行判决，[32]所以在此仅对最高法院的判决进行分析。

1. 马克林延长签证期间申请案[33]

该案判决是针对请求撤销法务大臣拒绝延长签证期间申请的撤销诉讼的大法庭判决。当时的出入国管理令规定，法务大臣只有在“延长签证期间具有充分的合理理由时”可以作出延长签证期间的

---

〔31〕 塩野宏，行政法Ⅰ［第五版補訂版］，有斐閣，2013年，第105页。

〔32〕 在日本，最高法院将某一具体案件发回重审时，最高法院判决对重审该案的法院产生拘束效果（裁判所法第4条），但法律上并没有规定最高法院的判决对之后审理类似案件的法院产生拘束效果。但实际上，下级法院往往把最高法院判决作为先例进行判决，且最高法院也很少变更过去的判决。因此，最高法院判决实际上往往被作为不成文法源对待。

〔33〕 著名的“マクリーン事件”。最高裁判所判决，1978年10月4日，民集32卷7号，第1223页。

行政行为。而对于何为“具有充分的合理理由”，当时的出入国管理令并未作详细规定。最高法院认为这样的规定方式“把是否具有延长理由的判断委任给法务大臣的裁量，其裁量权的范围是广泛的”。在此前提下，最高法院认为：“即使行政机关对属于其裁量的事项制定了裁量权行使的准则，这样的准则原本是为了确保行政机关行政行为的适当性而制定的，所以即使行政机关违反该准则做出行政行为，原则上只会产生适当不适当的问题，该行政行为不当然违法。”〔34〕根据该判决，行政机关违反自己制定的裁量基准做出行政行为时，该行政行为不违法。换言之，裁量基准不具有外部效力。

2. 伊方核电站设置许可案〔35〕

该案判决是针对请求撤销核电站设置许可的撤销诉讼的判决。〔36〕根据核电规制法第24条的规定，核电站设置的许可标准由三个要件组成。第一，原子炉不存在被用于和平目的之外的可能性；第二，核电站设置者具有必要的技术能力和管理经营基础，并且具有充分确保核电站正确运作的技术能力；第三，原子炉设施的位置、构造及设备不得为核燃料物质或被核燃料物质污染的物质，且在防止原子炉引发的灾害上不存在困难。第一和第二要件的审查较容易，但是对具有决定性意义的第三要件，特别是“防止原子炉引发的灾害上不存在困难”这一要件的审查，由于法律并没有明确规定其具体内容，所以成为争论的焦点。关于这一要件的审查，行政机关主要根据原子力安全委员会（现已废除）制定的各种基准和指针〔37〕来进行。

在该案中，最高法院认为：“在原子炉设置许可行政行为的撤销诉讼中，对原子炉设施的安全性判断是否恰当存在争论时，法院

〔34〕 阿部泰隆教授指出，在行政程序法规定审判基准和处分基准之后该判决已不具有合理性。参见阿部泰隆，行政法解釈学Ⅰ，有斐閣，2008年，第391页。

〔35〕 最高裁判所判决，1992年10月29日，民集46卷7号，第1174页。

〔36〕 关于在2011年3月11日发生的日本大震灾引发核电站核泄漏事故后，日本行政法学界对核电站设置的安全性审查的探讨，参见拙稿：“日本行政法的新动向”，《法学思潮》2013年第3卷第2期，第4－10页。http：//lawtimes. fyfz. cn/b/778926.

〔37〕 各种基准和指针的名称及具体内容，参见《原子力安全委員会安全審査指針集》，检自 http：//www. nsr. go. jp/archive/nsc/shinsashishin/anzen. htm，检索日期：2015年6月6日。

的审理、判断应当从被告行政机关以原子力委员会或原子炉安全专门审查会对专门技术的调查审议和判断为基础作出的判断是否存在不合理的观点出发而进行。对照现在的科学技术水平，如果上述调查审议采用的具体审查基准存在不合理之处，或者认为该原子炉设施符合上述具体审查基准的原子力委员会或原子炉安全专门审查会在调查审议和判断的过程中存在难以忽视的错误、欠缺，而被告行政机关的判断是根据其作出的，那么，被告行政机关的判断即被认为存在不合理之处，根据该判断做出的原子炉设置许可行政行为违法。”〔38〕

根据该判决，最高法院在审查行政机关关于原子炉设施的安全性判断时，首先对行政机关进行安全性判断时所采用的具体审查基准的合理性进行审查。如果其存在不合理之处，则该安全性判断存在不合理，导致行政机关行政行为的违法；如果该具体审查基准合理，那么需要对在安全性判断的过程中有权机关的调查审议和判断过程是否存在难以忽视的错误或欠缺进行审查，如果存在上述瑕疵，则被认为不合理，从而导致行政机关行政行为违法。换言之，当行政机关制定裁量基准且行政机关根据裁量基准做出行政行为时，法院在审查行政行为时首先对裁量基准是否存在不合理之处进行审查，如果它是合法合理的，那么就可以根据它来判断行政机关的行政行为是否合法。这虽然并没有直接肯定上述基准的拘束力，亦即其作为法源的地位，但是间接地肯定了上述基准的拘束力。

3. 三菱出租车公司申请调高运费认可案〔39〕

该案判决是针对行政机关拒绝三菱出租车公司因消费税的提高而申请调高出租车运费的认可的撤销诉讼的判决。道路运送法第9条第2款第1号规定了运费变更认可的认可基准，即该运费“是有效经营下的适当成本的偿付，并且，包含适当的利润”。关于该认可基准的判断，行政机关制定了运费成本计算基准。最高法院认为，由于法律规定的认可基准是抽象概括的，在认定是否符合认可

---

〔38〕 另外，关于行政机关的安全性判断是否存在不合理的举证责任，因为关于原子炉设施安全性审查的所有资料都由行政机关持有，所以最高法院认为行政机关应当对具体审查基准的合理性以及调查审议和判断过程中行政机关不存在不合理进行举证，如果行政机关不能举证或举证不充分，则推定行政机关作出的安全性判断存在不合理之处。

〔39〕 最高裁判所判决，1999年7月19日，判例時報1688号，第123页。

基准时需要行政机关的专门技术、知识经验和公益判断，所以在一定程度上存在裁量的要素。因此，上述运费成本计算基准属于裁量基准。

在判决中最高法院认为该裁量基准作为上述认可基准的具体判断基准具有合理性，并且指出："只要不存在特殊情况，（行政机关根据裁量基准——笔者注）判断符合该号基准的，地方运输局长上述裁量权的行使可以得到支持。"根据该判决，当裁量基准存在合理性时，根据裁量基准做出的行政行为即合法。这也可以说承认了裁量基准的外部效力。不过值得注意的是，当裁量基准合理时，根据裁量基准做出的行政行为并不必定合法，因为当存在"特殊情况"时，需要行政机关根据法律进行具体判断。

4. 一级建筑工程师资格证吊销案〔40〕

该案是针对请求撤销一级建筑工程师资格证吊销行政行为的撤销诉讼的判决。建筑士法第 10 条第 1 款规定，建筑工程师"违反本法或关于建筑物建筑的其他法律，或者根据这些法律制定的命令或条例（指都道府县和市町村的议会立法——笔者注）规定的"，"关于业务实行了不诚实的行为的"，颁发资格证的行政机关可以对该建筑工程师处以"警告、责令 1 年以下的业务停止或者吊销资格证"等惩戒处分。对于这一惩戒处分，行政机关制定并公开了处分基准。在该案中，行政机关作出了吊销原告资格证的惩戒处分。原告主张行政机关在作出惩戒处分时，没有就处分与行政机关公开的处分基准之间的适用关系作出说明，违反了行政程序法第 14 条第 1 款规定的说明理由义务，请求撤销该吊销资格证的行政行为。因此在该案中，处分基准本身是否合理并未成为焦点，最高法院也未就处分基准本身作出评价。但是，最高法院指出："关于对建筑工程师的惩戒处分，行政机关对如何决定处分内容制定了处分基准，该处分基准是经过公开征集意见程序等确保其正当性的复杂程序制定并公开的，而且其内容……为对应各种各样的情形而变得极其复杂。因此，在对建筑工程师作出惩戒处分的同时所说明的理由中，如果不对作为处分原因的事实和处分根据的法律条文之外的该处分基准的适用关系进行说明，一般而言，处分的相对人根据上述事实

〔40〕 最高裁判所判决，2011 年 6 月 7 日，民集 65 卷 4 号，第 2081 页。

及作为根据的法律条文的说明可能知晓符合处分要件的理由，但是很难知晓根据什么理由适用了怎样的处分基准而选择了该处分。”在此理论前提下，最高法院认为，在该案中行政机关未说明行政行为和处分基准之间的适用关系，违反了行政程序法第 14 条规定的说明理由义务，该行政行为违法。

如前所述，作为裁量基准的处分基准不是法规命令，不具有拘束力，那么为什么需要对其适用关系予以说明呢？本案中最高法院对这一点并没有进行说明，但是本案的反对意见和补充意见涉及了这一点。那须弘平法官在反对意见中指出：“当处分基准被制定并公开后，即使采用了通知的形式，处分基准也具有了外部效力或者自我拘束力，对行政机关一律要求反映该处分基准内容的说明理由义务，这一观点得到推崇。但是，本来关于不利行政行为的处分基准，行政机关对其设定和公开只负有努力义务。那么，也有充分的余地将行政机关认为不需要把适用关系在理由中予以提示并在此前提下制定处分基准的做法，解释为属于行政机关裁量权的范围。而且这样解释更符合上述努力义务的规定，使根据实际情况灵活处理变得可能。”由此可以看出，那须法官否认了裁量基准的外部效力。

对此田原睦夫法官认为，那须弘平法官的上述观点在“行政机关在制定了不利行政行为的处分基准但对其不公开，完全作为内部处理基准进行运用的情况下”可以成立。但是，“行政机关制定不利行政行为的处分基准并将其公开，是该行政机关表明在做出不利行政行为时，只要没有特殊情况，受该处分基准的拘束。而且，认为在表明了根据自己制定的处分基准做出不利处分的同时，又可以不根据处分基准而根据实际情况灵活处理的观点，背离了行政程序的透明性，违反行政程序法的立法宗旨”。由此可以看出，田原法官认为当处分基准被公开时，除非有特殊情况，行政机关必须根据处分基准做出行政行为，亦即承认了处分基准的外部效力。〔41〕

5. 营业停止处分撤销案〔42〕

该案判决是针对风俗营业企业提起请求撤销营业停止处分的撤

---

〔41〕 关于本案的评析，参见原田大樹，判批，法政研究（九州大学）78 卷 4 号，2012 年，第 1129 - 1145 页。

〔42〕 最高裁判所判决，2015 年 3 月 3 日，裁判所時報 1623 号，第 6 页。

销诉讼的判决。该案原告受到了为期 40 天的营业停止处分。风俗营业规制法（風俗営業等の規制及び業務の適正化等に関する法律）第 26 条第 1 款规定，当认为风俗营业者违反风俗营业的法令规定、明显可能危害善良风俗或清净的风俗环境时，公安委员会可以对该风俗营业者作出吊销营业许可证，或 6 个月以下的责令一部分或者全部停止该风俗营业的处分。根据该规定，北海道函馆公安委员会根据行政程序法第 12 条第 1 款的规定，制定了关于该处分量定的处分基准。该处分基准根据各种事由对营业停止的停止期间上限和下限规定了标准期间，并且对过去 3 年之内受到过营业停止处分的风俗营业者规定了处分的加重情节，即把上述上限和下限的标准期间乘以过去 3 年内受到营业停止处分的次数的 2 倍所得的数值作为停止期间的上限和下限。日本行政诉讼法规定提起撤销诉讼必须具备诉讼利益，而本案原告在判决作出时，该营业停止处分因为期间届满效力消失，所以在处分的效力因期间届满消失后，原告是否仍然享有因撤销该处分而产生可恢复的法律利益（行政程序法第 9 条第 1 款）成为争论的焦点。二审法院认为，法令中不存在可以以过去受到过营业停止处分为理由采取加重处分等不利对待的规定；该处分基准不具有法令的性质，虽然根据处分基准，过去受到过该处分会成为将来行政机关处分时裁量权行使的考虑要素，但是这样的对待并不是该处分的法律效力，因此认为不具有诉讼利益，驳回原告诉讼请求。

关于这一点，最高法院做出了不同的判断："根据行政程序法的条文用语和宗旨，应当说根据该法第 12 条第 1 款制定并公开的处分基准不单单为了行政运营上的方便，而且为了确保不利行政行为判断过程的公正和透明性，由此保护行政相对人的权利利益。因此，当行政机关根据该款制定公开的处分基准中，存在在后发处分的量定时以受到过先行处分为理由予以加重这一宗旨的不利对待的规定时，<u>如果行政机关在后发处分中采取了与该处分基准不同的做法，从裁量权行使的公正且平等对待的要求和行政相对人对基准内容的信赖保护的观点来看，在不存在应当采取与处分基准的规定不同对待的特殊情况时，这样的做法应当被认为属于超出裁量权的范围或者属于裁量权的滥用</u>（下划线为笔者加注）。在这个意义上，该行政机关在后发处分的裁量权受到拘束，即应当根据该处分基准来行使，当受到过先行处分的人成为后发处分的对象时，在没有上述特殊情况的存在时，根据该处分基准的规定，处分量定会加重。”在这一理论前提下，最高法院认为：“根据行政程序法第12条第1款的规定制定并公开的处分基准中，存在以受到过先行处分为理由，在后发处分的量定时予以加重这一宗旨的不利对待的规定，受到过上述先行处分的处分相对人在将来有可能成为上述后发处分的对象时，即使在上述先行处分的处分效力因期间届满消失后，在因该处分基准的规定受到上述不利对待的期间内，仍然享有因撤销该处分而产生可恢复的法律利益。”根据这种观点，最高法院判定原告具有诉讼利益，撤销二审判决，发回一审重审。

根据上述判决可以看出，最高法院明确指出了处分基准的外部效力，并首次阐述了理由。即当处分基准被制定和公开时，基于裁量权行使的公正且平等对待的要求和相对人对基准内容的信赖保护的观点，行政机关原则上应当根据处分基准行使裁量权，当存在特殊情况时，行政机关可以采取与处分基准的规定不同的做法。这与下面所探讨的行政法学通说是一致的。

由此可见，关于裁量基准的法律性质，最高法院由最初的只把它作为内部基准而否定其外部效力的观点，逐渐发展为承认其外部效力，要求行政机关原则上根据其制定并公开的裁量基准行使裁量权。这种观点的演化，在一定程度上也体现了最高法院加强其在控制行政机关裁量权行使保护私人权利利益上作用的意图。

（三）行政法学界的观点

与最高法院不同，行政法学界在行政程序法制定之初便认为，裁量基准在某些情况下对公众和法院具有拘束力，亦即外部效力。这种观点现在已达成共识。但是关于该外部效力的来源仍存在不同的观点。

第一，通说认为，裁量基准以平等原则、信赖保护等法的一般原则为媒介，间接具有拘束力。[43] 裁量基准制定并公开，对行政

〔43〕 塩野宏，行政法Ⅰ［第五版補訂版］，有斐閣，2013年，第106页；大橋洋一，行政法Ⅰ 現代行政過程論第2版，有斐閣，2013年，第145－146页；宇賀克也，行政法概説Ⅰ第5版，有斐閣，2013年，第292页；稲葉馨等，行政法第2版，有斐閣，2010年，第57－58页；平岡久，行政立法と行政基準，有斐閣，1995年，第252－258页；阿部泰隆，行政の法システム（下）［新版］，有斐閣，1997年，第648页。该观点主要参照德国的行政规则理论。

相对人会产生相信行政机关会根据裁量基准做出行政行为的“信赖”利益，这是受法律保护的。如果行政机关没有根据裁量基准做出行政行为，那么应当说明理由，而且该理由必须合理。此外，当行政机关通常根据裁量基准做出行政行为，而在某些情形下做出与裁量基准不同的行政行为时，可以以违反平等原则（平等对待原则）为理由，要求撤销该行政行为。换言之，行政机关受自己制定的基准的拘束，如果没有合理的理由，则不能违反基准做出行政行为。这也是通常所说的行政机关的自我拘束理论。总而言之，通说认为，裁量基准本身并不具有拘束力，需要借助平等原则或信赖保护等原则才能具有拘束力。[44] 根据该学说，行政机关不适用裁量基准并不直接发生违法的效果，需要对不适用的理由的合理性进行判断，如果理由合理，那么即使行政机关不适用裁量基准也不违法。

第二，认为裁量基准本身直接具有与法律、法规命令同样的外部法律效力。[45] 该外部效力源于行政规则中表明的行政机关的意思行为或者规范设定意思。该观点认为，因行政实务的自我拘束（亦即通过平等原则承认外部效力的行政自我拘束理论）实际上是因行政规则本身的自我拘束。承认在不存在行政惯例的最初情形中行政规则的拘束力时，这种拘束力并非源于行政实务，而是源于行政规则中所表明的行政机关的意思行为或规范设定意思。

---

〔44〕 在这里，需要对通过平等原则承认裁量基准的拘束力和通过信赖保护原则承认裁量基准的拘束力的区别进行说明。根据德国的理论，以平等原则为媒介时，在其背后蕴含了对行政实务或者行政惯例的重视，而不直接从行政规则本身出发。所以当不存在行政惯例时，不能通过平等原则来认可裁量基准的拘束力。而信赖保护原则直接从行政规则出发，认为从行政规则的公开可以推导出信赖保护原则，并根据该原则引导出行政规则的拘束力。因此，当不存在行政惯例时，可以根据信赖保护原则认可行政规则的拘束力。参见大橋洋一，行政規則の法理と実態，有斐閣，1989 年，第 124 - 134 页。

〔45〕 宮田三郎，行政規則の拘束力について，朝日法学論集 27 号，2002 年，第 1 - 41 页。

第三，认为裁量基准的拘束力产生于行政程序法。[46] 行政程序法中关于审查基准和处分基准的制定与公开义务的规定，赋予了裁量基准作为裁判规范的效力，即在不存在特殊情况下根据行政程序法上的基准做出的行政行为具有合法性，在这个意义上，裁量基准作为审判基准发挥作用。反言之，当不存在特殊情况而不根据行政程序法上的基准做出行政行为时，该行政行为无需借助平等原则等法律原则即可被认定为违法。由此可见，该观点认为审查基准和处分基准等裁量基准本身直接具有拘束力，该拘束力来自行政程序法的规定。同时，该观点并不否认在特殊情况下法院可以不根据该基准进行判断。

第四，认为符合相关法令的合理裁量基准对公众和法院具有一定（不是100%，而是60%或70%）的拘束力，[47] 该拘束力一部分来源于规定行政行为的根据法（具体的行政作用法）而不是行政程序法；另一部分来源于法院。[48] 首先，裁量基准是根据法（具体的作用法）赋予行政机关的裁量权行使的一个环节，因此裁量基准的拘束力应当来源于赋予行政机关裁量权的根据法（具体的作用法）。而行政程序法虽然规定了审查基准和处分基准等裁量基准，但是行政程序法的规定只能提供程序性的法律效力，而不能提供实

〔46〕 野口貴公美，行政立法——「裁判規範性」に関する一分析，收录于磯部力等编，行政法の新構想Ⅱ，有斐閣，2008年，第32-36页；芝池義一，行政法読本第3版，有斐閣，2013年，第228页；高橋信隆編著，行政法講義，信山社，2014年，第93页。深泽龙一郎认为，行政程序法不仅以确保行政行为客观上的适当性来保护公众的权利，而且通过确保公众对行政活动的可预见性来保护公众的权利，因此行政程序法规定的审查基准和处分基准从根本上便不再只局限于作为行政机关的内部规范而存在，从根本上就是面向公众的规范。以此为前提，深泽也认为审查基准和处分基准这些裁量基准无需借助平等原则或信赖保护原则，其本身便具有拘束力。但同时，深泽并不否认，没有行政程序法为根据的裁量基准的拘束力需要借助平等原则或信赖保护原则等法的一般原则。深澤龍一郎，行政基準，法学教室373号，2011年，第18-20页。

〔47〕 虽然在一般情况下合理的裁量基准应当予以适用，因为这时裁量基准具有拘束力，但即使是合理的裁量基准在一定情形下应不予适用，在这种情形下裁量基准不具有拘束力。综合起来，合理的裁量基准具有一定的拘束力。

〔48〕 参见常岡孝好，行政裁量の手続的審査の実体（中）——裁量基準の本来的拘束性，判例時報2136号（判例評論637号），2012年，第148-154页；常岡孝好，裁量基準の実体的拘束度——脱・手続的アプローチ、脱・自己拘束論，收录于高木光等编，行政法学の未来に向けて：阿部泰隆先生古稀記念，有斐閣，2012年，第691-716页。

体性的法律效力，因此裁量基准的拘束力也不能直接从行政程序法中引导出来。其次，如前所述，合理的裁量基准本身只是具有一定的拘束力，只有合理的裁量基准在合理适用时才会产生100%的拘束力，而是否合理地适用了合理的裁量基准由法院进行判断，从这个意义上来看，裁量基准的拘束力一部分来源于法院。

由此可见，日本行政法学界对裁量基准的法律性质，特别是裁量基准的外部效力存在争议。在行政程序法制定后，大量的审查基准和处分基准被制定并公开。根据通说，这些裁量基准本身不具有拘束力，而借助平等原则或信赖保护原则等法的一般原则，裁量基准在一定情形下具有拘束公众和法院的效力。对此，在行政程序法制定后产生了从行政程序法、具体的授权法、行政机关的规范设定意思等为根据肯定裁量基准本身具有拘束力的学说。首先，以行政程序法为根据的观点中存在一个难以忽视的缺陷，即行政程序法规定的义务是程序性义务，且行政程序法只规定了裁量基准的制定和公开义务，并未直接规定裁量基准的适用义务，如何解释裁量基准适用上的拘束力仍然是一个课题；而且如何解释现在法院一般采取对裁量基准先进行审查，在认可其合理后才会对其进行适用的司法审查方式也成为问题。其次，以行政机关的规范设定意思为根据的观点在论述行政机关受自己制定的裁量基准的拘束上不存在问题，但为什么该意思行为可以拘束法院则尚需说明。最后，以授权法为根据的观点认为，裁量基准本身具有拘束力，但是该拘束力并不是100%的，需要通过法院的审查才能确定。这样是否可以说审查基准对法院具有拘束力是一个问题。而且，因具体案例的不同法院应当会做出不同的认定，因而对同一裁量基准的拘束力可能会有不同的评价，这就使该裁量基准的拘束力实际上处于不安定状态。这一问题也值得进一步探讨。

（四）裁量基准与个别情况考虑义务

如上所述，裁量基准对法院和公众具有一定的拘束力，除此之外，其对行政机关具有拘束力也是毋庸置疑的。那么，这种拘束力能否要求行政机关必须按照裁量基准的规定机械性地予以适用呢？

尤其当裁量基准以通知等方式由上级行政机关制定时,[49] 法律规定的行政行为行使机关是否必须按照裁量基准做出行政行为，而将法律赋予的裁量权予以搁置？对于这个问题，可以通过分析行政机关在做出行政行为时的个别情况考虑义务来解决。上述关于裁量基准的拘束力的各种观点都认为，行政机关在一定情形下可以对合理的裁量基准不予适用。那么为什么可以不适用？在什么情况下可以不适用？尚待探讨。

1. 最高法院的观点

最高法院在前述三菱出租车公司申请调高运费案中指出："当出租车公司申请运费设定或变更认可的运费数额的内容与平均成本方式计算出的数额不同，且为了明确该运费数额符合该号的基准提出了道路运送法施行规则第 10 条第 2 款规定的成本计算书等其他运费数额计算的基础文件时，地方运输局长应当根据上述提出的文件对该申请是否符合该法第 9 条第 2 款第 1 号的基准进行个别的审查判断。"[50] 在 2015 年 3 月作出的营业停止处分撤销案判决中，最高法院也认为在"存在应当采取与处分基准的规定不同对待的特殊情况时"，行政机关可以不根据裁量基准的规定行使裁量权。[51]

2. 行政法学界的观点

对于这个问题，行政法学界存在一定的争论。有的观点认为，当行政机关制定了裁量基准时，原则上应该机械性地执行该基准；如果对个别情况予以考虑的话，该基准就会失去意义（如入学考试）。因此，如何调和裁量基准适用的划一性和个别情况考虑是非常重要的。而当适用裁量基准会产生不合理的结果时，可以不予适用，是否可能产生不合理的结果要具体情况具体判断。[52]

而有的观点从行政裁量的存在意义出发，认为裁量基准的存在一般是为了抑制行政机关判断的恣意性，裁量基准并不直接要求行

---

〔49〕 在此需要注意的是，因为日本实行地方自治制度，所以中央政府与地方政府之间、地方政府与地方政府之间不存在行政组织法上的上下级关系。因此，在日本以上级行政机关制定的通知这一形式存在的裁量基准只存在于一部分行政机关，并不占很大比重。

〔50〕 最高裁判所判决，1999 年 7 月 19 日，判例時報 1688 号，第 123 页。

〔51〕 最高裁判所判决，2015 年 3 月 3 日，裁判所時報 1623 号，第 6 页。

〔52〕 阿部泰隆，行政法解釈学Ⅰ，有斐閣，2008 年，第 393 页。

政机关必须做出特定的行政行为，如果行政机关不适用裁量基准，可以以违反平等原则等理由主张该行政行为属于滥用裁量权，导致该行政行为违法。而即使适用了该裁量基准，也并不必然合法。因为行政机关在行使裁量权时，必须考虑有关处分对象的所有事项，该考虑义务并不因裁量基准的存在而得到免除。在这个意义上，行政机关根据案件的具体情况，应当对裁量基准中未涉及的事项进行考虑，这被称为个别情况考虑义务。[53] 类似的观点还有，认为行政机关在做出行政行为时也必须在法律允许的范围内，根据具体情况对第三者的利益或者公益进行考虑，对这些利益的考虑并不终结于裁量基准的制定阶段。[54] 还有的认为，根据裁量基准内容的合理性和相关法令的宗旨，尤其当从法律宗旨来看裁量基准的合理性不高时，行政机关在适用裁量基准时应当考虑具体案例中的特别情况、制定基准时未预想到的情况变化等，因此，行政机关超出裁量基准的限制对个别情况进行考虑的义务会变大。[55]

还有观点从授予行政机关裁量权的立法意图出发，对个别情况考虑义务进行了分析。[56] 首先，立法者认为，对何种行政行为最符合公益的判断制定具体的基准并不是最理想的而授予行政机关裁量权时，立法者课以行政机关个别审查义务。这时，根据立法者的意图，原则上，对公益的考虑不只存在于裁量基准的制定阶段，也

〔53〕 小早川光郎，行政法講義〔下Ⅰ〕，弘文堂，2002 年，第 25 页。该观点参照了法国的个别情况审查义务理论。法国一般认为，行政机关事先制定裁量基准时，可以根据裁量基准作出决定。但是，在具体的案件中，行政机关必须审查具体案件的具体情况，分析是否有必要采取例外措施。即使裁量基准是以通知形式作出的，也不能免除该分析义务。可参见交告尚史，個別審査と画一的処理（一）——フランスの行政判例に見る裁量統制の一側面，自治研究 60 卷 12 号，1984 年，第 132 - 142 页；個別審査と画一的処理（二）——フランスの行政判例に見る裁量統制の一側面，自治研究 61 卷 3 号，1985 年，第 129 - 139 页；個別審査と画一的処理（三・完）——フランスの行政判例に見る裁量統制の一側面，自治研究 61 卷 4 号，1985 年，第 134 - 146 页。

〔54〕 芝池義一，行政法総論講義第 4 版補訂版，有斐閣，2006 年，第 295 页。

〔55〕 山本隆司，判例から探究する行政法，有斐閣，2012 年，第 285 页、第 309 页。

〔56〕 深澤龍一郎，裁量基準の法的性質と行政裁量の存在意義（二・完），民商法雑誌 128 卷 1 号，2003 年，第 25 - 32 页；深澤龍一郎，行政裁量論に関する覚書，法学論叢 166 卷 6 号，2010 年，第 164 - 168 页。

存在于具体的事例中。在这个意义上，禁止拘束裁量原则[57]发挥作用。但是在这种情形下，也存在一定的例外情况，即针对数量较多的行政行为。如果要求行政机关在具体的事例中对公益予以考虑，总体上来看反而会导致违反公益原则。例如，出租车驾驶证的颁发等行政行为中，如果不根据审查基准规定的驾驶年数限制进行判断，而是根据各个申请人的具体情况进行考虑，反而会导致判断的恣意性和不公平。因此在数量较多的行政行为中，可以认为不适用禁止拘束裁量原则。但当针对数量较多的行政行为的裁量基准本身并不合理时，可以认为在具体事例中适用禁止拘束裁量原则。其次，立法者认为，对何种行政行为最符合公益的判断应当制定具体的基准，但是通过法令制定基准并不是最理想的而赋予行政机关裁量权时，立法者对行政机关进行包括性授权。在这种情况下，根据立法者的意图，行政机关制定的裁量基准如果是合理的，那么应当予以机械性的适用，不能在具体的事例中适用禁止拘束裁量原则（原子炉的设置许可[58]、国立大学的入学考试）。

四、裁量基准的法律控制

（一）司法控制

在日本，合理的裁量基准的外部效力已得到最高法院的承认。但是如何确保裁量基准的合理性首先应当成为一个研究课题。因为裁量基准在宏观上来说是行政机关裁量权行使的一个环节，在是否

---

〔57〕 禁止拘束裁量原则是英国行政法提出的一个原则。具体是指，行政机关作出行政行为被视为“对具体案件的法律适用活动”，所以行政机关应当灵活地行使裁量权，不能对不同的具体案件一律适用没有法律明确授权而由行政机关制定的基准（政策），否定基准的僵化适用。不过，对于基准的适用，通过“正当的期待”的法理或“一贯性的法原则”可以要求行政机关在不存在公益上的理由时不能违反现行的政策作出行政行为。参见深澤龍一郎，裁量基準の法的性質と行政裁量の存在意義（一），民商法雑誌127卷6号，2002年，第779－813页，深澤龍一郎，裁量基準の法的性質と行政裁量の存在意義（二・完），民商法雑誌128卷1号，2003年，第2－24页。

〔58〕 最高裁判所判决，1992年10月29日，民集46卷7号，第1174页。最高法院在该判决书中写道：“关于原子炉设施安全性的审查，需要根据多方面最新的科学知识和专门技术知识进行，而科学技术不断发展进步，在法律上对原子炉设施的安全性审查基准进行具体且详细的规定不仅存在困难，而且从顺应最新的科学技术水平的观点来看也是不恰当的。这种观点应当是可以得到充分肯定的。”

制定裁量基准、制定哪些内容的基准、是否公开裁量基准上，行政机关都享有裁量权。[59] 对于这一个问题，日本的法院已经做出了一些判决。在此对法院是如何确保裁量基准的合理性进行分析。值得注意的是，日本的行政诉讼法不承认对行政规范的制定行为直接提起诉讼，但是可以在对行政行为提起的撤销诉讼等行政诉讼中，以主张作为行政行为根据的行政规范违法的方式寻求司法审查，也可以在2004年行政诉讼法修改中引入的权利义务或地位的确认诉讼中，主张行政规范的违法或无效。[60]

第一，法院对是否制定裁量基准和是否公开裁量基准进行了一定控制。根据行政程序法的规定，行政机关应当制定审查基准，可以制定处分基准，并对基准进行公开。如果行政机关不制定或不公开审查基准和处分基准时，法院可以以违反行政程序法为由，判决行政行为违法。例如，有的法院认为行政程序法关于审查基准的制定公开等规定，应解释为保障申请人根据行政程序法规定的正当程序得到相应行政行为的权利，因此，不履行审查基准的公开和说明理由等重要程序，是违反行政程序法的行政行为，应当予以撤销。[61] 有的法院认为，不制定审查基准的行为也可以成为行政行为的撤销理由，[62] "行政程序法第5条的规定要求行政机关制定并公开尽可能具体的审查标准并根据该审查基准作出判断，目的在于确保行政机关判断的慎重和合理性抑制其判断的恣意性，同时保障申请人的可预见性，且为行政复议提供方便以防止不公正的对待，因此，不允许行政机关怠于制定并公开作为其判断前提的审查基准而直接做出行政许可等行政行为。……当行政机关不制定审查基准并不对其公开时，违反行政程序法第5条，该行政行为不能免于被

---

〔59〕 山下竜一，裁量基準の裁量性と裁量規律性，法律時報85卷2号，2013年，第25页。

〔60〕 例如，对限制药品网络销售提起的省令无效确认诉讼。参见最高裁判所判决，2013年1月11日，民集67卷1号，第1页。

〔61〕 東京高等裁判所判決，2001年6月14日，訟務月報48卷9号，第2268页。

〔62〕 那覇地方裁判所判決，2008年3月11日，判例時報2056号，第56页。

撤销。”〔63〕

第二，法院对行政机关不适用裁量基准的合理性进行了控制。如上所述，在日本，一般认为裁量基准一经制定并公开，行政机关在做出行政行为时应当适用裁量基准，如果不适用，应当说明理由。法院对于这种观点基本上也给予了肯定性评价。〔64〕例如，有的法院认为在行政实务上明示或暗示地制定了基准，行政机关根据基准进行实际运用的，从平等原则的要求出发，只要不存在特别情况，不允许无视该基准；没有考虑该基准规定的应当考虑的情况时，没有特殊情况的，不得不认为轻视了本来应当重视的事项。〔65〕另外，有的法院认为，行政程序法第12条的规定目的在于对不利行政行为的相对人提供可预测性，同时抑制行政机关判断的恣意性，确保不利行政行为做出过程中行政机关的公正性，提高不利行政行为做出过程的透明性。根据该目的，行政机关制定处分基准时，没有特殊情况，应当认为可以预想行政机关会根据该处分基准做出该基准规定的行政行为。〔66〕

法院对裁量基准内容的合理性也进行了一定的控制。例如，当随着科学技术的发展，之前制定的裁量基准明显不再具备合理性时，行政机关不对裁量基准进行修改而仍适用原裁量基准的，构成违法。〔67〕

---

〔63〕 当然，也有的法院认为行政机关不制定或不公开审查基准并不直接导致行政处分的违法。例如，奈良地方裁判所判决，2000年3月29日，判例地方自治204号，第16页；和歌山地方裁判所判决，2002年9月10日，检自 http://www.courts.go.jp/app/files/hanrei_jp/320/015320_hanrei.pdf，检索日期：2015年6月6日；仙台高等裁判所判决，2008年5月28日，判例タイムズ1283号，第74页；仙台高等裁判所判决，2006年1月19日，检自 http://www.courts.go.jp/app/files/hanrei_jp/613/004613_hanrei.pdf，检索日期：2015年6月6日。

〔64〕 这里指的是行政程序法制定以后。在行政程序法制定以前，在著名的マクリーン事件上告审判决（最高裁判所判决，1978年10月4日，民集32卷7号，第1223页）中，法院指出：“即便行政机关对法律赋予裁量权的事项制定了裁量权行使的准则，这种准则本来是为了确保行政机关行政行为的恰当性而制定的，所以即使行政机关违背该准则作出行政行为，原则上也只产生恰当与不恰当的问题，并不当然导致违法的后果。”

〔65〕 東京地方裁判所判决，2003年9月19日，判例時報1836号，第46页。

〔66〕 大阪地方裁判所判决，2007年2月13日，判例タイムズ1253号，第122页。

〔67〕 静冈地方裁判所判决，2001年11月30日，判例地方自治228号，第63页。

（二）程序控制

虽然法院对裁量基准的合理性进行了一定的控制，但是在裁量基准的制定上，行政机关享有广泛的裁量权。在行政机关超越裁量权的范围行使裁量权或者滥用裁量权时，司法控制起到一定的作用。但是大多数情况下，由于行政机关享有的裁量权，比如根据法律的规定存在不同选择余地的情况下，法院即使认为比起行政机关的选择，其他选择更符合法律时，法院一般也不能判决行政机关的裁量权行使违法。日本也意识到司法在控制裁量基准的合理性上存在的局限性，在2005年行政程序法修改中，引入了公开征集意见（意見公募手続）制度，通过程序确保裁量基准的公正和透明性，以此来保障公众的权利利益。[68]

根据行政程序法的规定，行政机关制定的裁量基准必须符合作为其根据的法令的宗旨，并且根据实施状况和社会经济环境的变化，适时对裁量基准的内容进行讨论以确保其正当性（行政程序法第38条）。在公开征集意见的具体规定方面，首先，行政机关应当在要制定裁量基准时公开裁量基准的草案及相关资料，并规定意见的受理机关和意见（自该公开之日起30日以上）的提出期间（行政程序法第39条）。其次，裁量基准的制定机关必须充分考虑征集到的意见（行政程序法第42条）。最后，裁量基准制定机关在公布裁量基准的同时，必须公开征集到的意见的内容、对意见的采纳结果及其理由（行政程序法第43条）。在此应当注意两点：其一，行政程序法对公开征集意见程序的对象没有进行限制，除了具有日本国籍的日本国民，外国人和法人也可以提出意见。其二，虽然行政程序法规定行政机关必须充分考虑通过公开征集意见程序提出的意见的义务，但是该意见并不拘束行政机关。如果行政机关不采纳意见时，只要行政机关可以说明不采纳的理由即可。[69] 因此，公开征集意见程序不采用多数制，并不因意见的多寡而决定意见的采纳与否。

---

〔68〕 塩野宏，行政法Ⅰ［第五版補訂版］，有斐閣，2013年，第317页。
〔69〕 大橋洋一，行政法Ⅰ現代行政過程論第2版，有斐閣，2013年，第148页。

五、结语

以上对日本裁量基准的法律性质及其法律控制进行了分析。随着行政程序法的制定，日本出现了许多裁量基准。面对这一现象，法院和行政法学界也对其法律性质进行了探讨。一般来说，裁量基准在某些情形下对公众和法院具有拘束力这一现象已达成共识，只是对该拘束力的来源尚存在争论。通过平等原则或信赖保护原则等法律一般原则来间接承认裁量基准拘束力的观点在今日仍占主流地位。最近出现的以行政程序法、行政机关的规范设定意思和授权法为根据承认裁量基准本身具有拘束力的观点仍存在值得推敲的地方。

在裁量基准的外部效力方面，亦即对公众和法院的拘束力得到承认的今日，如何确保裁量基准内容的合理性具有非常关键的意义。日本在通过司法控制和程序控制来确保裁量基准合理性上取得了一定的成果。但由于裁量基准制定中，行政机关享有广泛的裁量权，上述控制手段是否充分还是一个需要探讨的问题。鉴于2015年最高法院在营业停止处分案撤销诉讼的判决中明确肯定了裁量基准的外部效力，如何确保裁量基准的合理性应当会成为今后日本行政法学界探讨的一个重点。〔70〕这一问题的探讨首先需要根据裁量基准涉及的不同领域进行具体分析，能否得出一般性的结论尚需研究。

我国近年来也大力推行裁量基准制度。但从我国的实践来看，多集中在行政处罚等不利行政行为领域，这与主要集中在行政许可等领域的日本存在不同。虽然，日本的学说存在一定的可参考之处，但是在借鉴以授权法为根据的观点时，需要注意我国一般所谓授权与日本所说的授权的区别及其内在原因，以及我国对行政裁量的一般认识与日本对行政裁量理解的区别。尤其是，如何把在三权分立体制下产生的行政裁量理论及其控制理论（司法审查），转化成符合我国法律体系的理论是关键。

我国在制定行政程序法时，是否应当借鉴日本的经验规定裁量

---

〔70〕 正如山下教授指出的那样，“随着裁量基准的裁量规律性受到重视，裁量基准得到广泛适用，如何对基准裁量进行控制也日益成为一个重要课题”。参见山下竜一，裁量基準の裁量性と裁量規律性，法律時報85卷2号，2013年，第27页。

基准值得探讨。从我国行政执法实践来看，由于我国法律的规定通常十分抽象，公众往往难以预见在何种情形下会得到行政许可或者受到行政处罚，也难以确保行政机关行政行为的透明性和公正性。因此，规定行政机关负有制定并公开审查基准或者处分基准的义务，对提高公众对行政行为的可预见性和确保行政行为的透明性、公正性将会有极大的推动意义。但同时，在制度设计时应当考虑如何调和基准的拘束力与行政机关裁量权的灵活运用的关系。

日本的村落共同体与入会权之兴衰

肖盼晴 *

一、引 言

在日本，很多村落长年以来存在着各自管理、利用村有地的规则，久而久之成为各村落的习惯。村民可以自由利用村落附近的山林原野、池沼等，自由获取薪柴、牛马的饲料，也可以打猎、捕鱼。旧有的村落逐渐形成了自治性、地缘性的村落自治组织。村民们共同管理村有地、村落公共用水，共同守卫村庄。村民之间的关系越来越紧密，同时也推动了农业的进步和生产的发展。随着村民共同行动的增加，村落的组织结构也发生了很大的变化，并在此基础上产生了在日本农村具有重要地位的传统权利——入会权。日本民法典制定之时，基于学界强烈的呼吁，法典调查会进行了大规模的入会权实态调查。法典调查会调查了日本全国各地的入会习惯，希望立足于入会权的实态在法律上做出规定。但是，经过调查之后发现，各地的入会权的习惯各不相同。最终，法典调查会认为，在一个条文中将所有的入会习惯都作规定是不可能的。[1]

---

* 肖盼晴，早稻田大学法学研究科民法专业博士研究生。本文的写作得到了国家建设高水平大学公派研究生项目（CSC）的资助，特此鸣谢。

〔1〕 参见第31回法典调查会议上福井正井的发言，法典調査会民法議事速記録，法務図書館，1977年，第80-81页。

基于上述的考量，日本现行民法对于入会权的内容并未做详细的规定，仅仅是简单设置了第263条和第294条两个条文。这两个条文规定，入会权除适用或准用共有或者是地役权的规定外，遵从各地既有的习惯。

自20世纪初期开始，日本学界对于村落共同体以及入会权一直存在着激烈的探讨。日本学界对于农村的村落共同体的性质进行了非常详细的研究，并在此基础上论证了入会权的性质为总有。在我国，自20世纪90年代开始，学界有观点认为，我国的集体土地所有权的性质为总有或新型总有。之后，也有学者通过和日本入会权的比较，论证了我国集体土地所有权的性质也为总有或新型总有。[2] 但是，在相关集体土地所有权的研究中，却很少有关于我国农村是否具有村落共同体性质的探讨。总有权是村落共同体性质的外在表现。换言之，总有权存在的根基是村落共同体，要探讨总有权的存在与否，首先有必要探讨农村是否具有村落共同体的性质。基于此，本文将日本的村落共同体与入会权之兴衰作为研究的对象，梳理日本学界围绕"入会权的性质为总有"这一命题的相关论争，为我国关于集体土地所有权性质的研究提供新的视角。

二、村落共同体的形成

日本的村落制发源于何时，这很难做出明确的回答。自很早之前开始，很多村落就已形成了各自管理、利用村有地的规则，成为各村落的习惯。在日本古代的养老律令杂令中就规定"山川藪沢之利用公私共之"。[3] 意思是说，除分给各个村民的口分田之外，其余的山林原野、池沼等由村民共同利用。可以看出，自古代开始，

---

〔2〕 例如，以下论著通过和入会权的比较论证了我国集体土地所有权的性质也为总有或新型总有。李永燃、李永泉："我国农民集体土地所有权的性质与构造——以日本民法上的入会权为借鉴"，载《西南交通大学学报（社会科学版）》2010年第4期，第132－139页；另外，也有日本学者探讨了这个问题，如小川竹一著，牟宪魁、高庆凯译："中国集体土地所有权论"，载《比较法研究》2007年第5期，第145－160页；小川竹一，中国集团的土地所有権と総有論，島大法学49（4）2006年3月，第37－90页；中国物権法の制定と農村土地所有関係，島大法学51（2）2007年9月，第1－57页；中国農村集团所有関係の研究動向について，地域研究（10）2012年9月，第25－33页。

〔3〕 阿部猛，山川藪沢，日本古代史事典，朝倉書店，2005年，第261页。

村民可以自由地利用村落附近的山林原野、池沼等，自由地获取薪柴、牛马的饲料，也可以打猎、捕鱼。旧有的村落逐渐形成了自治性、地缘性的村落自治结合组织——惣。〔4〕日本在16世纪的时候，在全国范围内施行太阁检地制度，按照新划分的区域范围，对村进行了重编。村民们共同管理村有地、村落公共用水，共同守卫村庄。村民间的联系也因此更加紧密。同时也推动了农业的进步和生产的发展。随着村民共同行动的增加，村落的组织结构也发生了很大的变化，村落的共同行事也不断增加。

日本学界依据以下三个理由，主张日本的村落自德川时期开始已接近独立的人格者。〔5〕第一个理由是，作为幕藩体制基础的石高制和兵农分离制成立后，领主不是向单个的村民而是以村为单位征收年供和赋役等。然后，各村再计算每人应承担的份额。如果村民个人不履行自己的缴付义务的话，其所在的村落必须承担所有的责任。〔6〕基于上述制度，村落不仅仅是领主进行统治的行政单位，也是农业生产的基本单位，是村民生活的共同体。村民共同管理村有地、道路、水源等，婚葬嫁娶等重大行事也是互相帮助。第二个理由是，村落具有参加诉讼的资格。例如，因为村界、用水等发生争议时，往往是以作为村落自治机关的名主（村长）、组头（村长助理）、百姓代（村民代表）等的名义提起诉讼。第三个理由是，村落可以和其他村签订契约，也可以持有自己的财产。村可以以自己的名义参与买卖、借贷、赠与等法律活动。〔7〕有观点主张村的财产不是村的财产，而是全体村民的共有财产，村的债务是村民的

---

〔4〕被称作“惣村”的村是在中世后期至战国时期这段时间形成的。在那之前也存在村落，但由于当时农民生产经营的流动性和不安定性，其实际的本质和“惣村”成立后的村落还存在着一定的差别（小野塚知二、沼尻晃伸，大塚久雄「共同体の基礎理論」を読み直す，日本経済評論社，2007年，第109－110页）。

〔5〕中田熏是研究日本村落的先驱者。中田在20世纪20年代发表了一系列关于日本村落的文章。例如，德川時代における村の人格，国家学会雑誌第34卷第8号（1920年），第901－935页；明治初年に於ける村の人格，国家学会雑誌第41卷，第10号（1927年）第1531－1563页、第11号第1713－1755页、第12号第1869－1906页。

〔6〕中尾英俊，入会権－その本質と現代的課題，勁草書房，2009年，第3－4页。

〔7〕中田薫，徳川時代における村の人格，国家学会雑誌，34卷第8号（1920年），第903－919页。

共同债务。具体来说，“村连判金[8]”在法律上是村的单独债务，而不是村民的共同债务。但是，也有观点主张与认为如同村的共有地为村民总有的主张一样，村的债务应看作是村的共同债务。[9]基于上述理由，日本学界主张自德川时期开始日本的村落已经接近独立的人格者。

明治初期，与德川时期的村落相比，并未发生大的变化。例如，与德川时期一样，如果有领主的许可，村民可以分割村的共有地。[10]另外，明治时期，为了实现进一步的集权化，日本推行了村落合并。[11]依据明治十一年的町村编制法，重新划分的町或村已不只是共同体。由于村落的合并等原因，原来的村落失去了行政职能，成为町村的一部分。虽然如此，村落仍然持有村有地的支配权，仍然是水利、祭祀、入会地等的管理主体，依然具有生活共同体的职能。进入明治时期以后，村的诉讼行为是该村村民共同的诉讼行为，该思想比德川时期更加明了，并出现在各种法源中。和德川时期不同的是，町村的“村役人”在明治6年之后失去了当然为村代表的资格。村的法律行为，原则上以接受村民特别委任的总代的名义进行。[12]村作为诉讼法上的原告，在提起诉讼时需要以总代的名义提起。[13]

三、农村的共同体性质及其变迁

（一）学界关于村落共同体性质的探讨

在日本学界，对于日本村落共同体性质的探讨，参考了日耳曼

---

〔8〕连判金是指多人以连带责任的形式所借的债务。

〔9〕中田薰，同前注7，第925－928页。

〔10〕中田薰，同前注7，第917－918页。

〔11〕日本先后有三次大规模的市町村合并，分别是明治大合并、昭和大合并及平成大合并明治。即，21（1888）年至明治22（1889）年之间的“明治大合并”、昭和28（1953）年的颁布施行町村合并法和町村合并基本计划，昭和31（1956）年施行新市町村建设促进法，日本在全国范围内推行村落合并，此次合并被称为是“昭和大合并”。还有平成11（1999）年至2000年的“平成大合并”。

〔12〕中田薰，明治初年における村の人格（三・完），国家学会雑誌41卷12号（1927年），第1889页。

〔13〕中田薰，明治初年に於ける村の人格（一），国家学会雑誌41卷10号（1927年），第1536－1539页。

法的共同体理论。在日耳曼的村落团体的土地上，将所有权中所包含的“村落的团体性权能”和“村民的个别权能”进行了质的分割。Gierke Otto Friedrich von 的团体法理论也是以此为出发点。[14] 中田熏依据 Gierke 的团体法理论，研究德川时代以及明治初年的村落的法的性质。中田认为，日本近世的村落中，村落的耕地是各家的耕地，同时也是村落全体的共有物，要受到来自村落共同体的制约。各个共有者不能要求分割份额或者是单独处分自己的份额。不仅是整体处理共有物，在各个共有者处理自己的份额时，也必须要有全体共有人的合意。这就是所谓的总合主义的共有。[15] 中田强调德川时代的村落因为有前述的几个特征，应该是“实实在在的存在”而不是“拟制的”或“假想的”。德川时代的村落不仅仅是共同拥有法律上的利益或权利的多数人的结合，各村民在某种程度上也具有独立性。也就是说，村落共同体是依据各村民的人格而组成的，是“独立的综合人”（Gesamtperson）。[16] 此观点被日本的很多学者所接受。在此之后，伴随着明治 21 年町村制的实施，很多情况下，原来的数村入会合并为一村入会。对此，中田认为，从前的日耳曼法中的“实在的综合人”转化为罗马法中的近代法的拟制人。[17]

对于中田的上述观点，戒能通孝提出了反论。戒能认为，德川和明治初期的村民总体构成“作为生活协同体的村”。伴随着明治 21 年的町村制改革，日本全国推行町村合并，使得町村的数量不断减少。但那是关于“作为行政单位的町村的变革”，而不是作为“生活协同体的町村”的变革，村的行政职能虽然被町村吸收，但其作为生活共同体的职能依然存在。[18] 此后，多数的学者都做这

〔14〕 石田文次郎，ギールケの团体法論，ロゴス書院，1929 年，第 53 页。

〔15〕 中田薫，明治初年に於ける村の人格（二），国家学会雜誌 41 卷 11 号（1927 年），第 1904 页。

〔16〕 中田薫，同前注 7，第 901 – 934 页。

〔17〕 中田薫，同前注 12，第 1904 页。

〔18〕 戒能通孝，入会の研究，日本評論社，1949 年，第 303 – 305 页。

样的解释，成为日本学界的通说。[19]

自20世纪50年代之后，大塚久雄以共同体为焦点，详细考察了其变迁、发展的过程。大塚对于共同体的认识如下所示：伴随农业生产的发展，原始的“血缘型共同组织”开始向“农业共同体”转变。不管共同体为何种形态，也要有占有土地、成员个人的劳动、以共同体为单位的生产劳动[20]等特征。另外，根据大塚的研究，共同体有“亚洲型的共同体”、“古典型的古代的共同体”、“日耳曼型的共同体”三种形态。其中，“日耳曼型的共同体”是在原始的农业共同体崩溃之后形成的。一般认为这是人为的结果。其中的“原始型的性质”已经变得微乎其微。古老的“部族”以及“血缘制”关系，已经不再起决定性的作用。也就是说，在这样的共同体中，对于土地的共同利用以及成员的个人活动，其规制的主体已经不是古老的像部族之类的血缘型组织，而变为村落共同占有、所有、继承土地。大塚指出，关于上述的“日耳曼型的共同体”这些特征明显区别于其他的共同体形态。[21] 并认为日本自德川时代开始，农村村落属于“日耳曼型的共同体”。

根据与日本的村落相关的先行研究以及大塚的共同体理论，自日本中世开始，日本的村落共同体接近“日耳曼型”的村落共同体。如上所述，日本农村具有共同体的性质，关于这一点，日本学界没几乎没有争论。另外，大多数学者主张，自中世开始，日本的村落类似于日耳曼型的村落共同体。在日本学界，关于日本的农村社会是否具有共同体的性质的争论，转变为是否具有日耳曼型的村落共同体的性质的争论。[22]

---

〔19〕 例如，我妻荣认为明治初年日本的村落同时具有行政团体（行政村）和经济团体（自然村）的性质。其行政村的职能虽然因町村制的实施被地方自治体所吸收，但仍然残存着作为自然村的职能（我妻栄，物権法，岩波書店，1952年，第298－299页）。另外，川岛认为因町村的改革，德川时代的村落大部分的行政职能被町村所吸收，但作为生活共同体管理水利入会地祭祀等的住民集团依然存在。旧时代的入会地不是属于抽象的公法人，而是属于作为生活协同体的村（川島武宜，入会権の基礎理論，川島武宜著作集第八卷，岩波書店，1983年，第69页）。

〔20〕 大塚久雄，共同体の基礎理論，岩波書店，1955年，第20－23页。

〔21〕 但是，这不是完全自由的私有，共同体要遵循一定的规制。在其总有的关系形态中包括对共同体的共有地的管理（同前注，第93页）。

〔22〕 木村礎，日本村落史，1978年，弘文堂，第242－243页。

（二）村落共同体性质的变迁

第二次世界大战之后，日本政府进行了农地所有制度的改革，日本的寄生地主制崩溃。但是，传统的村落仍然维持着共同体的秩序。[23] 虽然日本农地改革之后，村落在生产方面的共同性上变弱，但在生活方面，村落的共同性仍然很强，仍具有重要的作用。[24] 所以，日本村落共同体的性质并未发生大的变化。准确来说，战后的日本农村虽然未完全丧失村落共同体的性质，但也不能说是仍然存在，只能说是日本的农村还残存着村落共同体的性质。以下是其大体的过程。

20世纪50年代以后的二三十年中，尽管日本农村的实态发生了重大的变化，但村落共同体的性质仍未发生大的变化。[25] 第二次世界大战后，日本国内进行的农地改革并未解决以共同体为基础的小农生产的局限性问题。不仅如此，日本农村仍然残存着阶级构造。[26] 日本学者福武直，根据各地的特征将日本村落大体分为东北型和西南型。其中，东北型的村落仍然残存着村落共同体的性质。与此相对，西南型的村落共同体的规制与之前相比大大减弱。可以说，西南型的村落共同体已经显著开始解体。[27] 在此之后，从日本全国来看，伴随着生产力的发展，农民走出村落的机会增加。久而久之，村落共同体的规制慢慢变弱。另外，伴随着机械化的推行，共同劳动的意义也减少了。特别是伴随商品经济的发展，之前村民共同拥有的入会地，很多都分割给各家单独使用。这样更能符合市场的需要，有利于发展商品经济，促进日本经济的飞速发展。

但是，20世纪70年代前后，大型机械开始用于农业生产，另外再加上农业从业人口减少、从业人口高龄化，农产物买卖的自由化等原因，村落共同体逐渐解体为单个的个人。[28] 由此导致了共

---

〔23〕 村落社会研究会，村落共同体論の展開，時潮社，1959年，第52页。

〔24〕 小野塚知二、沼尻晃伸，同前注4，第76页。

〔25〕 西田美昭、アン・ワズオ，20世紀日本の農民と農村，東京大学出版会，2006年，第230页。

〔26〕 村落社会研究会，村落共同体の構造分析，時潮社，1956年，第12页。

〔27〕 同前注，第14-18页。

〔28〕 松岡昌則，近代日本農村の構造変動と村落——日本農村の将来展望にむけて—，現代社会学研究第24卷，2011年，第63-69页。

同体的弱化和村落运营的困难化。如表 1 所示，根据日本农林水产省近年的报告，日本农业就业人数不断减少。由于高龄化、城市化等原因，继续留在农村生活的农民不断减少。伴随着日本经济的高速发展，农村的年轻人大多都移居到城市，从事农业劳动的仅剩部分高龄者。在日本农村中，从前的共同耕作、共同伐木等利用方式已基本不存在。由此带来的是共同作业的减少、生活的个别化以及生活的广域化。很多村庄失去了从前所具有的机能。这样的状态意味着日本农村的共同体走向了解体。

表 1　日本农业就业人口及主要农业从业人数的变化〔29〕　单位：万人、岁

	2009 年	2010 年	2011 年	2012 年	2013 年	2014 年
农业就业人数	289.5	260.6	260.1	251.4	239.0	226.6
主要的农业从业者人数	191.4	205.1	186.2	177.8	174.2	167.9
其中 65 岁以上的人数	177.8	160.5	157.7	151.6	147.8	144.3
平均年龄	65.7	66.1	65.9	65.2	66.5	66.8

四、入会权的兴衰

（一）入会权的成立

基于上述日本村落共同体的发展，在此基础上成立了在日本农村具有重要地位的传统权利——入会权。入会权的成立如下所示。明治初年，作为近代土地所有权制度改革的出发点，明治政府进行了一系列的土地制度改革。对于村的共有地都向各村发行了地券。尽管如此，德川时期村落所有的土地被称为是“村持”或者是“总村持”，此名称至明治初年依然出现在各种法源中。明治维新以后，日本政府为了进一步保护土地所有权，将村有地中被确定为一

〔29〕 农业就业人口是指 15 岁以上的人口中，在调查前一年仅以农业为生，或除农业之外还有其他职业但从事农业的天数相对较多。主要的农业从业者是指在农业从业人口中，平时以农业生产为主要工作的人口。本表的统计数据参考日本農林水産省 http://www.maff.go.jp/j/tokei/sihyo/data/08.html）.

村所有的土地编入第二类的民有地，并给作为所有者的村落发行地券。明治维新之后，此名称仍然表示一村所有的土地。

长久以来，日本农村所形成的习惯在法律上得到保障也变得很有必要。明治初年，村落共同利用山林原野、在共有山林中伐木、狩猎等习惯也一直在继续。明治初期，日本全国大约有八成左右的国民是生活在农村或渔村。继续维持自德川时代开始形成的习惯对大多数国民的生活来说是不可或缺的，也有必要在法律上对其予以保障。但是，像这样以共同体为权利主体的权利，在宣扬个人主义所有权的市民法体系中是很难站住脚的。所以，日本旧民法中对此未作任何规定。但是，对此也引发了学界的众多争论。其中，具有重要影响的是明治二十五年众多日本学者联合在法学新报上发表社论，呼吁在民法中对入会权作详细的规定。入会权是不同于所有权和地役权的一种权利，所以反对旧民法实施的人士，主张应该尊重村落的旧有习惯，在民法上对入会权作相关规定。基于学界的强烈呼吁，现行日本民法在第263条和294条中对入会权做了简单的规定。

日本学界关于入会权性质的研究，石田文次郎的《土地总有权史论》是介绍总有权的基础性著作。石田通过对土地总有权的历史的研究，指出共同共有关系除共有、合有之外，还存在另一种形态——总有。[30] 并且，石田进一步对入会权做了详细的研究。石田指出总有权和共有权一样，其本质也是所有权。但不同的是，管理处分总有财产的权利属于村落或部落，而使用、利用总有财产的权利属于成员个人。[31] 在总有关系中，各成员权利的取得是基于其成员的身份，与自己的身份不能处分一样，入会集团的财产也不能随意处分。[32] 作为结论，石田指出，日本入会权的性质是可以用日耳曼法中的总有来解释。[33] 与此同时，中田熏也指出入会权

〔30〕 石田文次郎，土地総有権史論，岩波書店，1927年，第388－397页。

〔31〕 同前注，第203页。

〔32〕 同前注，第202－217页。

〔33〕 同前注，第523－534页。

具有总有的性质。[34] 之后，戒能通孝[35]、川岛武宜[36]等也赞成此观点，主张用总有来解释入会权。此观点被大多数学者所接受，在日本学界成为通说。

（二）入会权的解体

之后，日本社会发生了很大变化，对入会权产生了重要影响。从入会权的现状来看，大多数都走向了消亡或解体之路。虽然，入会地以及入会林野的管理、利用的形态伴随着社会的发展已经发生了变化，但是原则上，入会集团仍然按照传统习惯来管理入会地。但是，明治 6 年的日本地租改革以及与此相伴的官民有区分，还有明治 22 年的市制・町村制以及自明治 43 年开始至昭和 14 年为止的入会部落所有的整备等的实施，导致很多情况下登记簿上所记载的入会地或入会林野的所有者的名义与实际的入会权者不一致。另外，入会地及入会林野在此前并未预想到会成为交易或债权担保的对象，所以很多情况下，入会地并未进行所有权的登记，而只是登记在旧市町村、字或区的土地台账上。

特别是伴随着市制・町村制、市町村合并促进法的实施，原先入会部落所有的林野以入会部落代表者的名义登记，或者登记为入会集团各成员的共有。像这样，入会集团的入会地转化为个人私有的现象层出不穷。[37] 另外，伴随着日本经济的发展，高效利用入会地和入会林野成为重要的课题。中尾英俊认为，入会林野关系的近代化中最重要的是资金和劳力的投入。除此之外，对各种关系的改造也只是徒劳。[38] 中尾指出，入会权有众多与现在社会不相容的地方，为了能高效利用入会林野，应使入会权的权利关系的近代化向个人权利的方向发展。[39] 1966 年 7 月 9 日，与入会林野的近代化相关的诸法律，作为法律第 126 条被公布。日本政府的目标是通过入会林野近代化促进法的实施，使日本全国范围内八成左右，

〔34〕 中田薫，明治初年の入会権，国家学会雜誌第 42 卷 5 号（1928 年），第 787 - 789 页。

〔35〕 戒能通孝，同前注 18，第 4 - 5 页。

〔36〕 川島武宜，川島武宜著作集第 8 卷，岩波書店，1993 年，第 67 - 68 页。

〔37〕 黒木三郎，現代農業法と入会権の近代化，1971 年，敬文堂，第 28 - 29 页。

〔38〕 中尾英俊，入会林野の法律問題，1984 年，勁草書房，第 363 - 364 页。

〔39〕 同前注，第 363 - 364 页。

大约152.8万公顷的入会林野在10年之后大部分能转变为近代化的权利。[40] 在此法律公布之时，并未计划将所有的入会集团都转变为法人。所以在现实中，除了合伙之外，还有部分入会集团转化成了财团法人以及股份合作制法人等多种形式。[41] 另外，入会林野整备之后，很多入会林野都转变为个人所有，或以个人共有的名义进行了登记。这样的情况下，如果用其出资或赠予他人的话，必须要进行权利的移转登记。[42]

伴随着明治之后日本社会的变化，入会权也发生了广泛而且影响深刻的变化，慢慢解体为"个人化的权利"。[43] 在明治初年，出现在各判例中的古典式的利用形态已经不再居于支配性地位。所以在研究入会权的法律问题时，不应一概而论。如果继续坚持只有古典式的利用方式才是入会权这样的观点才是错误的。[44] 另外，因为入会权解体[45]的现象变得越来越多，用总有不能说明的情况也越来越多。如前所述，用总有来解释德川时期以及明治初年的入会权支配现象的话是正确的。但明治之后，日本全国范围内的入会权很多都走上了解体的道路。[46] 也就是说，入会权古典的形态"总有"这样的形态解体，取而代之的是个别的权利形态。可以说，总有已经不是入会权中占支配地位的形态，入会权的性质很多情况下也都不能再用总有来说明。例如，"具有总有性质的入会权"是大家在部落、村落中居住，共同利用拥有土地的权利。并且，各成员不能自由地处分其共有的份额，如果不是该村落的居民的话，就将失去其权利。所以，如果入会集团的成员可以随意转卖、转让自己的份额，或者不管是否居住于入会集团之内还是居住于入会集团之外都能持有入会地的份额，像这样，可以将入会权不再视为入会权

---

〔40〕 黒木三郎，同前注37，第19页。

〔41〕 黒木三郎，同前注37，第20页。

〔42〕 中尾英俊，同前注38，第411页

〔43〕 川島・潮見・渡辺，入会権の解体Ⅰ，1959年・岩波書店，第3页。

〔44〕 川島武宜，川島武宜著作集第9巻 慣習法上の権利，1986年，岩波書店，第9页。

〔45〕 入会权的解体是指入会地不再属于入会集团集体所有，而变成和集体无关的个人共有地或者是把入会地分割给个人成为个人的所有地（中尾英俊，同前注6，第267页）。

〔46〕 川島・潮見・渡辺，同前注43，第4页。

而是变为普通的共有权。[47] 但是，在什么样的阶段才能说入会权已经解体了呢？这是很难判断的一个问题。依据川岛的研究，古典的入会权解体的结果是：一方面，入会集团自身所持有的社会统治的机能变弱，并失去解决集团内部纷争的机能；另一方面，入会权的解体导致产生入会集团内各成员利益对立的问题，并愈演愈烈。[48]

中尾英俊总结道，如果入会集团出现下列全部的现象或大部分现象的话，则意味着入会权解体或有解体的倾向。[49] 比如关于①共有者的资格：共有者权利的取得与其居住地无关，即使离开村庄也不会失去权利；或者一个家庭里有多人为权利者。②所有权的登记：共有权者和登记名义者原则上是同一的。③权利的性质：共有份额的买卖，以及抵押权的设定等原则上都是自由的。④权利的继承：法律上的全体共同继承人或多位继承人可以继承权利。⑤公共租税赋役由全体共有者承担。⑥收益的用途：入会集团的收益原则上分配给各共有者。

基于入会权的现状，不断有学者质疑“入会权的性质为总有”这一通说的正确性。例如，铃木强调由于货币经济的渗透、部落内阶层的分化以及入会集团成员个人权利的强化，入会权的内部发生了质的变化，走上了解体的道路。现在很多地方的入会权已经不再采用古典的总有的形态。[50] 另外，川井也强调，关于入会权的性质是总有这样的说明，对于明治初期之前的入会权来说是妥当的，但是现在入会权解体的现象不断增加，这样的说明已经不再合适。[51] 也有学者主张，入会权中存在份额，所以不应该用总有来解释。[52] 甚至有学者主张，入会权是入会权者对入会财产合有的支配的权利，其法律性质应该是合有。[53]

---

〔47〕 中尾英俊，同前注6，第276－277页。

〔48〕 川島・潮見・渡辺，同前注43，第5页。

〔49〕 中尾英俊，同前注6，第277－279页。

〔50〕 鈴木禄弥，物権法講義，創文社，1994年，第54页。

〔51〕 川井健，物権法（第2版），有斐閣，2005年，第221页。

〔52〕 遠藤浩・鎌田薫等編，基本法コンメンタール物権，日本評論社，2005年，127页。

〔53〕 石田穣，物権法，信山社，2008年，第485－491页。

五、对我国的启示

综上所述，在日本，关于入会权的产生、性质、解体，一百多年来，学界进行了非常深入的研究。关于入会权的性质，学界的通说认为是总有。在论证上述结论之时，日本学者首先论证了以下三点：①日本农村具有村落共同体的性质；②总有是村落共同体性质的一种权利表现形式；③入会权是基于农村村落共同体的性质产生的一种权利。然后，基于上述三点推导出以下结论：入会权符合总有的特征，入会权的性质是总有。

通过本文的考察，我们可以得到以下结论：

其一，自19世纪初期开始至今为止的近一百年的时间里，日本学界对其农村村落是否具有村落共同体的性质做了非常详细的研究。学界的争论由最初单纯讨论是否具有共同体的性质，转向是否具有日耳曼型的村落共同体的性质这样的深层次的探讨。其最终的结果是，日本的村落制发源于何时无从考证，但现在可以确定的是，自德川时代开始至明治初期为止，日本农村具有村落共同体的性质。其二，入会权的成立是以村落共同体为基础，自然而然形成的权利，受国家权力干涉的因素很少。日本民法典第263条、第294条仅仅规定除遵循各地习惯外，适用或准用地役权的相关规定。可以看出，法律的规定充分考虑了各地的实际状况。法律上对其加以规定是为了更好地保护这种权利。可以说，入会权的成立、变迁、解体都与村落共同体的变化息息相关。其三，因现代经济社会的发展，最终导致村落共同体走向消亡之路。随之，入会权也大都摆脱不了解体的命运。“总有”这种古老的所有形式，在物质资源相对匮乏的年代，有助于人们团结互助，有效利用资源，提高农业生产力。但入会权的解体表明了在提倡保护个人所有权的今天，显然这种强调团体利益优于个人利益的古老的共同所有权形式——总有，已经与现代社会不相适应，势必走上消亡之路。

日本学界对村落共同体以及入会权的研究路径，对我国集体土地所有权的研究具有重要的借鉴意义。关于集体土地所有权的性质，研究成果可谓汗牛充栋，有学者主张集体土地所有权的性质为总有或新型总有，该观点在学界具有重要影响。但实际上，总有权作为一种传统的权利，与村落共同体的存在息息相关。但是，我国学界对我国农村是否存在村落共同体性质，还没有展开深入的研究。早在20世纪40年代前后，日本满洲铁道股份公司曾以华北六村为对象，做了详细的调查。该次调查在当时特殊的背景下，存在各方面的局限性。但值得注意的是，日本学者利用该次调查的结果——《中国北部惯性调查资料》，发表了大量的论文和著作，[54]详细探讨了中国农村村落共同体的性质，其中最著名的是，由此展开的“戒能—平野”论战。平野义太郎以河北省顺义县的沙井村为例，将焦点定于村中的“公会”，主张中国的农村具有村落共同体的性质。[55] 与此相对，戒能通孝认为，中国农村是由分散的个人构成的，不具备村落共同体的性质。[56] 日本学界关于中国农村是否具有村落共同体性质的探讨，从20世纪40年代初一直持续到20世纪80年代初，取得了重要的研究成果。

与日本学界的激烈探讨形成对此的是，我国的相关研究却相对较少。1949年之前，由于战争动乱，我国学界对此课题的探讨几乎没有大的进展。1949年之后，由于众所周知的原因，我国学者对于该课题的研究基本处于停滞状态。改革开放之后，中国社会逐步转型，法律制度亟需完善，学界对农村集体土地所有权的研究，大多都专注于未来制度的设计，而忽视了从法社会学的角度对农村社会进行深入的考察。相比而言，日本学界不论是对日本农村社会的研究还是对中国农村社会的研究，都非常注重社会调查。例如，日本学界对入会权的探讨，更多是专注于它的“过去”，对日本农村的村落共同体性质有非常详细的研究。在此基础上论证入会权的

---

〔54〕 例如，平野義太郎，會・會首・村長——支那村落の内部構造に関する河北省順義縣沙井村の報告を読み，收录于東亜研究所第六調査委員会学術部委員会編，支那慣行調査彙報，1942年；戒能通孝，支那土地法慣行序説，收录于法律社会学の諸問題，日本評論社，1943年；福武直，中国農村社会の構造，大雅堂刊，1946年；清水盛光，支那社会の研究，岩波書店，1940年；旗田巍，中国村落と共同体理論，岩波書店，1973年；小口彦太，中国農村慣行調査をとおしてみた華北農民の規範意識像，比較法学14卷2号（1980年）等论文著作。

〔55〕 平野義太郎，會・會首・村長——支那村落の内部構造に関する河北省順義縣沙井村の報告を読み，收录于東亜研究所第六調査委員会学術部委員会編，支那慣行調査彙報，1942年，第13－14页。

〔56〕 戒能通孝，支那土地法慣行序説，東亜研究所第六調査会学術部委員会，1942年；之后收录在東亜研究所編，支那農村慣行調査報告書第一輯，1943年。

性质为总有。

而在我国，20 世纪 90 年代以来，学界有观点认为，我国的集体土地所有权的性质为总有或新型总有。其后，也有学者通过与入会权的比较论证了这一观点，但并未提及我国农村是否具有村落共同体的性质。现在国内大多数的研究都聚焦在新中国成立后土地制度的变迁、现行制度的弊端、应该如何改革等方面。本文想通过对日本学界研究入会权的性质时的方法与思路的考察，为我国集体土地所有权的研究提供新的视角。借鉴日本学者的研究方法，探讨我国集体土地所有权是否为总有，应该考察以下几个问题：①我国的农村土地制度是在什么样的农村环境下建立起来的；②集体土地所有权建立之初，农村是否具有村落共同体的性质；③如果不具有的话，学界所主张的总有说是否还能成立。如上所述，要探讨我国的集体所有权的性质是否为总有，首先应该探讨我国农村是否具有村落共同体的性质，是否具有总有权的存在根基。所以，对于我国集体所有权的探讨，不应该只考察 1949 年之后的农村社会，更要重视 1949 年之前的农村社会。集体土地所有权是在怎样的农村社会中形成的，这是首先应该探讨的问题。从法社会学的角度探讨我国农村的村落共同体性质，是我国农村土地制度研究的重要课题，希望本文的研究，能为我国关于集体土地所有权性质的研究提供新的视角。

日本法上关于权利侵害、违法性与过错之关系的讨论

——兼论对我国侵权责任法发展的启示

于宪会 *

一、问题的导入

1. 众所周知，2009年12月26日，第十一届全国人大常委会第十二次会议正式通过了《侵权责任法》，围绕该法的具体构成及相应的问题点，特别是关于一般条款的构成问题，学界掀起了激烈的讨论。[1] 作为过错责任一般条款，《侵权责任法》第6条第1款规定“行为人因过错

---

* 于宪会，早稻田大学法学研究科民法专业博士研究生。本文写作得到国家建设高水平大学公派研究生项目（CSC）资助。笔者在此感谢匿名二审专家的宝贵建议，文中谬误之处由作者本人负责。

〔1〕 杨立新教授认为，《侵权责任法》采取的是大小搭配的一般条款模式，该法第2条是大的一般条款，第6条第1款之过错责任一般规定是小的一般条款，参见杨立新：“中国侵权责任法大小搭配的侵权责任一般条款”，载《法学杂志》2010年第3期，第10页。对此，张新宝教授认为，侵权责任一般条款是有关过错责任的全部构成要件之概括规定的条款，该条款仅针对过错责任做出规定，并且要将责任的全部构成要件规定在法律中，按照此观点，《侵权责任法》中的一般条款单指规定过错责任的第6条第1款，参见张新宝：“侵权责任一般条款的理解与适用”，载《法律适用》2012年第10期，第28页。对于何为侵权责任的一般条款，概念理解上的分歧导致了上述观点的不一致，关于侵权责任一般条款的三种不同理解，参见房绍坤：“论侵权责任立法中的一般条款与类型化及其适用”，载《烟台大学学报（哲学社会科学版）》2009年第3期，第13－14页。

侵害他人民事权益，应当承担侵权责任”。单从条文的表述来看，该条仅规定了“权益侵害”、“因果关系”、“故意或过失”三个要件，未将“违法性”作为独立要件对待，而这也成为反对将违法性作为一般侵权构成要件的理由之一。〔2〕

2. 学说上，关于一般侵权行为的构成要件，存在三要件说与四要件说之争，讨论的焦点在于违法性与过错能否被严格区分，而关于“权益侵害”是否是基本构成要件之一，未成为学说讨论的重点。〔3〕原因在于，不管是《民法通则》第106条第2款还是《侵权责任法》第2条，都规定了较为广泛的保护范围，第2条列举的权利大多属于绝对权，受绝对权受绝对保护观念的影响，在具体案件中，权益侵害并不是判断侵权行为成立与否的关键。

但是，侵权责任法所保护的权益并不仅限于绝对权，还有财产及人身利益，学界讨论的财产利益主要是指债权及纯粹经济损失，人身利益主要是指其他人格利益、胎儿的人格利益、死者的人格利益以及其他身份利益。〔4〕从侵权责任法起草者的观点来看，不区分权利

〔2〕 最近的观点认为，我国侵权责任法没有采纳违法性要件，参见王利明：“我国侵权责任法采纳了违法性要件吗?”，载《中外法学》2012年第1期，第5－23页。

〔3〕 如坚持三要件说（损害、因果关系、过错）的学者并未将违法性作为一般侵权行为的构成要件，参见王利明：《侵权行为法研究》（上卷），中国人民大学出版社2004年版，第346－347页；张民安：“作为过错侵权责任构成要件的非法性与过错”，载《甘肃政法学院学报》2007年第4期，第13页；孔祥俊、杨丽：“侵权责任要件研究（下）”，载《政法论坛》1993年第2期，第51页。而坚持四要件说的学者则将违法性作为一般侵权行为的构成要件，参见杨立新：《侵权法论》，人民法院出版社2005年版，第140页；张新宝：《侵权责任法原理》，中国人民大学出版社2005年版，第50页；廖焕国：“论我国侵权责任构成中违法性要件之取舍”，载《求索》2006年第5期，第110页；马桦、朱呈义：“侵权责任中违法性的判断”，载《当代法学》2007年第3期，第39页以下。除此之外，主要受德国民法理论的影响，我国大部分学者通常是在借鉴德国法关于违法性理论构成的基础上，阐明违法性的基本立场，例如张金海：《侵权行为违法性研究》，法律出版社2012年版；周友军：“德国民法上的违法性理论研究”，载《现代法学》2007年第1期。此外，从解释论上，学者以过错责任的一般条款的沿革为背景，对侵权责任法制定之后如何认定违法性的存在，发表了自己的观点，详见李承亮：“侵权责任的违法性要件及其类型化——以过错侵权责任一般条款的兴起与演变为背景”，载《清华法学》2010年第5期。

〔4〕 杨立新：《侵权责任法》，法律出版社2014年版，第34－36页。

利益，对二者采取相同的要件构造。[5] 如此规定存在限制的缺陷，[6] 于是，学界将研究的重点向侵权责任法的保护范围倾斜，主张分别对权利及利益采取不同的要件构造，解释论上的区分模式主要有如下三种：德国法解释模式的目的性限缩路径[7]、德国法解释模式的限缩解释+目的性扩张路径[8]、欧洲侵权法原则解释模式的弹性制度路径。[9]

由此可见，虽然从形式上看，《侵权责任法》第6条第1款属于法国式的抽象规定模式，但是在解释论上主流学说更青睐德国法的解释模式。德国法的一般侵权行为的构成要件，采取了违法·有责构成，即分别讨论行为本身和行为人的非难可能性，这种解释的前提是对故意、过失的主观理解。于是，否定违法性的学者认为，过失的客观化使行为义务的违反归入过失判断范畴，违法性要件无独立之意义；[10] 而肯定违法性的学者仍然坚持故意、过失的主观理解，过失认定采客观标准。[11] 以两学说的代表观点为例，违法性否定说在认定过失时，认为“过失的行为人之所以在法律上应负责任，不在于其主观上没有预见或没有认识，而在于其行为背离了法律和道德对其提出的应对他人尽到适当注意的要求，在于其没有尽到对他人的注意义务，以至于造成了对他人的损害”。[12] 基于此定义，提出了如下的过失认定基准：以法律、法规所确定的注意义务为标准（例如侵权责任法第58条第1款）、合理人的标准、专家责任情况下的特殊标准

---

〔5〕 王胜明：《中华人民共和国侵权责任法解读》，中国法制出版社2010年版，第10页。

〔6〕 葛云松：“《侵权责任法》保护的民事权益”，载《中国法学》2010年第3期，第44页；方新军：“利益保护的解释论问题——《侵权责任法》第6条第1款的规范漏洞及其填补方法”，载《法学论坛》2013年第6期，第103页。

〔7〕 葛云松，同前注6，第44页。

〔8〕 于飞：《权利与利益区分保护的侵权法体系研究》，法律出版社2012年版，第245页以下。

〔9〕 曹险峰：“我国侵权责任法的侵权构成模式——以‘民事权益’的定位与功能分析为中心”，载《法学研究》2013年第6期，第98页。

〔10〕 王利明，同前注2，第14－15页；王利明：《侵权责任法研究》（上卷），中国人民大学出版社2011年版，第345－349页。

〔11〕 杨立新，同前注4，第108页。

〔12〕 王利明，同前注10，第321页。

（例如侵权责任法第57条）等；[13] 违法性肯定说区分行为与违法要素（按照此观点，不区分行为与违法，无法认定因果关系，笔者不赞同），认为故意与过失仍然指加害人的主观心理状态，加害行为是否违法，从是否侵害绝对权、违反保护他人为目的的法律、故意违反善良风俗进行认定（典型的德国法模式思考）。[14] 从表述来看，肯定说对行为违法的判断基准与否定说对过失的判断基准并没有实质性的差别，唯一不同的是概念上的区分。

再者，仔细观察两种观点，不难发现如下问题：①否定说的过失是一种对不以预见可能性为前提的结果回避义务的违反，但是让加害人对预见不可能的结果承担侵权责任，于理不通；②肯定说从表面上看采取的是德国法模式的构造，但是又与德国法模式的三种不同的独立要件构造不同，对侵害绝对权的行为采行为不法论的立场，有弱化绝对权保护之嫌；③从下文的分析可知，伴随着人权意识的发展，对身体、财物以外的利益尤其是人格利益的侵害，逐渐成为侵权责任法关注的焦点，传统的理论构造（不管是肯定说还是否定说）还能否适用于新型利益的侵害案件，将是重新讨论一般侵权行为的要件构造不得不面对的问题。以人格利益侵害为例，在判断加害人能否预见或者回避侵害结果之前，首先应当解决何种行为对这些利益造成的侵害需要法律保护的问题。[15]

笔者尝试分析出现上述问题的原因所在，总结为如下两点。一是缺乏实际裁判例研究基础上的抽象理论架构，对于违法性与过失的关系之理解，停留在概念及功能上的区分；二是虽然人格权法的制定成为学界研究的重点，尤其关于一般人格权，更是不吝笔墨，[16] 但是从裁判例的角度来看，法院的态度消极，仅出现了关于祭奠或追悼

---

〔13〕 同前注，第326－330页。

〔14〕 杨立新，同前注4，第110页。

〔15〕 瀬川信久，民法七〇九条（不法行為の一般的成立要件），收录于広中俊雄、星野英一编，民法典の百年Ⅲ，有斐閣，1998年，第599页。

〔16〕 尹田："论一般人格权"，载《法律科学》2002年第4期，第11－18页；冉克平："一般人格权理论的反思与我国人格权立法"，载《法学》2009年第8期，第133－144页；李岩："一般人格权的类型化分析"，载《法学》2014年第4期，第12－21页；许可、梅夏英："一般人格权：观念转型与制度重构"，载《法制与社会发展》2014年第4期，第94－106页等。

死者的利益等的判决,[17] 而很少能看到本文第四部分所列举的案例类型,由下文的分析可知,正是这些案例的出现,引发了学界对传统理论的反思,其中就包括违法性与过失的关系。

3. 很多学者认为放弃违法性的概念,无法解释违法性阻却事由的存在,而《侵权责任法》却没有明确采纳违法性阻却事由的表述,因此,违法性否定说认为违法性阻却事由也可被看作是过失阻却事由。[18] 但是,对于为什么将违法性阻却事由看作是过失阻却事由,并未给出令人信服的解释。退一步说,即便采取过失阻却事由的说法,在解决具体案件时,如果以结果回避义务之违反判断过失(违法性否定说的过失理解)的有无,则会出现说理上的矛盾。以新闻报道侵害名誉权为例,如果报道的内容基本真实,只要涉及公共事项并以公益为目的,即便客观上造成了他人社会评价的降低,也不承担责任;[19] 如果以结果回避义务违反判断过失,可以断定加害人明显具有过失,而后再以过失阻却否定侵权责任的成立,岂不自相矛盾?因此,保留违法性阻却事由的说法似乎更合情理。再者,随着人格权法的发展,生活安宁的利益将会越来越受到重视,[20] 后述的日本最高裁判所判例②,噪音是否侵害了环境型人格利益,是根据“侵害行为的形态及侵害程度,被侵害利益的性质及内容,侵害行为的公共性及公益上的必要性,侵害行为开始、持续的经过及状况,是否采取了防止措施及防止措施的内容、效果等情况进行综合考虑”,属于过失判断范围的仅限于“是否采取了防止措施及防止措施的内容、效果”,其他因素尤其是侵害行为的公共性及公益上的必要性,则与过失判断无缘。

伴随着侵权责任法的发展,受保护的利益将呈现多样化的趋势,相应地,侵害行为的形态也会多种多样,从协调受害人权益保护与加

---

〔17〕 例如,在北大法宝数据库司法案例检索栏输入一般人格权,出现的两个经典案例“谢某等诉金堂仁爱医院、周某一般人格权纠纷案”[(2011)金堂民初字第706号]与“韩立生诉中铁六局集团北京铁路建设有限公司一般人格权案”[(2008)门民初字第771号]都与对死者的祭奠与追悼有关。

〔18〕 王利明,同前注2,第18-20页。

〔19〕 后述的“最高裁判所判例动向”部分案例①。

〔20〕 杨立新教授将生活安宁权作为其他人格利益对待,参见杨立新,同前注4,第34页。

害人行为自由的视角出发，一味地强调侵权责任法的责任承担、权利救济特征，将在一定程度上阻碍加害人的行为自由。因此，“违法性阻却事由”的范围也会呈现扩大的趋势，分析此种事由（行为是否正当，是否具备社会相当性）的概念，相较于故意、过失，违法性概念更适合。

4. 基于以上问题意识，可以得出以下理解：①违法性概念的功能不能受基本要件构成的严格束缚，既不能一概而论，采取过失一元论，也不能严格区分违法性与过失，而应当对应不同的侵害类型，适用不同的要件构造。②行为是否违法，并不是仅限于违反实体法的规定，违法性是以利益衡量为理念的、调整加害人的行为形态与受害人的权益保护的规范概念。[21] 但是，这种衡量理念不能流于形式上的、仅仅关注权益本身性质的价值位阶的衡量。③法律一经制定，就受制于当时的社会、历史、政治、思想等因素的制约，所以才有学者认为违法·有责的构成是德国法上特殊的历史现象。[22] 法律规定的原则性注定它不可能对所有的正当行为进行规定，因此，法律所没有规定的正当行为，就需要经过裁判实践或法律解释的检验。在身体、财物的物理性侵害的情况下，只进行过失判断即可。而除此之外的情况，如人格利益受侵害时，如果采过失一元论的构成，就必须首先分析出具体情况下的注意义务。但在这种情况下，受对抗价值（比如名誉侵害、隐私情况下的表达自由）的影响，在进入过失判断之前，如何决定该具体情况下的注意义务才是重中之重。承担这一功能的正是违法性概念。

5. 为了验证以上理解的合理性，本文以日本法为研究视角，结合学说与判例对权利侵害、违法性与过失三者的关系进行梳理（第二、三部分），然后通过分析最高裁判所的判例动向（第四部分），最后（第五部分）对于本文第一部分提出的问题作简要回答。日本判例的法理尽管存在规则性与不规则性，[23] 但是对应不同权利及利益所形成的具体规则，对于处于起步阶段的中国侵权行

〔21〕 能見善久，不法行為の機能・要件の再構成，NBL937号，2010年，第20页。

〔22〕 程啸：“侵权法中‘违法性’概念的产生原因”，载《法律科学》2004年第1期，第41页；平井宜雄，損害賠償法の理論，東京大学出版会，1971年，第324－353页。

〔23〕 关于1998年之前的日本民法第709条的判例动向及整理，详细参见瀬川信久，同前注15。

为法不乏借鉴意义。

日本法上的讨论能否为中国侵权责任法的学说及实务的发展注入新鲜的血液，必须具备的前提条件就是两国法存在共通之处。如果存在共通之处，接下来所面临的问题就是基于何种方法论行文。

对于第一个问题，笔者认为：①从条文的对比来看，现行日本民法典第709条[24]规定“因故意或过失侵害他人权利或受法律保护的利益者，对因此产生的损害负损害赔偿责任”,[25]规定了“故意或过失”、“权益侵害”、“因果关系”、“损害”要件，没有规定“违法性”要件，但是从民法典制定后直至现在，学说及判例一直在讨论违法性。[26]②从比较法的考察来看，中国与日本的一般条款模式与法国的大一般条款模式类似，[27]而在讨论是否采纳违法性概念时，日本与中国的学者都或多或少地借鉴了德国法上的讨

---

〔24〕现行日本民法制定之初，条文是以片假名书写的，为便于理解与适用，2004年日本民法进行了现代语化改正（也被称之为口语化改革）。对于改正前后的新旧条文之对比，可参见現代語化新旧対照条文，商事法務，2005年。对于民法第709条改正经过，1978年成立的“侵权行为法研究会”，在1987年，对日本的侵权行为法的历史与现状进行了讨论，对当时判例的到达点以条文的形式呈现，并附加了必要的说明，关于一般侵权行为的构成要件，公布条文如下：行为者如果违反了实施同类行为通常被期待的预见义务或结果回避义务，侵害了应当受法律保护的他人利益时，对因此产生的损害负赔偿责任。第709条的最终形成经过了民法典现代语化研究会草案、立法修正案及改正民法三个阶段。民法典现代语化研究会草案中关于本条的规定如下，“因故意或过失侵害他人应当受法律保护之利益者，对因此产生的损害负赔偿责任”。日本法务省“民法现代语化草案”中关于本条的规定时，“因故意或过失侵害他人权利或受法律保护之利益者，对因此产生的损害负损害赔偿责任”。改正民法将法务省的草案日文原文最后的表述“責めに任ずる”改为“責任を負う”。

〔25〕原文表述为：“故意又は過失によって他人の権利又は法律上保護される利益を侵害した者は、これによって生じた損害を賠償する責任を負う。”

〔26〕在结构体系上，日本的侵权行为法与中国的侵权责任法的不同之处在于，中国的侵权责任法规定了除损害赔偿责任以外的其他责任承担方式，而日本民法第709条明文规定了损害赔偿责任，至于恢复原状，仅适用于名誉权受侵害的情况，为此，日本学界也在围绕责任承担方式展开讨论，较为引人注目的是关于“停止侵害（日语表述为“差止”)”的法律构成问题，其中以大塚直教授发表在法学协会杂志的连载论文为代表，参见大塚直，生活妨害の差止に関する基礎的考察（一）–（八），法学協会雑誌103卷4、6、8、11号，104卷2、9号，107卷3、4号，1986–1990年。本文将讨论的视角主要放在侵权损害赔偿责任的构成要件上，所以在没有特别说明的情况下，本文所说的侵权责任即损害赔偿责任。

〔27〕李承亮，同前注3，第90页。

论。但是德国法的模式是三个小的一般条款模式，即“权利侵害模式”（第823条第1款）、“违反保护他人为目的的法规模式”（第823条第2款）、“故意违背善良风俗模式”（第826条），日本与中国都未设置与第823条第2款及第826条相对应的条文。对于立法上的不同，日本的学说发展是通过何种解释来采纳违法性或者放弃违法性的呢？这对于中国侵权责任法的学说发展而言，值得比较与借鉴。③从侵权法的发展来看，大体经过了从关注对生命、身体、财产的物理性侵害向对人格权及其他人格利益的非物理性侵害的转变。[28] 与中国不同的是，日本民法除第710条关于生命、身体、自由、名誉的规定外，并未有关于其他人格权的规定，但是判例的发展却极大丰富了人格权的内容。目前中国在讨论《人格权法》的制定，且不论如何协调《人格权法》与《侵权责任法》的关系，[29] 侵害人格权的法律责任不外乎是侵权责任，借鉴日本法上关于人格权侵害的判例及学说，也有助于完善《人格权法》的制定。

对于第二个问题，本文遵循如下观点：一方面，侵权行为法制度从侧面支撑着民法的整体，因此，民法体系框架内发生的纷争通过既有的制度处理发生困难之时，首先会作为侵权行为法的案例，寻求侵权行为法上的救济；另一方面，侵权行为法由黎明期发展到现在，可以说历史久远，但是经常会有新的案例类型出现，将传统的案例与新型案例置于同一框架内处理，这就必须通过新的解释论，以维持法律判断构造的有效性与整合性。[30]

二、权利侵害与违法性

（一）民法起草者的观点

关于民法起草者观点的研究，不胜枚举，其中以锦织成史的《违法性与过失》[31] 一文最为详细。民法现代语化之前的第709条

〔28〕 濑川信久，同前注15，第624页以下。

〔29〕 关于两者的关系，可参见姚辉：“论人格权法与侵权责任法的关系”，载《华东政法大学学报》2011年第1期，第103－114页。

〔30〕 山本隆司，権利侵害・違法性と過失，收录于古賀哲夫、山本隆司编，現代不法行為法学の分析，有信堂，1997年，第9页。

〔31〕 錦織成史，違法性と過失，收录于星野英一编，民法講座6 事務管理・不当利得・不法行為，有斐閣，1985年，第134页以下。

规定："因故意或过失侵害他人权利者，对因此产生的损害负损害赔偿责任"。民法起草者是如何理解本规定的呢?

1. 权利侵害要件

从《法典调查会·民法议事速记录》[32] 的记述来看，基于以下两点，民法起草者设置了"权利侵害"要件。

首先，对外国立法例的借鉴。"从外国立法例来看，侵权行为法上损害赔偿义务的发生无不以'不法的权利侵害'为要件，旧民法仅规定'造成他人损害'，规定不完善、不明晰。"[33]

其次，限定侵权行为的成立范围。"社会生活中给他人造成损害的情形时有发生，如果所有的情况都发生损害赔偿责任，则会使侵权行为的成立范围无限扩大。"此处的权利不仅包括财产上的权利、生命、身体、自由及名誉，还包括债权等权利，[34] 但是"侵权行为法只保护已经存在的权利，并没有创设新型权利的功能。"[35]

2. "故意、过失"要件

"故意是以侵害他人为目的，为达成这种目的而为一定行为"。[36] 而对于过失，起草者的观点并不明确，既有主观的理解也有客观的理解。一方面，将过失理解为"当为或可为之行为没有为或者行为的方法不当"；另一方面，将过失理解为"欠缺意思紧张的心理状态"[37]，这成为导致学说理解出现分歧的原因之一。

3. 权利侵害、过失与违法性

起草者对"不法行为"的意义说明如下："所谓的不法是指对他人权利的侵害"，[38] "不法行为是指侵害权利的行为"。[39] 前田达明教授指出，从民法典第 3 编第 5 章的"不法行为"的标题来看，规定"权利侵害"要件就是为了揭示出其背后"不被允许的

---

〔32〕 法務大臣官房司法法制調査部监修，（日本近代立法資料叢書 5）法典調查会·民法議事速記録五，商事法務研究会，1984 年。

〔33〕 同上，第 298 页。

〔34〕 同上，第 302 页。

〔35〕 同上，第 314 页。

〔36〕 同上，第 297 页。

〔37〕 同上，第 298 页。

〔38〕 同上，第 295 页。

〔39〕 同上，第 300 页。

行为”、“违法的行为”。[40] 受“不法”评价的是行为本身，而不是行为的基础——故意、过失。[41]

（二）判例对“权利侵害”要件的严格解释及转变

按照起草者的理解，既然“侵权行为法只保护已经存在的权利，并不具有创设新型权利的功能”，现行法没有规定的权利便不属于侵权行为法的保护范围，即使受到侵害，也不构成侵权行为（判例①）。但是，让受害人承担损失的后果亦不合公平理念之要求，于是判例的态度发生了转变，对“权利侵害”要件进行了扩大解释，只要是“受法律保护的利益”，就能获得侵权法上的保护（判例②）。

判例①：桃中轩云右卫门案件[42]

事实概要：桃中轩云右卫门把自己演绎的浪花调[43]录入留声机的唱片中，将著作权让与了A。A开始出售该唱片，B把从A处购买的唱片做成新盘，无端复制并出售。A便以著作权侵害为由提出了停止出售和损害赔偿的请求。

判决要旨：浪花调只不过是即兴创作或一时创作的曲调，并未形成一定的旋律，不受著作权法的保护；另外，当时并没有相应的“取缔法规”，所以不构成侵权行为。

从大审院的立场来看，对改正前的民法第709条的“权利”进行了不恰当的狭义解释，认为浪花调不能作为音乐著作物获得著作权法的保护，无权限而复制出售不构成对著作权的侵害，不能依据709条提起损害赔偿请求。

判例②：大学汤案件[44]

事实概要：A经营着一家名为“大学汤”的澡堂，之后将澡堂

---

〔40〕前田達明，不法行為帰責論，創文社，1978年，第218页。

〔41〕錦織成史，同前注31，第147页。

〔42〕大审院判决，1914年7月4日，刑録20辑，第1360页。本文只对案件事实进行了简单的介绍，对于该案件的事实关系与背景进行的重新解读，可参照能見善久，桃中軒雲右衛門事件と明治・大正の不法行為理論，学習院大学法学会雑誌44卷2号，2009年，第183页以下；大村敦志，不法行為判例に学ぶ，有斐閣，2011年，第80页以下。

〔43〕浪花调，日本的一种大众曲艺。三味线伴奏，由一个演员以通俗易懂的曲调说唱故事。

〔44〕大审院判决，1925年11月28日，民集4卷，第670页。

的建筑物租赁给 B 的同时，也将“大学汤”这一老字号的招牌卖予了 B。但不久，该建筑物的租赁契约合意解除之后，A 又将该建筑物租赁给 C，并让 C 以“大学汤”之名进行营业。为此，B 以 A 和 C 为被告，向裁判所请求损害赔偿。

判决要旨：民法第 709 条的含义在于，“因故意或过失实施了法规违反之行为，侵害他人者，对因此产生的损害负赔偿责任。除所有权、地上权、债权、无体财产权、名誉权等的‘具体权利’之外，与这些权利处于同一程度的、并非严格意义上的权利的利益”，“从我们的法律观念上说，对此造成侵害，应当给予侵权行为法上保护的”。

（三）判例的发展及学说讨论

1. 判例的发展

大学汤案件之后，侵权行为法发生了两个方面的转变：一是“受法律保护的利益”的扩张，如明确承认非婚生子的扶养利益；[45] 二是行为形态的多样化，如以“法规违反行为”为由肯定侵权行为成立的案例类型逐渐增多，例如有关市场交易的侵权行为判决[46]、不当诉讼的侵权行为判决。[47]

2. 学说讨论

大学汤案件判决中出现了两个关键词：一是“受法律保护的利益”；二是“法规违反行为”。违法性理论的出现与判决的第二个要点息息相关。

（1）末川说。该说又被称为“违法性表征说”，是由末川博提出。末川认为，侵权行为的本质在于对法律秩序的违反，权利侵害不是一般侵权行为的实质要件，只是违反法律秩序的一种表现，违法性才是侵权行为的客观要件。具体观点如下：

罗马法以来的各国法律普遍认为侵权行为是违法地造成损害的行为，未将权利侵害作为绝对要件。[48] 而破坏法律秩序是侵权行为制度的实质，权利只不过是法律秩序的一部分内容。法律秩序分

---

〔45〕 大审院判决，1932 年 10 月 6 日，民集 11 卷，第 2023 页（阪神电铁案件）。

〔46〕 大审院判决，1940 年 8 月 30 日，民集 19 卷，第 1521 页。

〔47〕 大审院判决，1941 年 9 月 30 日，民集 20 卷，第 1261 页。

〔48〕 末川博，権利侵害論，弘文堂書房，1930 年，第 200 页。

为授权法规、命令法规以及公序良俗，授权法规“通过授予私人权利，规制人的行为，形成社会共同生活的法律规范”。该法律秩序最为主要的主观表现形式就是权利，所以侵害权利意味着直接破坏了法律秩序，是法律所不允许的行为，即权利侵害本身就是违法的（结果不法论）。而所谓的命令法规是指，规定私人当为以及不当为的规范，违反这类法规可单独作为违法评价的基准。〔49〕如果不存在像授权法规及命令法规等具体规范，行为违反公序良俗也可以被评价为违法。〔50〕

（2）相关关系说。受末川违法性理论的影响，对违法性理论进一步发展的是我妻荣的相关关系说。

如果说侵权行为制度是为了最小限度地限制私人自由活动的范围，规定“权利侵害”要件具有一定的合理性，但侵权行为制度的意义在于对损失的公平合理的分配。因此，侵权行为的成立要件不是权利侵害，而是加害行为的违法性。

加害行为的违法性应当根据被侵害利益的种类与侵害行为的形态的相关关系认定。〔51〕被侵害利益因种类不同、强弱之分，强权利的侵害行为往往比弱权利（利益）的侵害行为违法性程度高。侵害行为的形态，主要是指对刑罚法规的违反，对禁止法规及取缔法规的违反，对公序良俗违反及权利滥用。〔52〕其中既有正当行使权利的行为，也有违反公序良俗的行为以及法规违反行为，在违法性程度上也存在差异。因此，当弱的利益受侵害时，需要行为人在行为形态上采取违法性程度较高的方式，比如违反刑罚法规，才构成侵权行为。〔53〕直至20世纪70年代，相关关系说一直处于通说的地位。〔54〕

（3）对相关关系说的评价。相关关系说将德国三分模式的构成

〔49〕同上，第349页以下。

〔50〕同上，第360页。

〔51〕我妻榮，事務管理・不当利得・不法行為，日本評論社，1937年，第125-126页。

〔52〕同上，第125页以下；加藤一郎，不法行為（増補版），有斐閣，1974年，第35、106页。

〔53〕我妻榮，同前注51，第125页以下。

〔54〕加藤一郎，同前注52，第106页。

要件概括为统一的要件构造，[55] 具有解释论上的优势。具体来说，相关关系说包含三层含义：①权利侵害的特殊性；②被侵害利益与被保全利益的比较衡量；③结果不法与行为不法的相关关系。虽然缺乏统一性，但是②所表示的是结果不法，①是结果不法的基础，将①②置于③中考察，是相关关系学说的优势之所在。[56]

20 世纪 70 年代后半段之后，相关关系学说受到了学界的批判。批判的方向大致为如下两点：①对相关关系判断要素的批判；②对放弃权利侵害要件的批判。对于①，柳沢弘士认为，作为违法评价对象的被侵害利益的种类与作为违法评价基准的侵权行为的形态，两者所关注的角度不同，将其置于同一维度进行相关关系判断是不可能的，应当进行相关关系判断的是被侵害利益的种类与加害人的内心要素。[57] 或者说，应当与行为者主观形态的种类、程度、行为手段、方法、作用的强弱、附随情况等进行相关关系衡量。[58] 此外，关于侵害行为的形态，比如在行为违反刑罚法规的情况下，已经对行为人的故意或过失进行了判断，相关关系衡量之后再判断故意过失的有无不免有重复之嫌。[59] 也就是说，相关关系说一方面坚持违法性与过失的区分构造，另一方面，在违法性判断中混入了作为主观判断要素的故意、过失，使得违法性与过失的区分变得模糊。对于②，原岛重义以公害案件为契机，认为违法性的认定分为两种情况：一是通过权利之侵害就可以直接判断违法性存在的情况；二是仅通过权利或利益之侵害，不能径直判断违法性的存在，还需要综合考虑侵害行为的形态，如是否违反取缔法规或者违反公序良俗。但是相关关系学说将两种判断情形合二为一，仅通过权利（尤其是绝对权）之侵害并不能径直判断违法性的存在，还需要考虑加害行为的形态，所以就导致了“有权利侵害，也未必具有违法

---

〔55〕 潮見佳男，不法行為法Ⅰ，第 2 版，信山社，2013 年，第 68 页。

〔56〕 四宮和夫，事務管理・不当利得・不法行為，中巻，青林書院，1983 年，第 256 页。

〔57〕 柳沢弘士，ケメラーの民事不法理論——不法行為法における行為不法理論と不法類型論についての考察，日本法学 31 巻 4 号，第 157 页。

〔58〕 柳沢弘士，不法行為法における違法性，私法 28 号，第 131－132 页。

〔59〕 石田穣，損害賠償法の再構成，東京大学出版会，1977 年，第 34 页。

性”，弱化了对被侵害利益的法律保护。[60][61]

3. 违法性向权利侵害的回归

基于上述对相关关系说的第二点批判，学界开始重新认识“权利侵害”要件。

（1）权利扩大说。权利扩大说的核心观点是，违法性理论是为了摆脱判例法理对权利侵害要件的严格解释，扩大侵权行为法保护的范围。因此，对权利作广义解释，或者将权利看作是“值得法律保护的利益”，就没有必要将民法未明文规定的“违法性”要件化。[62]

（2）“权利侵害”要件的再评价。违法性理论的问题点在于“权利意识”的衰退。权利侵害不再作为独立要件而是埋没于违法性概念中，成为了违法性的判断要素之一。对此，以星野英一教授和几代通教授为代表的学者主张应当忠实于民法第709条的条文表述，采取“权利侵害”、“故意、过失”的二元构造。

星野教授在对民法第709条的立法过程进行分析的基础上，认为“从文义解释及立法过程来看，权利侵害不是严格的要件，没有必要导入我国民法典中本来就不存在的违法性概念”[63]，“权利侵害要件对应的是加害行为的结果，而故意过失要件对应的是加害行为本身的问题。”[64] 将权利侵害置换为违法性，不得不面对“违法性是什么”的难题，而且违法性本身就是德国法上的概念，引入违法性理论同样会面临究竟采取行为不法还是结果不法的困境。[65]

几代教授认为，“之所以确立‘故意、过失’与‘权利侵害’的二元要件构成，是为了思考上的便利”。权利侵害要件关注的焦点在于损害以及受害人，它所解决的问题是受害人是否具备侵权行

---

〔60〕 戒能通孝，人格権と権利侵害の類型化，法律時報27巻11号，1955年，第24页以下。

〔61〕 原島重義，我が国における権利論の推移，法の科学4号，1976年，第54页以下。

〔62〕 权利扩大说的代表学者还有五十岚清。参见五十嵐清，違法性，收录于柚木馨等編，判例演習　債権法2（增補版），1973年，第198－199页。

〔63〕 星野英一，故意・過失、権利侵害、違法性，收录于星野英一著，民法論集第6巻，1986年，第317页以下。

〔64〕 同前注，第318－319页。

〔65〕 同前注，319页。

为法保护的资格。[66]

该二元构成理论符合条文本来的表述，但是从根本上来说，它并没有赋予权利侵害以独立的要件地位，原因在于它忽视了对权利内容及其价值的定位，将权利等同于受法律保护的利益；在具体判断侵权行为成立与否时，过分倚重故意、过失要件。具体来说，在判断过失要件时，该二元构成论者与后述的过失一元论者一样，支持汉德公式，作为判断要素之一的“结果回避的代价”，不单单是指行为者自身所牺牲的利益，还包含着社会所负担的牺牲，而且还考虑“行为的社会效用”，弱化了被侵害的权利、利益的价值，这种政策判断的观点使得权利与自由变得相对化。[67]

（3）权利侵害要件的再生。

a. 1988 年之后，日本最高裁判所围绕“内心安宁的感情利益”作出了数件判决，学者认为这些判决活用了权利侵害要件。除后述的案例③④⑤之外，这里着重介绍关于地铁内商业广告的播放是否侵害人格权的案例。[68] 最高裁判所判决如下：每个人都有不听自己不想听到的声音的自由，但是对于该商业广告播放行为的违法性判断，需要根据广告播放行为的背景、行为形态、行为所带来的结果等因素综合考察，本案的播放行为不违法。但是伊藤法官的补充意见认为，本案受保护的利益是“不被自己不想受到的刺激扰乱内心安宁”的利益（属于广义上的隐私），属于“受法律保护的利益”，应当通过侵害行为的形态和受侵害利益的相关关系判断是否构成违法侵害，通过与对立利益的衡量，该侵害属于应当忍受的范围，不构成侵权行为。

法益否定的案例还有：“在政见发表中，对身体障碍者使用差别用语，而要求不加修改进行播放的利益”[69]、“对即位大典仪式国费支出产生的不快感（人格尊严）”[70]、“对中伤自己所属宗教团

---

〔66〕 幾代通，不法行為，筑摩書房，1977 年，第 109－110 页。

〔67〕 藤岡康宏，不法行為と権利論——権利論の二元的考察に対する一考察，早稲田法学 80 卷 3 号，2005 年，第 183 页。

〔68〕 最高裁判所判决，1988 年 12 月 20 日，判例時報 1302 号，第 94 页。

〔69〕 最高裁判所判决，1990 年 4 月 17 日，民集 44 卷 3 号，第 547 页。

〔70〕 大阪地方裁判所判决，1992 年 11 月 24 日，行裁例集 43 卷 11、12 号，第 1404 页。

体及教主的报道，主张侵害了宗教上的内心安宁的利益”。[71]

这些判决中存在争议的利益有一个共同点，就是都是有关人格的利益，而且是否应当受保护并不明确，更多的是关于内心感情的、弱的人格利益。

b. 大塚教授通过分析上述最高裁判所以及下级裁判所作出的判决，指出“在侵权行为法中，主张精神损害赔偿的利益（大多是人格利益）不断出现，其中包含尚不能称之为权利但应当受法律保护的‘利益’，权利侵害概念既没有被违法性概念所吸收，也没有作为过失判断的要素之一，成为了判断侵权行为成立与否的独立要件。大塚教授认为，这一方面是为了理论思考的便利，另一方面是为了避免加重过失、违法性要件的负担。侵害行为的形态与被侵害利益的相关关系衡量的判例法理，适合于这种弱的人格利益的救济。”[72]

c. 与b的方向不同，以潮见佳男教授为代表的学者从宪法基本权与私权的关系出发，认为侵权行为制度的目的在于私权的保护。受侵权行为法保护的权利指的是以宪法为顶点的法律秩序所承认的、归属于权利主体的利益，不仅包括绝对权及绝对利益，还包括债权等相对权，以及尚未被称之为权利的利益，比如机会的丧失、人格利益等。[73]

权利侵害要件所具有的规范功能在于，“它是对权利的要保护性的判断，应当从法律的整体秩序出发，对现代社会中以宪法为顶点的法律秩序所保障的私权是以什么为基点这一问题进行诠释”。[74]由此可见，潮见教授意图从宪法秩序的视角实现民法对基本权的保护，在判断权利侵害的可能性与盖然性时，对潜在的加害人所享有的、同样是基本权的“行为自由”、“思想、表达、信仰自由”纳入考虑范围，通过对被侵害利益与被保全利益之间的比较衡量，对被侵害的利益是否应当受到侵权行为法的保护进行判断。而违法性并不具有独立的要件功能，它是对整个侵权行为的评价，即“某行

---

〔71〕 东京地方裁判所判决，1993年5月21日，判例時報1480号，第105页。

〔72〕 大塚直，保護法益としての人身と人格，ジュリスト1126号，1998年，第38－39页。

〔73〕 潮見佳男，債権各論Ⅱ不法行為法，新世社，2005年，第17页。

〔74〕 同前注，第26页。

为被判断为侵权行为，意味着该行为是法律秩序所不能允许的行为"[75]。所以，单纯根据权利侵害要件下的利益衡量，尚不能直接对某行为进行违法评价，还必须要对具体的加害行为进行无价值判断，而发挥该判断功能的正是故意、过失要件。过失是指“对法律秩序事先设定的行为规范的违反”，他从行为的动态过程对行为进行整体上的把握，法律秩序规制人的行为，就会对相应行为的过程设定相应的行为规范，违反该规范即受到无价值评价，而“民法第709条所说的过失就是对行为的意思形成、意思决定以及行为的实施等的无价值评价。"[76]

总结潮见说的特色及问题，主要有以下四点：①对侵权行为制度的定位。认为侵权行为制度之目的在于私权的保护，而侵权行为法的作用在于对被害人基本权与加害人基本权的调整。②未将违法性作为独立要件。他所说的违法性不过是侵权行为的同义语，判断侵权行为是否成立，必须对权利侵害要件和故意过失要件进行判断。③从“法秩序对行为的规制”、“以宪法为顶点的法律秩序的整体”等表述中可以看出，潮见的基本权的权利观残留着违法性理论的痕迹。[77] ④未明确权利侵害与过失的关系。对于过失，潮见强调行为时的事先判断，如果这意味着“权利侵害”行为时的预见可能性、意思决定可能性，则客观的事实（权利侵害）与主观的预见可能性就形成了对应关系，但是这样的话，过失就不再是客观的违法评价对象，而是变成了区别于违法要素的责任要素。而如果说事先判断所针对的并非是应当对被侵害的特定权利如何进行保护，而是考虑到在行为实施的各个过程，潜在的受害人的利益多种多样，那么过失概念尽管能作为违法要素来对待，但是已然变成概括式的抽象判断，如何将这种抽象的过失概念对应事后进行具体判断的“权利侵害”，就成为了问题。

4. 侵权行为二分论

传统的违法性理论对于权利侵害要件的轻视，是权利侵害要件

---

〔75〕 同前注，第33页。

〔76〕 潮見佳男，民事過失の帰責構造，信山社，1995年，第276页。

〔77〕 山本敬三，不法行為法学の再検討と新たな展開，法学論叢154卷4·5·6号，2004年，第345页以下。

再生的原因之一。因此，在重视权利侵害要件的同时，重塑违法性理论不失为一种选择。当然，未必要从宪法基本权的角度对所有受侵权法保护的利益进行统一把握，因为基本权层面的利益衡量比较抽象，难以成为具体的判断基准，另外也无法解决相同位阶的基本权衡量问题。

与潮见的观点不同，加藤雅信教授将受侵权行为法保护的利益区分为绝对权和绝对利益、相对权和相对利益。前者属于权利侵害类型，后者属于违法侵害类型。权利侵害类型是指，像生命、身体、健康、自由、所有权及其他物权、无体财产权（绝对权、绝对利益）的侵害，加害人只要具备故意、过失，就发生损害赔偿请求权。而违法侵害类型是指，对相对权、相对利益的侵害，加害人仅具有故意或过失尚不足以发生损害赔偿请求，还须侵害行为的形态具备相当的恶性。也就是说，在权利侵害类型下，维持故意、过失的主观要件与权利侵害的客观要件二元构成；在违法侵害类型下，只有违法侵害才发生损害赔偿请求权，违法性不仅要从被侵害利益的种类、性质与侵害行为的客观形态的相关关系进行判断，还要考虑行为者的意图等内心要素。〔78〕

与加藤雅信教授持相似观点的还有藤冈康弘教授。藤冈教授指出，伴随着保护法益的多样性，侵害行为的形态也呈现多样化的趋势，仅通过过失判断不能实现所有法益的救济。也就是说，如何评价不能被客观的行为义务所包含的行为形态，将成为重大课题。尽管从法益的扩大保护来看，放弃违法性有一定的道理，但是从被侵害法益是否应当受保护来限定侵权行为成立之功能以及新型法益侵害的构成要件来看，仍然需要坚持违法性的概念。尤其是在民法第709条的构造下，“通过违法性判断，必要时可以将整个法律秩序的价值判断纳入到损害赔偿法领域”。〔79〕

藤冈教授将法益区分为绝对权及其他法益，根据是否要通过侵害行为的形态进行比较衡量，对二者采取不同的责任构成。具体来

---

〔78〕 加藤雅信，事務管理・不当利得・不法行為，第2版，2005年，第183－185页。

〔79〕 藤岡康宏，日本型不法行為モデルの提唱，法律時報78卷2号，2006年，第32页。

说，“①像生命、身体的侵害及物的毁损，属于权利性强的利益受到侵害，只要加害人具备过失，便可以认定加害人的行为违法；②被侵害法益较弱，或者侵害的程度轻微的情况，不能仅仅通过利益侵害及过失来认定侵权的成立，需要从整体上判断加害人的行为是通过社会所不能认可的形态作出的侵害，才能对其行为积极地评价为违法”。[80]

权利与利益的区分构造有何意义呢？首先侵权行为二分论与民法现代语化后的第709条（权利侵害+法律上受保护的利益构造）更具亲和性。吉村良一教授指出，对不同的权利及利益采取不同的侵权行为判断方法，即对应权利、利益的性质进行类型化判断，将成为判断侵权行为成立与否的基本方向。[81] 从这种意义上说，加藤与藤冈两教授的观点正是该基本方向上的一种理论构成。其次，侵权行为二分论也与判例的动向相吻合，濑川信久教授在判例研究的基础上，指出适用民法第709条的判例大致分为对身体、财产的物理性侵害以及除此之外的其他侵害。对于前者，判例主要通过过失要件判断侵权行为的成立与否；对于后者，主要从利益的要保护性及行为的违法两个方面，决定侵权行为的成立与否。[82]

三、过失与违法性

（一）过失与违法性的交错

按照传统的理论构成，侵权行为的要件由主观要件与客观要件构成。客观要件是指“权利侵害”（违法性），而主观要件指的是故意、过失。故意与过失作为主观因素，指的是加害人的内心状态。但是20世纪70年代之后，违法性与过失的关系发生了动摇，由于违法性的主观化（主观违法要素的发现）、过失的客观化，两者出现了交错。为了打破客观违法性与主观过失相对立的旧模式，学界出现了过失吸收违法性以及违法性吸收过失、德国法式的违

〔80〕 藤岡康宏，民法Ⅳ，第3版，2005年，第237、249页。

〔81〕 吉村良一，保護法益の多様化と不法行為法の基本要件——権利侵害と違法性を中心に，收录于池田恒男、高橋眞編，現代市民法学と民法典，日本評論社，2012年，第290页。

〔82〕 濑川信久，同前注15，第624页以下。

法·有责构成理论，进入了“侵权行为法学的混迷”时期。[83]

过失与违法性理解上的差异，是学说“混迷”的原因所在。传统的违法性理论特别是相关关系学说认为，损害赔偿请求权的成立需满足侵害的违法性，而违法性的判断需综合被侵害利益的种类与侵害行为的形态。但是，从上文的分析来看，“虽然该说严格区分故意过失与违法性，但是违法性的判断中却包含着故意过失的内容。”[84]

另外，关于过失判断，学说一直强调以通常人的能力为基准的抽象过失论，但是该时期的行为不法论认为，过失不再是加害行为者主观上的预见可能性，而是指行为是否违反社会生活上的客观注意义务（结果回避义务），强调客观过失论。

（二）过失吸收违法性 or 违法性吸收过失

否定故意、过失与违法性要件的严格区分，主张两要件统一为一要件，是一元论者的观点。具体来说，主张过失吸收违法性的是过失一元论，而主张违法性吸收过失的是违法性一元论。

1. 过失一元论

过失一元论者是平井宜雄教授。平井教授在判例分析的基础上指出：①判例中很少使用违法性概念作为推导出结论的理论前提；[85] ②即使判例中使用了违法性概念，也不是为了解决被侵害利益的问题，而是单纯指加害行为构成侵权行为，并不是在与主观要件的过失相区分的意义上被使用的；③判例中的过失概念不再是与违法性相区分的主观要件，而是指违反法律上的行为义务；④如果说违法性指的是法规违反行为，则与过失概念趋同，区分无益。[86]

违法性概念之所以失去意义，原因在于，“违法性概念发挥着①扩大第709条之权利侵害要件的功能和②与主观过失相区分的客观要件的功能”，“权利侵害向违法性转换”的命题固定的同时，发挥①功能的违法性概念的使命已经终结；[87] 另一方面，日本民

〔83〕 澤井裕，不法行為法学の混迷と展望—違法性と過失，法学セミナー296号，1979年，第72页。

〔84〕 石田穰，同前注59，第34页。

〔85〕 平井宜雄，同前注22，第378页。

〔86〕 平井宜雄，債権各論Ⅱ不法行為，弘文堂，1992年，第22-23页。

〔87〕 平井宜雄，同前注22，第382-383页。

法典并没有采取“违法性”与“故意、过失”的严格区分的构造，这种将两者进行区分的德国民法式的理论不能发挥作用，[88] 过失已经从单纯的心理状态之主观要件转变为判断是否成立侵权行为的法规范概念，这样就使得过失与违法性的内容出现了重复，发挥②功能的违法性概念也渐渐失去了意义。综上所述，将违法性作为客观要件、过失作为主观要件的这种体系化构成已然丧失理论意义。

在上述理由下，平井教授对侵权行为的构成要件进行了重塑。①既然违法性的法技术意义已不复存在，民法第709条的要件，除故意之外，仅过失便足矣，而且现在大部分的侵权行为的道德非难色彩已经变淡，相比故意要件，过失要件更具决定性作用。②一元化的过失是决定侵权行为成立与否的高度概括的规范概念。[89] ③权利范围扩大的结果意味着权利侵害要件丧失了限定侵权行为成立的独立要件地位，被过失或损害要件所吸收。④因此，第709条的要件由故意行为或过失行为、损害的发生、两者之间的因果关系构成。

过失一元论下过失的存在与否将具有决定性的意义，如何判断过失之存在，平井教授认为，过失是指“以预见可能性的存在及预见义务的存在为前提，违反了损害回避的行为义务”[90]，据此定义，判断过失存在与否的关键在于加害行为的存在、行为义务的存在、加害行为与行为义务所要求的行为之间的偏差，对于何种情况下存在行为义务，平井教授参照了英美法上的negligence之构成，即根据著名的汉德公式，提出了如下过失判断构造：①加害行为造成损害的危险程度及盖然性；②被侵害利益的重大性与③因承担损害回避义务所牺牲的利益之间的比较。[91] 当①②的乘积大于③时，即可认定过失的存在。可见，过失一元论观点下的过失并不是德国法上所说的意思非难，而是“对于侵权行为，从应否给予损害赔偿法上的保护出发，调整各种相互对立的利益所采取的高度的政策价值判断”。

---

〔88〕 同前注，第383、395页。

〔89〕 平井宜雄，同前注22，第420页，认为过失与行为者的意思无关，应当改变将过失与故意置于同一层面进行说明的看法。

〔90〕 平井宜雄，同前注86，第27-28页。

〔91〕 平井宜雄，同前注22，第394、413页。

2. 违法性一元论〔92〕

提倡违法性一元论的学者是前田达明教授。前田教授认为，严格区分故意、过失为主观要件（有责性），违法性、权利侵害为客观要件是不可能的，主张违法性吸收过失。根据前田说，违法性吸收过失的理由主要有以下三点：

（1）在人与人频繁接触的现代社会，权利侵害等于违法性的命题是不能成立的，只有“超出了社会相当程度，违反了对他人法益的侵害回避义务造成的权利侵害”才是违法的。注意义务的违反即为违法，〔93〕从通说的角度来看，过失一般是指抽象的过失，即客观的行为义务的违反，因此过失就变成了违法性的问题。

（2）对于相关关系说中的加害行为之形态，比如刑罚法规的违反、取缔法规的违反、公序良俗违反、权利滥用等，本身已经考虑了故意、过失、动机等的行为人的“主观心理状态”，行为人的主观心理状态在违法性的判断中也占据着重要位置。〔94〕

（3）侵权行为法的制度目的在于“损害的公平分担”，“应当由加害人还是受害人承担何种程度的损害才是公平的呢?”这就需要对加害人的情况和受害人的情况进行综合的判断。〔95〕应当考虑的加害人的情况主要是故意或过失，这与行为不法相对应。应当考

---

〔92〕 在民法现代语化之后，前田教授结合第709条的新规定进一步发展了自己的观点，认为故意或过失侵害他人的法益的侵权行为具有违法性。因此，“民法第709条是以故意过失这一行为违法（行为无价值）和法益侵害这一结果违法（结果无价值）为要件认定损害赔偿请求的。也就是说，故意过失要件与法益侵害要件是与违法性并列的同一层次的问题，通过进行综合判断，来确定是否认可损害赔偿责任”。前田教授进而指出，对于近来权利论的新动向，只有违法性一元论才能为这种新动向提供恰当的理论支持，认为“违法性一元论促使了这一新动向的产生”。违法性一元论关注“法秩序的维持”的立场，这与新动向重视“权利自由”所不同，但是“法秩序的维持”与“权利自由”乃是一枚硬币的正反两面，而且，在今天的社会状况下，重视权利自由是具有风险的，还是注重“法秩序的维持”较为妥当。参见前田达明，違法性一元論について，同志社法学61卷2号，2009年，第1、42页。

〔93〕 前田達明，同前注40，第185页。

〔94〕 前田達明，不法行為法，青林書院新社，1980年，第120页。

〔95〕 前田说认为，法律的功能可被分为“分配功能”和“命令功能”，分配功能是指将受到法律保护的社会价值分配到社会各成员，命令功能是指禁止对受保护的社会价值造成损害，相对应地，法律规范被划分为“分配规范”、“命令规范”，违反前者之规范的行为属于“结果无价值”，违反后者之规范的行为属于“行为无价值”，前者是对被害人立场的考虑，后者是对加害人立场的考虑。前田達明，同前注40，第192页。

虑的受害人的情况主要是权利侵害，这与结果不法相对应。“为了公平分担损害，就必须对各自的情况进行比较衡量，决定赔偿的有无、赔偿范围、赔偿额”，为此，需要借助于必要的共同基础之“违法性”概念。[96]

前田教授更进一步通过目的行为论，将侵权行为划分为故意的侵权行为和过失的侵权行为。过失的情况下，因为行为人“破坏了社会生活中期待实施符合通常人基准的行为”的信赖，所以需要承担侵权责任。故意与过失属于“加害行为的形态”之范畴，构成行为不法，特别是，过失的归责根据并不是行为人的主观非难，而是违背了“期待能按照通常人的基准实施一定行为”的信赖，所以前田说的故意与过失不属于主观“有责性”的范畴。[97]

3. 小 结

不管是过失一元论还是违法性一元论，它们的共通之处在于，对过失的客观化理解，即过失指的是客观的行为义务的违反。另外，两者都是行为不法论的立场，即存在权利侵害的结果尚不足以认定侵权行为的成立，还需加害行为违反客观的行为义务。并且一元论者区分故意侵权行为与过失侵权行为。

而对比侵权行为二分论的立场不难发现，在过失一元论的观点下，权利侵害成为过失判断的因素；而在违法性一元论的观点下，权利侵害成为利益衡量的判断因素，弱化了民法第 709 条权利侵害要件的积极意义，导致了权利保护的相对化。

（三）违法·有责构成

违法·有责构成理论又被称为违法性二元论。过失的客观化导致了违法性与过失概念的重合，从这一点上来说，过失吸收违法性或者违法性吸收过失不无道理。而违法·有责构成理论则在承认两要件交错的基础上，认为还应当区分违法性与过失。如何进行区分，取决于对违法性本质的认识。

主张违法性二元论的学者的共同点在于，认为侵权行为责任是基于“非难”的责任，对行为的一般、客观的非难是违法性的问题，而对行为者个人的、主观的非难是有责性的问题。

---

〔96〕 前田達明，同前注 40，第 123 页。

〔97〕 山本敬三，同前注 77，第 330 页。

1. 立足于行为不法论的二元论

主张该理论的学者是四宫和夫教授。对于侵权行为的要件构成，四宫教授基本上是以德国民法的理论为前提，坚持与刑法犯罪论同样的三分法构成，即①构成要件的该当性；②违法性；③有责性。根据四宫的观点，使加害人承担损害赔偿责任，在满足①的同时，还需满足对加害人非难可能性的存在，是否存在非难可能性，须从 a 违反了面向一般人的法律秩序的命令、禁止规范，加害行为是否值得一般的非难（违法性）；b 是否能对行为者个人进行非难（有责性）两个方面加以判断。〔98〕而如何处理违法性与有责性的关系，关键在于如何看待违法性的本质。

四宫教授认为，违法的本质在于行为不法；〔99〕侵害他人权利的行为之所以违法，不是因为权利侵害本身，而是因为侵害权利的同时，行为违反了损害回避的行为义务，也就是说，判断行为违法性是否存在，关键在于"判断行为是否违反了法律秩序所要求的行为义务"。〔100〕

关于违法性的判断要素，四宫教授认为，①行为不法要素——"权利侵害的危险性"（行为本身的反社会性）以及②结果不法因素——受侵害之危险的法益的重要性。〔101〕权利侵害是侵权行为成立的必要构成要件之一，但它不是基本构成要件中"违法行为"的部分，"而是损害赔偿责任中特有的责任要件部分"〔102〕，权利侵害发挥着连接故意、过失要件的功能。

关于故意与过失，四宫教授认为，故意、过失是从行为违反法律的命令、禁止规范推导出来的，判断是否违反行为规范还需要接受违法性判断，即从法律秩序的立场（侵权行为法的目的及社会伦

〔98〕四宫和夫，同前注 56，第 276 页。

〔99〕当然，四宫说并未完全不考虑结果不法，"如果违反了不可实施具有权利侵害危险性的行为之义务，这种情况下的违法性就是指以结果不法为基础的行为义务的违反"。但是，"结果不法不过是行为不法的发生根据而已，并不构成违法性的内容"，"行为不法一方面否定了结果不法理论，与此同时又仅将结果不法的意义保留在结果的危险性构成违法的重要根据上，也就是行为不法理论是摒弃结果不法理论的更高层次的理论"。四宫和夫，同前注 56，第 280 页。

〔100〕同前注，第 278－279 页。

〔101〕同前注，第 401 页。

〔102〕同前注，第 285 页。

理秩序）来看，行为的确值得一般非难。[103] 此外，作为对行为者个人的非难，就必须要对加害结果是否能归责于行为者个人进行判断，从该意义上说，故意、过失也是有责性的要素。但对行为者个人的非难为内容的有责性判断的作用是很小的，原因在于，在判断主观的期待可能性（违法性认识可能性、结果回避的意思决定可能性）时，重点不在于行为者个人的主观心理状态，而是相对方的信赖与期待，即根据一般、客观基准进行判断。[104]

按照上述观点，四宫教授所理解的过失概念由①结果预见可能性→②行为的违法性认识可能性→③结果回避的意思形成可能性→④结果回避可能性四个要素构成。其中，构成行为义务核心的①④作为对行为本身的一般非难可能性，与违法性有关；而②③作为对行为者个人的非难可能性，与有责性有关。[105]

2. 以结果不法论为核心的二元论

坚持“违法·有责”构成，以结果不法为基础，将违法划分为行为不法与结果不法的是锦织成史。[106] 锦织根据社会关系的不同，认为存在①适用结果不法的情况（传统的侵权行为）和②对适用行为不法的情况（现代侵权行为）。

首先，①在古典的市民社会，人们并不认为日常生活的行为会对他人的权利及法益造成侵害的危险，只要在权利及法益实际受到侵害或者即将受到侵害之危险时进行规制即可，并不考虑侵害行为的形态，只要对一定的权利及法益造成现实侵害或带来具体危险，加害行为（直接侵害）即违法。[107] 而②在现代社会下，通常权利及法益会伴随着抽象的危险，很难预见到会有怎样的具体危险及现实的侵害，既然存在抽象的危险，就需要为了防止这种危险、避免损害的发生，采取必要的措施，所以存在这种抽象的危险时，违反

〔103〕 同前注，第276、285、305页。

〔104〕 同前注，第378页。

〔105〕 同前注，第283－284页。

〔106〕 錦織成史，民事不法の二元性——ドイツ不法行為法の発展に関する一考察（1）（2）（3），法学論叢98卷1号，1975年，第25页；98卷3号，1975年，第25页；98卷4号，1976年，第68页。

〔107〕 同前注，法学論叢98卷4号，第88页。

防止危险发生的行为义务（间接侵害）即构成违法。[108] ③实施能给他人的权利或法益造成抽象危险的行为，违反了社会生活上的义务侵害权利时，该加害人的行为则同时符合了直接侵害和间接侵害。[109]

根据锦织的观点，行为不法和结果不法分别在不同的阶段，保护权利及利益免受他人行为的侵害，两者虽有不同，但都是为了满足社会生活的发展所带来的不同秩序的要求，所以两者为了保护同一利益是可以重叠并存的，并不是相互排斥的，究竟采纳结果不法还是行为不法的争论没有实际意义。[110]

问题是，将行为不法（间接侵害）解释为行为义务违反，是否会产生违法性与过失、有责性的混同。对此，锦织认为："间接侵害中的行为规范是指符合客观的外在行为命令，在这一点上是可以与过失相区分的。"[111] 单从该表述来看，并不能明确锦织的观点，大致的观点是，他认为对行为义务的违反是客观的违法要素，可以与主观注意义务违反的过失相区分。客观的违法性被区分为结果不法（侵害结果）和行为不法（危险行为），相应地，主观有责性也被一分为二。也就是说，在主要涉及结果不法的传统侵权行为领域，对权利及法益之现实侵害，需要讨论故意与过失；而在主要涉及行为不法的现代侵权行为领域，对侵害权利、法益的危险行为，也需要相应地讨论故意及过失。

3. 立足于结果不法论的二元论

原则上维持结果不法理论，采取违法性与有责性（故意、过失）二元构成的是沢井裕教授的观点。[112]

关于违法的内容，沢井认为，违法（结果不法）是指"从行为结果判断的客观的行为义务违反"（事后判断），有责性（行为不法）是指以"侵害行为发生之时为基准"，"通过行为发生之时侵害回避的可能性来判断"（事先判断）。[113]

---

〔108〕 同前注，法学論叢98卷4号，第91页以下。

〔109〕 同前注，法学論叢98卷4号，第92页。

〔110〕 同前注，法学論叢98卷4号，第93、95页。

〔111〕 同前注，法学論叢98卷4号，第94页。

〔112〕 澤井裕，テキストブック事務管理・不当利得・不法行為，第3版，有斐閣，2001年，第97页以下。

〔113〕 同前注，第103、136页。

沢井更进一步通过违法评价客体的不同，提出了三种不同的违法类型。[114] 即①绝对权侵害类型。在该类型下，因行为违反了“不得侵害绝对权”的一般规范，只要不存在违法阻却事由，则当然违法。②衡量类型。溯及结果发生之时，行为违反了抽象过失层面的作为或不作为义务（具体的注意义务规范）即构成违法，这种具体的注意义务规范的违反是通过被侵害利益的重大性与侵害行为的形态之间的相关关系之衡量加以判断的。③行为类型。该类型主要是指加害行为违反保护法规、公序良俗或者社会生活上的义务。

4. 小 结

（1）权利侵害、违法性与过失的关系，可以说是讨论侵权行为法基本要件构成所面临的最为棘手的问题。概念理解的不一致、各要件的功能差异导致了学说上的分歧。我们不能一概而论哪一种学说对或者不对，而是应当结合条文的构造以及判例的走向，选取更好的理论架构。民法第 709 条现代语化之后，条文表述由原来的“权利侵害”转变为“权利以及受法律保护的利益之侵害”，从这一点上来说，侵权行为二分论的观点有其合理性。但是，究竟何为权利、何为利益，没有明确的区分标准。例如名誉权，它属于人格权的一种，按照中国学界的一般理解，属于绝对权的范畴，但是加藤雅信教授却将其归入了相对的人格利益范畴，[115] 因为名誉权的侵害往往是通过新闻媒体的事实报道或者意见表达造成的，为了保障公民的知情权以维护民主社会的基础，因此不能单纯地强调名誉权的绝对保护性，从这一点上来说，加藤教授的观点有其合理性。但是这也并不意味着名誉权可以随意被侵害，否则人之为人的基本人格将受到动摇，因此，在名誉权受侵害的情况下，必须划定一定的正当行为的范围，也就是说，必须考虑加害人的行为方式、目的、手段、场所等行为形态，而这种对行为形态的考虑，不能全部被过失判断所包含（关于这一点，见后述）。

（2）不管是采取一元论还是二元论，一个共通的认识就是过失（本文认为故意仍然是一种意思责任，所以应当坚持主观的理解）已经不再是指主观的心理状态，而是指客观的注意义务的违反（违

---

〔114〕 同前注，第 138 页。

〔115〕 加藤雅信，同前注 78，第 229－232 页。

法性一元论下的过失是信赖义务的违反）。但是注意义务究竟指预见义务的违反，以预见义务为前提的结果回避义务的违反，还是单纯指结果回避义务的违反？或许是笔者理解上的偏差，中国学者对于过失的理解，存在自相矛盾之处，比如一方面存在①“民事过失的核心不在于行为人是出于疏忽或懈怠而使其对行为结果未能预见或未加注意，关键在于行为人违反对他人的注意义务并造成对他人的损害”[116] 之表述，另一方面存在②“判断行为人的过失时，不应该用主观标准具体判定行为人的心理状态，也无须区别行为人是过于自信还是疏忽大意，而应运用客观尺度，根据行为人的行为来考察其是否具有过失”[117] 之表述。前者是说结果回避义务的违反，后者是说过失依然是行为人的心理状态，只不过应当通过行为进行客观判断。乍一看似乎没有理论上的问题，但是对比日本学说不难发现，根据上述观点，概念界定上采取主观理解，判断标准上采取客观理解，那么过失依然是作为主观要件，而不是作为客观要件，曲解了“过失客观化”的内涵；而且单从结果回避义务的违反来判断过失的存否，不问有无违反预见义务及预见可能性，有让加害人承担不能预见的结果之责任之嫌。

（3）对上述学说进行简单总结，可以发现，传统的主客观要件区分的构造由于过失客观化及违法性的主观化影响，使得违法性与过失难以区分，于是出现了从根本上颠覆传统理论的过失一元论，以及维持违法性的概念而主张违法性一元论的理论动向，但是对于传统意义上的绝对权之侵害，如果仍然通过过失一元论进行政策价值判断，有弱化权利保护之弊端，行为不法论也是如此。但是完全贯彻结果不法论，则会造成行为自由的忽视，这一点可以从后述的最高裁判所的判例得出。因此，尽管与中国一样，对于过失责任的一般条款，日本采取了统一的要件构造，但是不妨碍我们通过一定方式进行类型化。类型化的方式大体有如下两种：权利利益的区分模式（如前所述，中国学者热衷于此种区分模式）、关注加害行为性质的类型化模式。本文倾向于后者，前提是在将传统意义上的绝对权（生命、身体、自由、所有权）与除此之外的权利、利益进行

---

〔116〕 王利明，同前注10，第322页。

〔117〕 同前注，第322页。

大致区分的基础上，在前者受侵害的情况下，如果不存在传统意义上的违法性阻却事由，仅通过故意、过失的判断即可认定侵权行为的成否；在后者受侵害的情况下，通过加害行为的性质对行为形态进行分析，如果属于正当的行为（超越传统违法性阻却事由范畴的正当事由），行为不违法，则无须进行故意、过失判断，而如果行为不具有社会相当性，则应该根据对综合因素的考虑，论证侵权行为违法性的存在。

四、最高裁判所的判例动向

（一）对所选案例的说明

如前文所述，日本判例的重心从对身体、财产的物理性侵害逐渐向人格权、人格利益的非物理性侵害转变；在物理性侵害案件中，裁判所往往重视过失的判断。20 世纪 70 年代环境问题的严重导致的公害案件频发，从一定程度上来说，对上述学说的发展影响重大（尤其是过失的判断）。而进入 20 世纪 80 年代以后，关于内心的安宁等与人的精神层面、情绪等的人格利益、平稳生活权的侵害成为判例及学说关注的焦点。更有学者指出，进入侵权法视野的利益呈现出主观化与公共化的趋势。[118]

伴随着人格权法的发展，人格利益的保护显得越发重要。尤其是关于具体人格权的保护，随着判例的积累，侵权行为的判断构造逐渐定型的同时，关于一般人格权的保护，需要类型化的努力。强调生命、身体、自由等具体人格权的绝对权属性没有疑问，但是除此之外的人格权，如隐私权，强调绝对权属性、绝对保护，则可能极大地限制行为自由。因为侵犯隐私的典型情况往往是行使表达自由，如发表文章、小说、新闻报道等。这些利益受到侵害时，应当转变视角，从判断侵权行为在何种情况下成立向侵权行为何时不违法转变。也就是说，应当从过分关注受害人被侵害的利益，向重视加害人的行为形态转变。当然，这种转变并不意味着要弱化对被侵害利益的保护。

基于此，本文选取了日本最高裁判所关于人格权及人格利益的 10 件判决，通过对判例法理的分析，明确判例对权利侵害要件、

---

〔118〕 吉田克己，現代不法行為学の課題，法の科学 35 号，2005 年，第 143 页。

违法性、过失的判断构造。另外，需要说明的一点是，日本最高裁判所的判决中并没有使用一般人格权的概念，而是使用了人格利益的表述。

（二）判例的事实概要及判决要旨

案例①：事实披露型名誉侵害案例〔119〕

事实概要：参加众议院议员选举的候选人X，向刊登自己学历及经历造假的报纸，基于名誉侵害，请求支付损害赔偿的精神抚慰金以及公开道歉。

判决要旨：对于名誉侵害，该加害行为涉及公共利害事项，并且主要为了公益目的，如果能够证明披露的事实是真实的，则该加害行为不具有违法性，侵权行为不成立。即使不能证明上述事实的真实性，该行为人如果有正当理由相信上述事实是真实的，则不具备故意或过失，侵权行为不成立。

案例②：大阪国际机场诉讼案〔120〕

事实概要：居住在大阪国际机场附近的居民，以飞机的噪音等破坏生活环境为由，向机场的设置及管理者国家提出从晚上9点至早上7点飞机起飞及着陆的禁止，以及基于国家赔偿法的损害赔偿请求。

判决要旨：具有公共性的机场运作行为，由于噪音而造成的附近居民生活环境之破坏，是否具有作为损害赔偿责任要件的违法性，应当根据忍受限度论判断，即损害是否超出了社会观念上可以忍受的限度。具体来说，应当根据“侵害行为的形态及侵害程度，被侵害利益的性质及内容。侵害行为的公共性及公益上的必要性，侵害行为开始、持续的经过及状况，是否采取了防止措施以及防止

---

〔119〕 最高裁判所判决，1966年6月23日判决，民集20卷5号，第1118页。关于名誉侵害，除单纯披露事实型的名誉侵害之外，还有意见评论型的名誉侵害，对于两种类型的名誉侵害，最高裁判所的判决法理基本一致，但也稍有不同，如最高裁判所判决，1989年12月21日，民集43卷12号，第2252页指出，以某事实为基础的意见评论，是否构成名誉侵害，如果该行为涉及公共利害事项，主要为了公益目的，并且能够证明意见评论所依据的基础事实的重要部分是真实的，只要不涉及人身攻击在意见评论的范围内，则上述行为不具有违法性，即使不能够证明，行为人只要有正当理由相信上述事实是真实的，则不具备故意或过失，侵权行为不成立。

〔120〕 最高裁判所判决，1981年12月16日，民集35卷10号，第1369页。

措施的内容、效果等情况进行综合考虑”。

案例③：正确称呼姓名的利益之侵害案件〔121〕

事实概要：在日韩国人对 NHK 电视节目没有按照自己母国发音读自己的姓名，向被告请求公开道歉，以及 1 日元的损害赔偿。

判决要旨：最高裁判所认为，“姓名是每个人的人格象征，应当说它构成人格权的一部分内容，所以每个人享有要求他人正确称呼自己姓名的、能获得侵权行为法上的保护的人格性质的利益。但是，未必能说要求他人正确称呼姓名的利益是十分牢固的利益，所以不是所有不正确称呼他人姓名的行为都具有违法性，成立侵权行为，即使不正确地称呼他人的姓名，只要没有违反该个人明确的意思不正确称呼，或者恶意进行不正确称呼等特殊情况，就应当说该行为是不具有违法性的行为。”

案例④：自卫队合祀案件〔122〕

事实概要：违反家属的意思，将殉职的自卫队军官合祀于护国神社，对此，自卫队军官的家属以侵害自己的信仰生活的安宁为由请求损害赔偿。

判旨：最高裁判所认为，对“信仰生活的安宁”之侵害，属于对信仰自由的侵害，但是只要加害行为的形态及程度未超出社会所容许的限度，就不能说侵害了该种利益。但是判决并未否认侵害行为的形态达到一定恶性程度从而认可损害赔偿的可能。该判决还有如下反对意见：“在现代社会，不受来自于他人的刺激扰乱自己的内心，也即内心安宁的利益，可以把它认定为受侵权行为法保护的利益。”

案例⑤：水俣病认定申请延迟处分案例〔123〕

事实概要：水俣病的认定申请者在相当长时间内等待回复处分。

判决要旨：该案属于国家赔偿案件，最高裁判所认为“不得侵害内心安宁的感情的利益”，可以成为侵权行为法保护的对象；但是，加害行为并未超出社会所容许的程度，因此侵权行为并不

〔121〕 最高裁判所判决，1988 年 2 月 16 日，判例時報 1266 号，第 9 页。

〔122〕 最高裁判所判决，1988 年 6 月 1 日，民集 42 卷 5 号，第 277 页。

〔123〕 最高裁判所判决，1991 年 4 月 26 日，民集 45 卷 4 号，第 653 页。

成立。

案例⑥：犯罪前科发表的人格利益之侵害[124]

事实概要：当时冲绳在美国的统治下，因对美军士兵伤害致死等罪名而被提起公诉，被判有期徒刑的A，对以陪审员身份参与该案审判的B在文学作品中以实名公开自己的犯罪前科，以遭受精神痛苦为由对B提起了损害赔偿之诉。

判决要旨：最高裁判所认为，每个人都享有不因公开犯罪前科的事实，扰乱新的社会生活的安宁、阻碍获得新生的利益，在文学作品中使用实名公开犯罪前科事实，侵犯了私人的隐私。“在著作物中使用实名公开某人的犯罪前科事实，应当综合考虑此人之后的生活状况、该刑事案件本身的历史及社会意义、此人在该案件中作为当事人的重要性、此人的社会活动及影响力、从著作物的目的和性质来看使用实名的必要性及意义，如果不予公开上述犯罪前科的法益优越于将其公开的理由，则此人可以对因此遭受的精神痛苦请求损害赔偿。”

案例⑦：自己决定权侵害案件[125]

事实概要：因为宗教上的原因，患者明确表示，不管在何种情况下都不接受输血治疗，而医疗机关因治病救人的需要对患者进行了输血，但事前并没有向患者说明必要情况下输血治疗的方案。

判决要旨：最高裁判所认为，“如果患者认为接受输血违反了自己的宗教信仰，明确作出拒绝输血治疗的意思表示，这种意思决定的权利，属于人格权的内容，应当予以尊重”。手术前，医疗机关没有尽到必要的说明，不得不说“医疗机关剥夺了患者意思决定的权利，侵害了患者的人格权，对因此造成的精神痛苦，要承担精神抚慰金的赔偿责任”。

案例⑧：拍摄并公开法庭上犯罪嫌疑人的容貌之侵权案件[126]

事实概要：A杂志的摄影师，在未经裁判所许可的情况下，私自拍摄某刑事案件被告人B戴着手铐系着腰绳的容貌，并发表在该杂志上，B以侵害肖像权（第一诉讼）以及对B提起的第一诉讼，

---

[124] 最高裁判所判决，1994年2月8日，民集48卷2号，第149页。

[125] 最高裁判所判决，2000年2月29日，民集54卷2号，第582页。

[126] 最高裁判所判决，2005年11月10日，民集59卷9号，第2428页。

杂志社通过刊登插图的形式的记载侵害自己名誉为由，向杂志的发行者及编辑者请求损害赔偿。

判决要旨：每个人都享有不被他人恣意拍摄自己的容貌及姿态的受法律保护的人格利益，不经同意拍摄某人的容貌是否构成侵权行为法上的违法行为，应当在对被拍摄人的社会地位、被拍摄人的活动内容、拍摄的场所、拍摄的目的、拍摄的形态、拍摄的必要性等进行综合考量的基础上，判断侵害被拍摄人上述人格利益是否超过社会生活上忍受的限度来决定。另外，拍摄他人的容貌被评价为违法，相应地，公开该照片的行为也同样具有违法性。

每个人都享有不得随意公开描写自己容貌的插图的人格利益。但是本案中，公开插图的行为是否超过了社会生活上忍受的限度构成违法，因为插图反映着作者的主观及技术，所以在公开插图的情况下应当斟酌读者的理解方式。

案例⑨：国立景观诉讼〔127〕

事实概要：不动产公司 A 取得了国立火车站南口的“大学路”南面的土地，并委托建筑公司 B 建造高 43 米左右的高楼，大学路形成了街边的树木和周围建筑物高度保持和谐的景观。工程开始之时，A 的建筑规划地区尚未有规制建筑物高度的条例，但是工程开始后的第二年，将建筑物高度限制在 20 米的条例出台，为此，附近居民（附近学校的工作人员及学生以及附近的居民）以不动产公司侵害景观利益为由，基于此侵权行为，要求被告除去建筑物超出 20 米高度的部分。

判决要旨：本案件的一审认可了除去请求，但是二审撤销了原判决，对此原告方向最高裁判所提出了上诉，最高裁判所驳回了上诉，并判决如下：“都市的景观，作为一道亮丽的风景，反映了人类的历史及文化环境，在形成丰富生活环境的情况下，它便具有了客观价值。居住在良好景观附近并享受其恩惠的居民，应当说对于良好景观所具有的客观价值的侵害有密切的利害关系，这些居民具有的享受良好景观恩惠的利益值得法律上的保护”。建筑物的建造是否构成对景观利益的违法侵害，应当对“被侵害的景观利益的性质及内容，该景观所在地的地区环境，侵害行为的形态、程度、侵

---

〔127〕 最高裁判所判决，2006 年 3 月 30 日，民集 60 卷 3 号，第 948 页。

害的过程等综合考虑后进行判断”。“如果说某种行为构成了对景观利益的违法侵害，至少该侵害行为违反了刑罚法规或行政法规，或者属于违反公序良俗、权利滥用的行为，从侵害行为的形态及程度上要求该行为，欠缺被社会所认可的行为的正当性”。居住在“大学路”周围景观附近的居民，享有上述所说的景观利益，但是本案的建筑物并非违法建造，除了有相当的体积及高度之外，很难从外观上认定它与周边的不协调性，所以不能认为它违反了行政法规或者属于权利滥用。

案例⑩：对律师的惩戒请求与侵权行为的成否〔128〕

事实概要：A是日本名噪一时的光市母子杀人案件的被告人，经过了从最初的无期徒刑到最终的死刑判决，在最后一次审判中，被告人的辩护团X以“回归母体的故事”之说，反复主张被告人不具有杀意。而本案件就是该著名案件的辩护律师团对律师Y的电视节目发言，〔129〕提起的损害赔偿请求案件。

判决要旨：本案的一审认定Y的发言构成名誉侵害及其他的侵权行为，原审裁判所认为，Y的发言（参见脚注116）中，②并不是说X在编造否认杀意的主张，其他的发言也都在意见评论的范围内，因此并不构成名誉侵害。但是，对于③④⑤发言中，明知没有正当理由却仍然呼吁大家进行惩戒请求，会助长对律师团的辩护批判之风，不仅会伤害X的名誉感情，而且会给X带来身心负担，虽然不构成名誉侵害，但是其他侵权行为成立。最高裁判所认为，“从记录上可以明确的一点是，对于X否认杀意的辩护主张，Y认为违反了律师的职责，X的辩护活动对被告人不利，符合惩戒事由。原审认为Y对X的惩戒请求不存在理由，违反了经验法则。”“刑事案件的辩护活动以不能无视被告人的陈述为宗旨。Y作为律师，呼吁大家进行惩戒请求是轻率的行为，而且其发言在措辞上也

---

〔128〕 最高裁判所判决，2011年7月15日，民集65卷5号，第2362页。

〔129〕 发言的具体内容如下：①“为了使尸体复活而对其实施了奸淫，为了逗小孩玩而给他系上蝴蝶结，这些辩护词，作为律师来说，能被允许吗？”；②“非常明显，这一次的辩护观点，是以律师X_1为首的律师团提出的”；③“全国的人，如果不认可该律师团的行为，就一定要一齐向律师协会提出惩戒他们的请求”；④“很容易提出惩戒请求，希望越来越多的人提出”；⑤“如果有1万、2万甚至10万人提出该惩戒请求，那么律师协会就会对他们进行处分”。

多有不妥。所以，不可否认的是，因众多的惩戒请求，会伤害 X 的名誉感情，而且 X 也会因强加的反驳所带来的负担，承受精神上的痛苦。”“但是，本案的呼吁行为，并不是惩戒请求本身，而是鼓励观众进行惩戒请求，属于富有娱乐性节目中表达行为的一环。旨在向多数人传达辩护活动存在问题，希望更多的人提出惩戒请求，归根结底还是促使观众基于自己的判断行动。而且呼吁行为本身并未妨碍观众的自我判断。另外，X 作为社会大众所关注的刑事案件的辩护人，不可避免地会受到各种各样的批判。因此，之所以大众对 X 提出了惩戒请求，是因为多数观众对 Y 的发言产生了共鸣。不仅如此，广岛律师协会纪律委员会（X 隶属于广岛市律师协会）进行了事实调查，X 可以进行反驳，并不影响其律师业务。”“Y 的呼吁行为有损其作为律师的品格，属于律师协会自律处理的对象，但是从该行为的形态、发言的宗旨、X 的社会地位、因呼吁行为 X 所承受的负担等综合考虑，很难说 X 所遭受的精神痛苦超出了一般社会观念上所能忍受的限度，当然也不能说行为违法。”

（三）判例分析

1. 被侵害利益

上述判例侵害的利益都属于对人格利益的侵害，由于社会关系的复杂化以及人的价值观、意识的多样化，以前并不属于侵权行为法保护的对象的人格利益侵害，进入了侵权行为法的视野。除案例①名誉权侵害以及⑥隐私权侵害之外，其他的案例所涉及的都是新型的人格利益：案例②是不受噪音侵害的私人生活利益。案例③所侵害的利益尽管可以归入姓名权的范畴，但是与传统的冒用他人姓名、不经他人同意，以营利为目的侵害他人姓名权不同，它是关于正确称呼私人姓名的人格利益。案例⑨是对景观利益的侵害，如判决要旨所言，良好景观附近的居民具有享受该景观的利益，属于精神享受的人格利益。案例⑧可被看作是对肖像权的侵害，但是与以营利为目的的肖像权侵害不同，它是不得随意拍摄并公开个人容貌的人格利益之侵害。案例⑩涉及对内心感情的侵害，因律师惩戒请求所带来的身心负担、精神痛苦。案例⑤也是对内心感情的侵害，因提出了水俣病认定的申请，但是行政机关在相当长的时间内都未予以答复，水俣病的严重性以及漫长等待所造成的精神痛苦，应当受到侵权行为法的保护。案例⑦是关于自己决定应不应当进行输血治疗的人格利益。案例④对信仰生活的安宁是否属于受法律保护的人格利益进行了判断。

关于人格权保护的规定，现行日本民法仅有第710条规定了身体、自由、名誉，但是自大学汤案件确定受法律保护利益之侵害也构成侵权行为以来，关于新型的人格利益之侵害，最高裁判所往往首先围绕案件中被侵害的利益否属于“受法律保护的利益”进行判断。从上述的学说理论变迁可知，违法性理论特别是相关关系理论，将权利侵害作为违法性判断的一个要素，并未将权利侵害作为独立的要件对待，最高裁判所对是否属于“受法律保护的利益”之判断被学界认为是“权利侵害要件的再生”。“权利侵害要件的再生”并不意味着只要是与人格有关的利益都属于受法律保护的利益，如在上述案例④中，最高裁判所就否定了在安宁的宗教环境下享受信仰生活的利益。

此外，对于案例③⑧，虽然从广义上说，可以将受害人的利益分别归入姓名权和肖像权的范畴，但是它与传统的侵害姓名权与肖像权的情况不同，从这一点上来说，与人格有关的法益在不断扩张的同时，侵害这些人格法益的行为形态也呈现出多样化的趋势。以下就上述各案中加害行为的形态展开论述。

2. 加害行为的形态

首先，案例②中的加害行为，是与机场的运作有关的公共性的活动，因为乘坐飞机也方便了大家的生活，具有一定的公益性。案例①⑥⑧⑩都涉及与表达自由的关系，案例①指出，只要表达行为涉及公共事项，并且主要为了公共目的，而且只要有正当理由相信所指出的事实是真实的，表达行为就具备了阻却名誉侵害成立的性质，就不构成侵害行为。案例⑧中加害人的拍摄行为涉及公共事项，并主要是为了公益目的，但是拍摄的方法欠缺正当性，因此不能阻却违法。案例⑩中被告律师呼吁大家对律师团进行惩戒请求的行为，有法律上的依据（律师法第58条第1款），[130] 而且其目的也是为了促使社会大众引起共鸣，并没有妨碍他人的自主判断，尽管从律师角度来说，属于“轻率的行为”，但还未达到侵权行为的

---

〔130〕 律师法第58条第1款规定：“任何人只要认为律师及律师团体存在惩戒的事由，就可以在说明事由的基础上向所属的律师协会提出惩戒请求。”

程度。案例⑥中加害人如果不使用实名，判决结果应该会发生改变。除此之外，其他案例在判决中都提到了侵害行为的形态，如因侵害行为未违反取缔法规或刑罚法规而否定侵权责任成立的国立景观诉讼，侵害行为没有明显违背当事人的意思或具有恶意而否定了侵权行为成立的案例③，案例④⑤也提到了只要加害行为的形态及程度未超出社会所容许的限度就不能说侵害了该种利益。

由上可知，最高裁判所的判决所关注的并非只有受害人的利益，也强调对加害人行为自由的分析。只要加害行为具备社会相当性，就不能说侵害了受害人的利益，体现了侵权行为法在权利保护与行为自由之间的平衡。

3. *忍受限度论与相关关系学说对人格利益侵害案件的适用*

案例②④⑤⑧⑩适用的是忍受限度论，即综合被害人受侵害的利益种类、性质、加害行为的形态以及其他附随情况（如有无采取防止措施），如果受损害的程度未超过社会观念上所能忍受的限度，则不构成侵权行为，反之则侵权行为成立。案例①从违法性阻却事由的角度否定了名誉侵害的成立。案例③⑨适用的是相关关系理论，即在受侵害的利益位阶较低时，侵权行为必须具有较高的违法性，才构成侵权行为；否则，当加害行为未达到恶意或者法规违反的程度，则不构成侵权行为。案例⑦对自己决定权的侵害，因医疗机构事先未向患者说明，侵害了患者的自己决定的权利。

除案例⑦之外，其他的案例都是在衡量加害行为与被侵害利益的基础上作出的判断，尽管适用的法理不同，但是都体现了一种比较衡量的思想。当然也有学者提出，忍受限度论是对于相关关系学说的延伸，笔者赞同这种观点，只不过忍受限度论在被侵害利益的种类及侵害行为的形态之外又增加了其他考虑因素，比如地域性的考虑等。

从判例法理来看，判例并未严格按照民法第709条的要件构成对侵权行为的成立与否进行判断，尤其是没有进行故意、过失判断。从上述学说的发展可知，多数学说都接受了过失的客观化，即过失是对注意义务的违反。如果更进一步细分，可根据不同情况，通过预见义务和结果回避义务的违反判断过失的存否。[131] 为何在

---

〔131〕 濑川信久，同前注15，第624页。

上述这些最高裁判所的判例中没有进行相应的故意或过失的判断呢？原因有如下三点：首先，由于人格意识的发展而出现的新型人格利益，逐渐呈现出主观化的趋势，这些利益并不如生命、身体、健康等绝对权位阶高、受保护的程度高，属于弱的法益、精神层面的人格法益，这些法益要求人们承担的注意义务并不明确，或者说应当根据具体情况进行确定。其次，这些法益是否属于“受法律保护的利益”，需要独立判断，而独立判断的过程往往是利益衡量的过程，正因存在衡量，才不能断定侵害这些法益所应承担的注意义务基准。最后，从上述行为形态的分析可知，在适用忍受限度论及相关关系理论、等价的利益衡量（案例⑥）的判例中，加害行为往往具有不同的正当化事由，如在行使正当的表达自由，也就是说从加害人角度来讲，正因为相信自己有正当理由实施该行为，所以对于损害的结果，从严格意义上来说是具备故意的。

回归到民法现代语化之后的学说发展，“法益二阶段构造说”成为有力的学说，虽然对于何为权利、何为受法律保护的利益，判决法理出现了不规则性。但是不可否认的是，对生命、身体的物理性侵害判例主要是通过过失要件判断侵权行为的成否，而对于精神性的人格利益如名誉、隐私及本文所涉及的新型人格利益，判例主要从利益的要保护性及行为的违法性两个方面，决定侵权行为的成立与否。

五、日本法的启示

（一）对侵害行为形态的重视

从学说发展来看，为了扩大侵权行为法对利益的保护，末川说及我妻荣的相关关系学说提出了违法性概念，但是由于相关关系学说对权利侵害要件的轻视，而受到学界的批判。作为相关关系判断要素之一的侵害行为的形态，也因过失一元论及违法性一元论、二元论的提倡，或被置于过失要件中考虑，或被置于行为不法或结果不法中考虑，从而陷入学说史上的混迷状态。但是，从最高裁判所关于人格权及人格利益侵害的判决法理来看，侵害行为的形态又重新获得了重视。而本文所涉及的最高裁判所的判例，在判断加害人能否预见、回避侵害问题之前，对这些利益进行怎样的侵害才会受到侵权法的保护进行了判断。由于侵害行为本身的性质不同，侵权行为的成立要件也不同。因此重视侵害行为的形态进行要件重塑显得尤为重要。

以侵害行为的形态为视角对一般侵权行为的构成要件进行重新整理，必然涉及违法性与过失关系的处理。如果认为过失是对行为义务的违反，侵害行为的形态属于过失判断的范畴；而如果认为违法性是对行为义务的违反（与本文的违法性定位不同），则侵害行为的形态属于违法性判断的范畴。但实际上，这种抽象的区分并不能解决违法性与过失区分难的问题，最终可能流于本文开头提出的概念层面的无益区分。以案例⑥⑧为例，按照客观说的过失理解，两个判例中的过失都是针对侵害结果而言，从该意义上说，两个判例中加害人均具有过失，两个判例中受害人的利益都属于受法律保护的利益，所以满足侵权行为的构成要件。但是判决却未直接通过单纯的要件满足认定侵权行为的成立，而是采取了不同的判断方法。如果从行为规范的视角进行简单整理，可以发现，案例⑥中对侵权行为成立与否的判断，实际上是通过加害人与被害者的等价利益衡量进行的，被害者的利益优于加害人的利益，则成立侵权行为。同样存在两种行为规范：a 不能出版涉及他人犯罪前科的出版物，侵犯他人受法律保护的利益之规范；b 在受害人利益优越的前提下，不得公开他人犯罪前科的事实之规范。案例⑧涉及的行为规范：a. 不得拍摄、公开他人容貌，侵害他人的人格利益之规范；b.（本案采取的是忍受限度的判断构造）不得超过必要的限度侵害他人人格利益的规范。故意、过失违反规范 a，尚不成立侵权行为，还要求加害人违反规范 b，对规范 b 的违反与过失是不同的。

因此说，上述行为形态的构造，存在两方面的内容——分别对应规范 a 和规范 b 的内容。违反规范 a 则具备过错，在此基础上需违反规范 b，才成立侵权行为，因此是否违反规范 b 便不再属于过失判断的范畴，而属于利益衡量层面的违法性判断的内容。[132] 在此理解基础上区分过失与违法性，才能打破传统意义上的违法性与过失混沌的状态。

---

〔132〕 同样的问题意识，参见小粥太郎，名誉毀損から不法行為法，收录于小野秀成等编，松本恒雄先生還暦記念：民事法の現代的課題，商事法務，2012 年，第 619 – 630 页。

（二）违法性的本质与判断方法——人格利益侵害之违法性构成

从最高裁判所的判例动向看，权利、法益侵害要件被作为独立的要件，在判断侵权行为是否成立时，首先对受侵害的利益是否应当受到侵权行为法的保护进行独立判断，那还有必要维持违法性概念吗？

正如前文所述，对新型人格利益、弱的人格利益之侵害，相关关系学说以及综合判断的忍受限度论仍然发挥着作用，但是从一定程度上说，判例法理对相关关系学说进行了一定程度的修正，即在坚持权利、法益侵害要件独立的基础上，特别对加害行为的形态进行了综合考虑。

侵权行为二分说的立场就是对相关关系学说和独立的权利侵害要件的融合。具体到人格权侵害领域，像生命、身体等绝对受保护的权利，只要被侵害，在没有违法性阻却事由的前提下，进行故意、过失的判断就可以对是否构成侵权行为作出判断；而像隐私、新型的人格利益之侵害，就必须要结合侵害行为的形态进行综合判断。从这种意义上说，违法性的概念发挥着调整受侵害利益与加害人的行为自由的功能。

此外，上述案例⑩也对律师惩戒制度进行了分析，也就是说，在判断是否构成侵权行为时，必要的情况下应当对整个法律秩序进行全面的分析，从而对侵害之结果进行评价。所以从该意义上说，违法性概念能够整合不同的法律秩序的要求。[133]

违法性的功能并不像平井教授过失一元论所指出的那样，仅仅发挥着扩大权利侵害要件的功能，它主要是对利益侵害的要保护性的法律秩序整体的判断。违法性指的是对权利或利益侵害结果的法律评价，如果权利或利益侵害成立，则意味着侵权行为的成立。行为不法与结果不法之争，对于具体案件的判断无益，尤其是对于新型人格利益的侵害，行为义务的存在与否尚不确定，两种观点就失去了前提基础。所以应当转换视角，从加害行为本身的性质与被侵害利益的相关关系出发，判断侵权行为是否成立。侵权行为制度的目的不单纯是为了救济受害人的损害，而在于调整受害人的利益及

---

〔133〕 吉村良一，同前注81，第291页。

加害人的行为自由。

综上所述，对权利、利益侵害进行类型化，像生命、身体、健康、物权等绝对权受到侵害，只要不存在违法性阻却事由，加害行为即构成违法。而像隐私、一般人格权（本文所涉及的判例中的利益大部分属于一般人格权）的侵害，需要相应的利益衡量，所以不能单纯从权利、利益受侵害的事实直接断定行为的违法性，需要根据加害行为的形态与受侵害利益的种类之间的相关关系判断行为是否具有违法性，如果受侵害的利益较弱，而加害行为具有一定的正当性，则阻却违法。从这种意义上说，违法性所要解决的问题就是，如何确定行为阻却违法的范围。

（三）今后的课题

根据本文的观点，也即关注侵害行为性质的类型化区分模式，将传统意义上的绝对权（生命、身体、自由、所有权）与除此之外的权利、利益进行大致区分，在前者受侵害的情况下，如果不存在传统意义上的违法性阻却事由，仅通过故意、过失的判断即可认定侵权行为的成否；在后者受侵害的情况下，通过加害行为的性质对行为形态进行分析，如果属于正当的行为（超越传统违法性阻却事由范畴的正当事由），行为不违法，则无须进行故意、过失判断，而如果行为不具有社会相当性，则应该根据综合因素的考虑，论证侵权行为违法性的存在。

在上述理论构成下，今后的课题就是，如何确定传统的绝对权以外的权利、利益范围，以及如何理解一般人格权，是应当采纳一般人格权的概念，还是像日本法一样，采取受法律保护的利益之笼统的说法。此外，本文只是围绕损害赔偿责任展开讨论，对于涉及人格利益侵害与停止侵害请求权的关系，上述理论构造是否仍能适用，还需要进一步的研究。在处理具体案件时，如何从重视加害行为形态的角度重塑判例法理，以及如何验证上述理论构成对于中国裁判例的适用，这就需要进行充分的判例研究。另外，在过失客观化的前提下，行为人主观的心理状态还应否纳入考虑的范围（如上述案例③中“恶意”是归到主观意思的判断，还是归入违法性的判断），也是有待今后解决的课题。

日本机动车交通事故损害赔偿责任考察

——以自赔法第3条之“运行”要件为视角

赵银仁 *

一、引 言

1955年，日本制定了以保护受害者为目的[1]的《自动车损害赔偿保障法》[2]（以下简称自赔法）。自赔法实施以来，判例和学说为了救济受害者，对自赔法第3条[3]规定的运行供用者责任做出了扩张性的解释。例如，通过对该条规定的责任形态之“运行”要件，责任主体之“运行供用者”要件，赔偿对象之“他人性”要件予以扩张性的解释，从而扩大了自赔法的适用范围。对“运行”这一要件，判例和学说通过“发动机说”（原動機説）、“行走装置说”（走行装置説）、“固有装置说”（固有装置説）、“从车库到车库说”（車庫から車庫説）、“危险性

---

* 赵银仁，明治大学法学研究科民法专业博士研究生。

〔1〕 自赔法第1条。

〔2〕 1955年7月29日，以第97号法律的形式公布施行。

〔3〕 自赔法第3条规定：为自己将机动车供运行之用者，因其运行而侵害他人之生命或身体时，对所生损害负赔偿责任。但，当证明自己或驾驶者就机动车之运行未怠于注意、受害人或驾驶者以外之第三者有故意或过失以及不存在机动车结构之缺陷或机能之障碍时，不在此限。

说”（危険性説）等学说，几乎使该要件的认定范围扩展到了极致，以更好地救济受害者。但是，伴随着这种扩张过程，产生了以下一些问题：

首先，从自赔法的立法宗旨来看，众所周知，为了对机动车交通事故造成的人身损害进行救济，自赔法确立了近似于无过错责任的运行供用者责任。通过该立法，使得日本在机动车交通事故损害赔偿领域的立法与世界上多数国家的立法相一致。自赔法中以“运行”这一概念作为机动车特殊危险的表征，从而划定机动车交通事故无过错责任的适用范围。但是，学说中，围绕着自赔法第 2 条第 2 款（本法中所规定的“运行”与是否运输人或者物无关，而是指按照该装置的使用方法而使用机动车）中所规定的“按照该装置的使用方法而使用”（当該装置の用い方に従い用いる）的文理解释，展开对“运行”概念的理解。然而，这样的解释显然脱离了机动车的特殊危险性这一无过错责任确立时的核心理念。如果基于各学说的观点来探讨自赔法应该调整的机动车危险性的范畴的话，各个学说的主张显著不同。发动机说与行走装置说着眼于机动车高速移动的危险性。与此相对，从车库到车库说以及现行通说之固有装置说，则不仅着眼于机动车高速移动的特殊危险性，而且将机动车本身引起的危险、机动车的固有装置引起的危险以及其他危险因素介入而引起的危险，也一起纳入自赔法的调整范畴。为了尽可能地救济受害者而将这些宽泛的危险也纳入自赔法的调整范畴，显然与自赔法确立的无过错责任的立法理由不符。

其次，在一些极端的事故类型的情况下，例如，机动车处于停车状态下发生事故的情况，是否应该认定机动车处于“运行”状态，学界对此争议颇多。为此，判例和学说中，通过多样的解释论，以尽量将这种类型也纳入“运行”的范畴。但是，这些解释显得牵强，并不具有说服力。并且，一旦将“运行”的认定标准扩大了，则应该如何界定其外延，现行通说之固有装置说并不能给出一个明确的判断标准，而不得不依靠法官的自由裁量。换言之，在某些极端类型的情况下，机动车是否处于“运行”状态的认定依然存在问题。

再次，从运行供用者责任的财政保障之强制责任保险的角度来看，自赔法在规定无过错责任的同时，规定了强制责任保险制度，以使被害者能切实获得赔偿。实务中，伴随着“运行”范围的扩大，运行供用者责任的范围也被不断扩大。然而，与运行供用者责任一起配套规定的强制责任保险的保险费的来源、保险金的支付范围并没有同时被扩大。因此，基于“不赢不亏原则”〔4〕而设计的强制责任保险的运营也必将陷入经营赤字之困境、从而最终导致保险费的金额不断被提高。这与立法当初“保险费低廉化是最基本的要求”〔5〕之三木运输大臣的想法相违背。另外，立法时基于广泛的讨论从而确立了运行供用者责任与强制责任保险的赔偿体系和范畴。而法院通过对“运行”要件的扩张认定，从而扩大了强制责任保险的赔偿范围。换言之，法院通过判决，逐渐改变了自赔法立法当初确立的赔偿体系。然而，法院是否有这种变更的权限，这种扩张是否合理，值得探讨。

最后，众所周知，一旦自赔法第3条规定的运行供用者责任成立，则须对受害者的全部损失进行赔偿。此时，除了强制责任保险以外，机动车投保的任意险也要适用，而这种扩张是否合适，尚未得到充分讨论。此外，保险没有涵盖的损害，以及在没有投保任意险而损害额超过了强制责任保险限额范围时，交通事故的加害人必须对受害者的损害予以赔偿。也就是说，为了对受害者提供充分的救济，对“运行”要件的认定，以及赔偿责任主体之运行供用者要件的认定逐渐被放宽，加之损害赔偿额的计算标准不断高涨，给一般企业以及机动车的使用人转嫁了极重的赔偿负担和保险费负担。〔6〕如何在受害者与机动车的使用人之间公平合理地分配损失，寻求两者之间的平衡是一个亟待解决的问题。

自赔法在制定之时，并不是为了对所有受害者的全部损害进行全方位救济，该制度在对受害者进行救济时有一定的限度。因此，现今的学说和判例通过各种解释论以期待对受害者进行完全的救济，毋宁说是脱离了立法当初之宗旨。基于此，从机动车的特殊危险性的角度出发，笔者认为，机动车在道路上高速移动之危险应该包含在自赔法的调整范畴中，机动车从启动到停车过程的状态应该

---

〔4〕 自赔法第25条。

〔5〕 1955年7月20日第22回国会众议院运输委员会会议录32号，第1页以下。

〔6〕 椎木緑司，自動車事故損害賠償の理論と実際，有斐閣，1979年，第56页。

被认定为处于“运行”状态。然而，在停车状态下，机动车并没有特殊危险性，一般来说，不应该被认定为处于“运行”状态。以此为基准，来界定“运行”的范围比较合适。本文拟通过对机动车的特征、自赔法的立法宗旨以及对学说和判例的检讨，以明确自赔法应该调整的机动车危险性的范畴，并进而明确自赔法第 3 条规定的“运行”要件之外延。

二、机动车的特征及其危险性

（一）机动车的特征及其危险性

日本自赔法中规定的“机动车”是指，《道路运送车辆法》第 2 条第 2 项中规定的机动车（为了农耕作业而制造的小型特殊机动车除外）以及同条第 3 项中规定的带发动机的自行车。[7]

从该条文来看，自赔法中规定的“机动车”具有以下几个特征：①需要依靠发动机之动力，从而区别于传统依靠人力、畜力、自然力（例如风力）的交通工具；②其目的是为了在陆地上移动；③不需要沿着轨道或者电车线，从而可以左右自由移动；④需要依靠具有一定总排气量或者一定马力的发动机，一般来说，能够使车辆高速行驶或者发出较大的动力；⑤此外，作为一般常识，机动车通常具有体型较大、重量较大、由金属制造、比较坚硬等特征。

与这些特征相对应的机动车的危险性有：a 依靠机械力（与①对应），b 能够左右自由移动（与②③对应），c 高速移动（行驶）或者可以高速移动（行驶），d 体型大、重量大、坚硬等。

（二）立法时考虑的机动车交通事故的特殊危险性

1. 自赔法立法当初，在参议院运输委员会会议上，政府委员、运输省机动车局局长真田登作了以下陈述：

“也正是基于这样的缘由，在诸外国为了救济机动车交通事故

---

〔7〕 所谓的机动车是指：“依靠发动机，以在陆地上移动为目的，并且不利用轨道或者电车线而制造的用具，或者以此为牵引，以在陆地上移动为目的而制造的用具，但是下款规定的带发动机的自行车以外的工具。”所谓带发动机的自行车，是指：“依靠国土交通省令规定的具有一定的总排气量或者规定的马力的发动机，以在陆地上移动为目的，并且不利用轨道或者电车线而制造的用具，或者以此为牵引，以在陆地上移动为目的而制造的用具。”

的受害者，早已确立了机动车损害赔偿保障制度。”〔8〕

此外，对于“这样的缘由”，真田委员作出了以下的陈述：

“由于产业革命而带来的作为高度机械文明产物的机动车，……因为其高速度化、大型化以及密集化（輻輳化），所以国民每天和机动车接触，从而处于其所带来的危险之中。”〔9〕

换言之，立法当初，所考虑的机动车的特殊危险性主要有“高速”、“大型”以及“密集”的危险性。因为这样的危险性，“在某种程度上，不可否认，机动车交通事故的发生是不可避免的现象”。〔10〕基于该出发点，制定了自赔法。〔11〕

此后，在1955年6月13日的参议院运输委员会公听会上，公述人加藤一郎博士在对“无过错责任主义”进行说明时，表达了与真田委员相同的观点。〔12〕

2. 此外，作为自赔法母法的德国法中，关于机动车损害赔偿责任强化（即较之于过错责任更为严格的无过错责任——笔者注）的立法，早在1906年“关于机动车运行时产生的损害之责任义务（Haftpflicht）的法律草案”中，便有所尝试。〔13〕该草案理由书中作出了如下之陈述：

“……那样的事故通常不是因过错而引起，而是因为机动车自身内在的危险而引起，故现行法完全无法发挥作用。因此，为了交通安全，出现了应该规定更为严格的责任的呼声。”“机动车运行的危险，主要是因为机动车可以以异常快的速度行驶，而且，通常也被要求以较快速度行驶而产生的。因为速度变快，在车辆相互超越之际，经常会发生事故。这主要是因为机动车的驾驶人对自己车辆的速度、与其他车辆的距离、车道的状况等因素经常需要判断，而对超越、变更车道等各种关系的计算有误，或者没有做出正确评价的结果。机动车体型较大并且操纵容易，因此，有利于回避较多的

〔8〕1955年6月2日参议院运输委员会会议录12号，第1页。

〔9〕同前注，第1页。

〔10〕同前注，第1页。

〔11〕同前注，第2页。

〔12〕1955年6月13日参议院运输委员会公听会会议录1号，第1页以下。

〔13〕吉野衛，自賠法の立法過程，收录于吉岡進編，現代損害賠償法講座3交通事故，日本評論社，1972年，第4页。

事故；另外，机动车不在轨道上行走，可以突然改变行驶方向，因此，基本上来说，完全回避碰撞较为困难……”[14]

该立法理由书对于机动车交通事故应该采特殊赔偿责任的立法理由、对机动车运行时的特殊危险性等作出了极为准确的阐述。日本的自赔法在立法时，无疑也参考了该立法理由书的见解。

3. 对于机动车的这种特殊危险性，学说也表示了赞同。例如，野村教授认为，机动车特有的危险性主要是因为其高速行驶而产生，因而，对停车时发生的事故，并没有必要适用自赔法的规定，这样的观点和立法时的想法是一致的。[15] 此外，茅沼法官也认为，自赔法着眼于机动车行驶时产生的特殊危险性，因此，停车过程中的事故通常不应该认定为“运行”。[16]

从前述自赔法立法时的资料、德国 1906 年草案的理由书以及学说中的观点可见，机动车的特殊危险性主要有：机动车的高速化、大型化、密集化（輻輳化）、能快速转换方向等。因为机动车具有这样的危险性，故不考虑过错的因素而使加害方承担损害赔偿责任，与公平的理念一致。也因此，机动车损害赔偿的无过错责任为各国立法所采纳。此外，这样的特殊危险性与机动车的特征所对应的危险性（bcd）也一致。另外，前述 a 的危险性虽然没有被特别强调，但是，其是高速危险（c）的发生原因，因此应包含在 c 的危险之内。综上所述，abcd 的危险性与立法当时所考虑的危险性相一致。

然而，自赔法实施以来，众多学说与判例所采纳的观点和理论较为宽泛地认定了“运行”这一要件，与立法时的观点相比，这些学说与判例将性质完全不同的危险性也纳入了自赔法的调整范畴，从而背离了立法时的初衷。

三、学说与判例

日本自赔法第 3 条规定，当事故的发生是“由于（机动车——

---

〔14〕 同前注，第 7 页以下。

〔15〕 野村好弘，自動車事故と運行供用者責任（上），ジュリスト，1967 年 384 号，第 125 页。

〔16〕 茅沼英一，運行の概念，判例タイムズ，1967 年 212 号，第 36 页。

笔者注）运行”而引起的情况下，才能构成运行供用者的责任。换言之，机动车处于“运行”状态是运行供用者责任的构成要件之一。自赔法实施以来，对于各种各样的事故形态，围绕着其发生是否是“由于运行”而引起产生了众多争论，成为了理论和实务中的一个焦点问题。为了最大限度地救济受害者，判例中逐渐对该要件作出了宽泛的认定。自赔法第2条第2款中规定，所谓的“运行”，不仅仅是指对人或者物的运送，而是指按照该装置的使用方法而使用机动车（人又は物を運送するとしないとにかかわらず，自動車を当該装置の用い方に従い用いることをいう）。因此，是否属于“运行”行为，各种解释论主要围绕着“按照该装置的使用方法而使用”而展开。众所周知，在这些学说中最主要的有：发动机说、行走装置说、固有装置说、从车库到车库说、危险性说等。

另外，从1955年自赔法实施开始至2013年本文成稿之际，关于是否构成“运行”的判例有很多。对此，笔者以《交通事故民事裁判例集》中登载的判例为主，此外，在《交通事故民事裁判例集》中没有登载的典型判例，以《判例时报》和《判例タイムズ》等主流杂志为主要的来源进行追加收集，共收集了85个判例作为本文的案例资料（参照文末表一）。

以下，以学说和判例为中心，对“运行”的外延以及机动车的危险性进行探讨。

（一）发动机说

1. 学说的主要观点

发动机说主张，所谓的“运行”，是指在发动机的作用下，机动车从一个地点向另一个地点移动的行为。[17] 也就是说，所谓的“该装置（当該装置）”是指发动机装置，“按照其使用方法而使用（用い方に従い用いる）”是指，基于发动机的作用，使机动车在陆地上移动。[18] 该说着重强调基于机动车的发动机而移动的事实（前述①②④之特征）。其所关注的机动车的危险性，是基于机动车

〔17〕 坂本雄三，自動車損害賠償保障法第3条の損害賠償原因（1），法律論叢，34卷5号，第125页。另见，川井健・宫原守男・小川昭二郎など编，新版注解交通損害賠償法1，青林書院，1997年，第17页（执笔人：富田善範）。

〔18〕 川井，同前注17，第17页。

的发动机而高速移动或者可以高速移动的危险（前述 ac 之危险性）。因此，一般来说，“运行”被限定为在机动车的发动机作用之下，从启动开始到停车为止的移动过程。在少数情况下，机动车发生故障，而被其他车辆牵引行驶的过程中，由于不是基于本车的发动机而产生的移动，因此，并不具有机动车的特殊危险性，这种情况下的移动，不属于“运行”行为。

2. 采用发动机说的判例

神户地判昭和 34 年 4 月 18 日判决,[19] 作为对自赔法第 3 条“运行”概念的含义作出明确阐述的第一个判决，而被广泛关注。以下简单介绍下该判决的主要内容。

【判决】所谓机动车的“运行”是指机动车按照该装置的使用方法而使用，也就是说，基于发动机而使机动车移动的行为。但是该法（指自赔法——笔者注）第 3 条规定的损害赔偿责任不仅适用于机动车在运行状态下发生的事故，在有些情况下，机动车即使处于停车状态，但是在该事故的发生与机动车的运行之间存在着相当因果关系的情况下，上述损害赔偿责任也可以被认定。然而，基于前述认定的事实，本案事故是前述 A 在前述机动车的运行过程中，临时在加油站停车过程中发生的事故，并且，是该人在该加油站加油时，关闭了发动机，对机动车的故障进行修理时发生的事故，因此，本案事故不属于机动车“运行”状态下发生的事故，而且，也不能说本案事故的发生与 A 的机动车“运行”之间存在相当因果关系。

【考察】本案中，强调的机动车的特殊危险性是基于发动机的作用而使机动车移动的危险。在机动车停车过程中，由于不具有机动车的特殊危险性，因此，即使发生了交通事故，停车状态也不被认定为“运行”状态。该判决的前半部分在对“运行”做出判断时认为，“基于发动机而使机动车移动的行为”，以及“在有些情况下，机动车即使处于停车状态，但是该事故的发生与机动车的运行之间存在着相当因果关系的情况下”应当被认定为“运行”行为。也就是说，在判断“运行”时，该判决认为，自赔法第 2 条第 2 款所规定的“按照该装置的使用方法而使用”是指，“基于发动

〔19〕 参见后文表一中的 1。

机而使机动车移动的行为”。但是，在对停车状态下，是否属于“运行”状态的认定，有观点认为，判决的前半部分与后半部分之间的认定互相矛盾。[20] 在收集的判例中，采用发动机说的判例只有本案一件。

3. 小 结

发动机说将机动车基于发动机而移动的危险作为机动车的特殊危险性。因此，停车时发生的事故不属于“运行”自不待言，而且，机动车在不依靠发动机而移动的情况下发生的事故，例如，依靠惯性或者重力而行走的过程中发生的事故，以及被牵引车辆引起的事故等，由于在这些情况下，并不具有机动车的特殊危险性，所以这些情况下机动车不应认定属于“运行”状态。[21] 然而，对“运行”作这样的狭义解释遭到了广泛的批判。批判的主要理由是，这样的狭义解释“无法实现以受害者保护为目的的自赔法的宗旨”[22]。为了实现受害者的救济，应该对“运行”的概念作较为宽泛的解释。

（二）行走装置说

1. 学说的主旨

在对发动机说批判的基础上，学者对发动机说的观点进行修正，提出了行走装置说。行走装置说中，所谓的“该装置”是指以发动机装置为主，但并不局限于发动机装置，而将方向盘、刹车等行走装置也包含在内，从而在发动机说的基础之上进一步演进的解释。[23] 行走装置说着眼于机动车的移动（行走）之特征。除了前述①②③④⑤的特征以外，将依靠机动车本车以外的动力而移动的状态也认定为“运行”状态。因此，行走装置说所强调的机动车的危险，是机动车的高速移动或者可以高速移动的危险性（前述c之危险性）。此外，因故障而被牵引行走的机动车，虽然并不是依靠

〔20〕 西島梅治，停車して修理中の事故と自動車損害賠償保障法三条にいう「運行」の意義——運行と事故との間の因果関係の相当性，ジュリスト，1962年250号，第85页。

〔21〕 白羽祐三，ロープによる牽引中の事故，別冊ジュリスト48・交通事故判例百選，有斐閣，1975年，第48页。

〔22〕 同前注，第48页。

〔23〕 川井・同前注17，第17页（执笔人：富田善範）。

本车的发动机之动力，但也可以说是被机械力所牵引而移动。因此，行走装置说在重视和强调前述机动车之 c 的危险性的前提下，并不排斥 a 的危险性。此外，在机动车的引擎关闭状态下，停车在坡道上的机动车因为没有充分制动而移动、行走的情况下，在强调 c 的危险性的同时，对于容易高速移动、行走的机动车是否能够使其适当地停止这一危险也被关注。在这种情况下，不能使机动车适当、合理地停止地危险性，是机动车的高速危险性（c 的危险性）的延伸。确实，对于高速移动的机动车能够合理控制其速度，能够自由减速、停止的话，机动车的高速危险性相对来说也被降低。相反，机动车高速移动的时候，不可以对其自由地减速、停止的话，机动车将变得非常危险，甚至难以使用。因此，行走装置说以前述 c 的危险性为中心，并稍微予以扩张，将是否能控制机动车的高速度的危险性作为 c 的危险性的延伸，也将这种危险性纳入自赔法的调整范畴。该说将各行走装置作为“该装置”，将操作机动车的各个行走装置，使机动车移动所产生的危险作为机动车的特殊危险性。因为，自赔法聚焦和关注这些危险性，所以，从启动开始到停车为止的过程被认定为“运行”之过程，而当机动车处于停车等状态时，则不属于“运行”状态。〔24〕

2. 采行走装置说的判例〔25〕

日本最高法院在最高裁昭和 43 年 10 月 8 日第三小法庭的判决〔26〕中，首次对什么是“运行”、什么是“该装置”做出了判断。该判决的主要内容如下：

【判决】上告驳回（即，驳回上诉）。所谓的“该装置”，主要是指引擎装置，也就是说，以发动机装置为主，但并不仅仅限于发动机装置，方向盘、刹车等的行走装置也应该被包含在其中。因此，即使像本案中因为引擎故障，而通过绳子由其他机动车牵引而行走的机动车，如果通过操作该机动车的方向盘，或者通过操作机动车的脚刹、手刹，车辆具有操纵的自由时，并通过操作这些装置行走的情况，应该属于按照前述故障车辆自身装置的使用方法而使

〔24〕 茅沼 · 同前注 16，第 36 页。

〔25〕 参见后文表一中的 2，3，4，27。

〔26〕 参见后文表一中的 4。

用，该机动车的行走，应该被认定为属于前述法条（自赔法第3条——笔者注）所述之“运行”……

【考察】在本案中，日本最高法院所强调的机动车的特殊危险性，是使机动车移动的危险性。使其移动的动力虽然不是依靠本车的发动机，但和依靠本车的发动机而移动情形下的危险性没有区别。因此，本案中的移动状态，也被认定为“运行”状态。

各学说对本案的结论基本持赞同的态度。但是，各学说的观点却并不完全相同。本案判决中，对发动机说作出了修正，将方向盘、刹车等行走装置也纳入“该装置”的范畴。但是，“该装置”的范畴是否应该仅限于行走装置，判决中并没有作出明确的阐述。换言之，机动车的危险性是否仅限于移动时的危险性，判决并没有作出明确的判断。因此，在对本案判决进行评析时，产生了分歧。有观点认为，“从本案事实来看，本案机动车只是碰巧因为自身动力装置出现故障。因此，处于依靠自身的行走装置同时借助其他车辆的动力而行走的状态。本案的判决也只不过是阐述了这样的偶然情况下是否应该被认定为‘运行’状态而已。”〔27〕 也就是说，最高院在本判决中，虽然采用了行走装置说，但“该装置”并不应该被限定为“行走装置”。另外，还有观点认为，对“运行”这一概念的理解，不应该局限于对自赔法条文的文意上的解释，将机动车置于具有与通常的行走状态相匹敌的危险性状态下的行为，都不应该被排除在“运行”状态之外。〔28〕

3. 小 结

除了依靠发动机移动以外，行走装置说将机动车移动的危险性（前述c之危险性）也作为关注的焦点。正如本案日本最高院论述的那样，虽然不是依靠本车的发动机动力行走，但其危险性与依靠本车的发动机动力行走的状态并没有实质的变化。另外，对于停车状态下的事故，通常来说，机动车并不存在特殊危险性（因为紧急制动停车而发生的事故例外，对此，将在后文中探讨），因此，按

〔27〕 白羽・同前注21，第48页。

〔28〕 石田穣，一 自動車がエンジンの故障のためロープで牽引されて走行している場合と自動車損害賠償保障法二条二項にいう「運行」 二 同法三条が規定している「運行によって」の意味，法学协会雑誌，86卷12号，第1525页。

照行走装置说的观点，对于停车时发生的事故，很难认定为“运行”状态。对此，为了保护和救济受害者，对停车时发生的事故，其后的学说和下级法院的判例在“运行”和“该装置”的解释上下功夫，提出了固有装置说观点。

（三）固有装置说

1. 学说的观点

固有装置说主张，“该装置”是指机动车在构造上所设计、安装的各种装置，此外，特殊机动车的固有装置，例如，大吊车的吊臂、叉车的叉等该机动车固有的装置也应该被包含于其中。因此，固有装置说的观点，较之于行走装置说的观点更进一步。[29]

因为，固有装置说主张“该装置”是指机动车在构造上所设计、安装的各种装置，因此，该说与前述发动机说与行走装置说相比，其所关注的机动车的特征与危险性有本质上的区别。例如，ⅰ在停车状态下，从货车上卸货过程中发生事故时，货车装货物的台面、侧板等被解释为“该装置”。ⅱ在停车状态下，因为机动车的车门的开合而引起的事故中，机动车的车门被解释为“该装置”。ⅲ在撞上停车状态下的机动车的事故中，机动车本身被解释为“该装置”。ⅳ在因为特殊机动车而引起的事故中，这些机动车的特殊装置（例如，大吊车的吊臂），被解释为“该装置”。在对这些事故的形态进行探讨时可以发现，这些情形下，事故的危险性与前述机动车的特殊危险性有着本质上的区别。在ⅰ的情况下，危险性主要是指货车的装货台较高、装载的货物较重、装载货物的堆积方式不合理（例如，货车装载圆木的堆积方式不合理，导致圆木落下砸死人的情形）等。在ⅱ的情况下的危险性主要是指，机动车停车场所的危险性以及与停车中的车辆的车门相碰撞的车辆自身的高速度的危险性等。在ⅲ的情况下的危险性除了在ⅱ的情况下的危险性以外，还包括机动车的大型化、坚硬（前述 d 之危险性）等。在ⅳ的情况下，因各个案件的具体情形而异，通常，由于其他的危险性介入后的综合作用，从而引起事故发生的情形较多（例如，大吊车的

〔29〕 瀬戸正義，荷降ろし作業の際の人身事故が自動車損害賠償保障法三条にいう自動車「運行によって」生じたものとはいえないとされた事例，ジュリスト，1989年926号，第92页。

吊绳与高压线接触而导致人员触电身亡的案件中，高压电线的危险性的介入；在用叉车卸货过程中，货物堆积方式的不合理性的介入等）。因此，基于固有装置说的主张可见，其所关注的危险性并非机动车本身所特有的危险性（前述ⅰ，ⅲ的情形），或者是由于事故车辆以外的危险性要素的介入而引发的危险性。

在因为车辆的固有装置而引起的事故中，除了机动车本身的特殊危险性以外，常常还有工作物的危险性（日本法上的工作物责任调整的危险，例如，高处坠落的物品致人伤害、死亡的情形等）、劳动灾害的危险性等，与机动车有着广泛联系的各种危险性的介入。因此，固有装置说被认为与之前的学说有着本质上的转变。[30]

2. 采用固有装置说的判例[31]

日本最高院在昭和52年11月24日第一小法庭的判决[32]中，在以往的发动机说和行走装置说基础上，进一步采用了固有装置说的观点。该判决的主要内容如下：

【判决】“按照该装置的使用方法而使用机动车”，不仅仅是指依靠机动车的引擎等其他的行走装置使机动车处于位置移动的行走状态之下，即使像本案那样，将大吊车这样的特殊机动车置于停车状态，操作人按照其固有装置之吊臂的使用方法对其进行操作的情况下，也应该做出肯定的解释。因此，本案事故是在本案大吊车的“运行”状态下发生的事故，与死者B的死亡之间具有相当因果关系……

【考察】本案事故发生的原因是大吊车的吊绳与高压线接触，导致B触电身亡的事故。大吊车处于停车状态，因此，并不具有通常之行走的危险性。故本案事故的危险性可以说并非传统意义上的机动车的特殊危险性。而且，事故的发生同时也是由于高压线的危险性的介入而引起。最高院在前述昭和43年10月8日的判决中，第一次对“运行”的认定做出了判断，当时，采用了行走装置说的观点。在本案中，日本最高院进一步向前演进，对大吊车这样的特

---

〔30〕 坂本倫城，自賠法三条の「運行によって」をめぐる諸問題，判例タイムズ，1990年724号，第64页。

〔31〕 参见后文表一中的8，9，10，11，17，21，22，25，26，30，32，33，37，38，41，42，47，50，51，53，58，59，62，63，67，71，72，80，81，82。

〔32〕 参见后文表一中的30。

殊机动车虽然处于非行走状态下，但是其固有装置之吊臂按照其使用方法操作时发生的事故，肯定了事故的“运行”起因性（即认可了事故发生是由于机动车的“运行”而引起——笔者注）。对“该装置”的解释，本案中最高院采用了“机动车固有装置”的解释。本判决是日本最高院采用固有装置说的最著名的判决。其后，在实务中，固有装置说成为了通说。从其后表一中可见，自昭和46年以后，除了法院没有明确表明采哪种学说的以外，几乎所有的判决都采用了固有装置说的观点。

3. 判例中的新动态

在纯粹停车状态下的事故以及几台机动车协同作业时发生的事故等的情况下，基于固有装置说的解释来认定“运行”状态较为困难，存在着牵强之处。对这样的事故，判例中出现了一些新动态。这些新动态在有的观点中也被纳入固有装置说中，[33] 因此，本文将其作为固有装置说的新动态来予以探讨。

（1）采用综合判断说的判例。对停车状态下发生的事故，通常“运行”状态的认定较为困难。对此，在下级法院，出现了采用综合判断说来构建“运行”认定标准的判决。[34] 以下，通过案例，对这种新动态予以探讨。

【一审[35]判决】货车在卸货过程中发生的事故，是否可以认定机动车处于“运行”状态，要具体考虑停车状态是否与停车前后的行走有连续性、停车的场所、机动车的构造等因素，从而做出综合判断。正如前述认定的那样，考虑本案事故是车辆停在木材加工工厂的场地内10分钟后发生的事故，卸货时间约30分钟，而且，可以推测卸货后车辆将迅速返回的情事，可以认定卸货与停车前后的行走之间的连续性。并且，对前述认定的事故发生的场所、被害者的情况，以及本案系对木材搬运专用车的附属装置按照其使用目的来进行使用时发生的事故等各种因素予以综合考虑的话，可以认定本案是因为肇事车辆的运行而发生的事故。

---

〔33〕 1984年12月8日召开的<東京地裁及び大阪地裁の交通事故裁判について>的座談会，交通事故民事裁判例集，16卷索引·解説号，第368页。

〔34〕 例如，后文表一中的8，10，19，25，37，42，45，46，52，53，59，63等。

〔35〕 参见后文表一中的52。

而在本案的上告审（即第三审）中，日本最高院作出了以下的判决：

【上告审[36]判决】基于前述事实关系，前述配置有枕木的装货台可称为本案车辆的固有装置。另外，在本案卸货作业中，无论是否直接使用了叉车，应该说，都要结合前述货台，按照货台的使用目的来使用之。因此，本案是因为该车辆“按照该装置的使用方法而使用”产生的事故。

【考察】在这样的事故中，法院认定的机动车的危险性是货车的装货台较高以及装载的木材较重的危险性。此外，结合木材的装载方法不合理以及叉车的使用方法不合理等因素，从而引发了本案事故。停车时机动车的危险，一般来说与工作物的危险以及劳动灾害的危险几乎没有区别[37]，这样的危险性与通常的机动车的特殊危险性的性质不同。在一审判决中，通过对“与停车前后的连续性”、“停车的场所（是否是对一般的交通开放的场所）”、“机动车的构造”等各种因素进行综合判断，从而肯定了事故的发生是由于机动车的“运行”而引起。但是，这三个判断要素与机动车的危险性的判断到底有着怎样的关联性，该综合判断与“运行”概念有着怎样的关系（也就是说与“该装置”以及“按照其使用方法而使用”有着怎样的关系）并不明确。[38] 也有观点认为，该说对“运行”的判断与“因为（によって）”（即因果关系）的判断之间的相互关系判断不明。[39]

而且，也不能说最高院对综合判断说是支持的。本案中，最高院对采用综合判断说的原判决并没有完全维持，取而代之，做出了“前述配置有枕木的装货台可以称为本案车辆的固有装置”的判断，采用了以往的固有装置说的观点。在对“因为运行”进行判断时，是否可以采用综合判断说，本案判决中，最高院并没有作出明确回

〔36〕 参见后文表一中的71。

〔37〕 坂本，同前注30，第64页。

〔38〕 松村武，運行によって——運行起因性（3），別冊ジュリスト152・交通事故判例百選，有斐閣，1999年，第39页。另见，座談会，同前注33，第368页。

〔39〕 松村，同前注38，第39页。另见，国井和郎，民法判例レビュー25・民事責任，判例タイムズ，698号，第47页。

答。然而，在与本判决同一天作出的另一个最高院的判决[40]中，在卸货后车辆有出发的计划（与停车前后的连续性）、停车的场所（一般车辆可以通行的道路）、协同作业的情事等要素都具备的情况下，仍然做出了不属于“因为运行”而造成的事故的判断。也就是说，即使在综合判断说所主张的要素全部满足的情况下，也不能当然地认定事故发生时，机动车处于“运行”的状态。因此，可以说最高院并没有支持综合判断说的观点。

（2）采用辅助道具说的判例。货车在卸货时使用的协同作业的叉车，或者在被牵引车牵引时使用的牵引车等的协同作业的机动车（以下简称“协同作业车”），在协同作业时引发的事故，为了使受害者能够得到强制责任保险的赔付，实务中出现了货车以及被牵引车等的被协同作业车（以下简称“被协同作业车”）被认定处于“运行”状态的判决。[41] 其判决的理由是，认为协同作业车是被协同作业车的辅助道具。最高院对辅助道具说没有作出明确的评价，但是，曾作出对采用辅助道具说的下级审的结论予以肯定的判决。以下对这个案件予以探讨：

【事实】在平整土地的空地上，自动卸货卡车（甲车）的左后轮陷入了土地中无法移动。A（受害者）进入甲车与推土车（乙车）之间，手握着乙车后部的铁棒上端，该铁棒上系着连接两车的绳子。B在C不在的时候，使乙车向甲车靠近，然后，没有切断乙车引擎，将档位挂入倒档，分开离合器后下车。B在完成了连接绳的连接以后，拜托回来的C驾驶乙车，然后，自己坐上了甲车，在向C发出启动指令的同时，启动甲车的引擎，踩上油门，使车辆处于行走可能的状态。B并没有告知C乙车的档位挂在倒档上，C也没有对此予以确认，配合着B的旨意，连接离合器，使乙车启动。乙车倒退与甲车的前部相撞，在两车之间握着铁棒的A的胸背部受到夹击，导致A死亡。A的家属X等人向甲车的强制责任保险的保险公司Y提出了直接损害赔偿请求。另外，乙车没有保险。

【一审[42]判决】如果甲车不在该处停车、不在该场所的话，事

〔40〕 参见后文表一中的70。

〔41〕 例如，后文表一中的29，60等。

〔42〕 参见后文表一中的29。

故便不会发生，而且，甲车并不是永远在该场所持续、静止地停车，该车的驾驶员B启动引擎，踩上油门，配合着乙车的牵引而欲使甲车前进，以及做出了使甲车行走的操作动作，因此，应该认定甲车处于“运行”状态。不仅如此，本案中，甲乙两车距离非常近，而且，甲车的行走装置处于启动状态，与持续的牵引行走的情形不同，乙车是为了将甲车从陷入的泥土中拉出来而临时充当牵引用的辅助道具，乙车的驾驶员C应该被视为甲车行走的辅助驾驶员，因此，乙车的瞬间的行走在法律上应该作为甲车的“运行”行为来对待。故可以认定A的被害是因为甲车的运行行为而引起的。

在控诉审（即二审——笔者注）中，驳回了Y的控诉，Y提起上告（即向最高法院提起的上诉——笔者注）。最高院判决[43]认定，基于原审合法认定的事实，诉外A的死亡是由于甲车的运行行为而受到伤害导致的，对此原审的判断是正确的，维持了原审的判决。

【考察】从本案的事实来看，本案事故的危险性是乙车移动的危险性。甲车陷于土中，处于依靠自身的动力无法移动之状态，因此，应该说其并无危险性。一审的判决认为，“如果甲车不在该处停车、不在该场所的话，事故便不会发生”，并以此为理由做出肯定的判断。但是，从事故发生经过来看，与其说停车的场所有危险性，毋宁说受害者A进入甲乙两车之间的行为更具有危险性。处于无法移动状态下的甲车，即使其行走装置被操纵了，也不应该认定其危险性。

本案中，乙车系无保险车辆，为了使受害者能够得到强制责任险的救济，一审判决肯定了事故的发生是因为甲车的运行行为而引起。但是，笔者对其理由很难表示赞同。

首先，本案中，甲车处于依靠自身动力无法动弹的状态，同时，在乙车后退的时候，甲车丧失了牵引力，更没有移动的可能。此外，即使认定了甲车处于“运行”之状态，其状态与A的受害之间也没有因果联系。其次，对一审的辅助道具说，乙车虽然是为了使甲车从困境中摆脱出来而作为牵引车之用，但这个事实对甲车是否处于“运行”状态的判断到底有怎样的影响，一审的判决说明

---

〔43〕 参见后文表一中的48。

不充分。此外，假设与本案的情况完全一致的状况下，乙车不是后退而是前进时发生的事故，则乙车将其前方的人撞伤的情况下，应该很难认定被牵引的甲车处于“运行”状态。可是这两种情况在本质上并没有什么区别。

本案的控诉审与上告审对一审所采用的辅助道具说没有作出明确的评价，而只不过是对其结论表示肯定而已。从自赔法的条文来对辅助道具说进行考察的话，辅助道具说的理论也难以成为“按照该装置的使用方法而使用”这一条文的判断标准，不得不说其在说理上存在牵强。

4. 小 结

如果对“该装置”这一条文的语词进行解释的话，则发动机装置、行走装置、固有装置等的各种解释都有其道理。但是，如果从机动车的危险性的角度来考虑的话，固有装置说将机动车的非特殊危险性以及其他的危险要素介入的危险性也纳入了自赔法的调整范围，因此，机动车的危险性几乎无法限定。移动中的危险性自不待言，此外相当广泛的危险性都被纳入自赔法的赔偿范围内。因此，如果基于此说，机动车的固有的装置这一概念本身也变得难以明确。对于什么样的装置是固有的装置，有广义和狭义两种学说。其中的广义说，几乎与“从车库到车库说”无限接近，[44] 以至于为了救济受害者，几乎所有的情况下与机动车相关联的事故都可以被认定为处于“运行”状态，从而无限扩大自赔法的适用和调整范围。笔者认为，这样的危险基本上与自赔法所要调整的危险性不同，不适用无过错责任，通过过错责任也可以解决。而如果非要适用自赔法第 3 条的规定的话，如前所述，其解释上难免有所牵强，并不合适。

（四）其他学说

除了前述学说外，从车库到车库说以及危险性说也得到了较多的支持。但在实务中，几乎没有看到基于这两个学说而作出的判决。在收集到的判例中，也没有采用这两个学说的判例。因此，以下仅对这两个学说的主要观点进行探讨。

---

〔44〕 坂本，同前注 30，第 65 页。

1. 从车库到车库说

从车库到车库说认为，“该装置”是指机动车本身。因此，机动车基于行走之目的，一旦从车库出来出现在道路等交通场所，直到其返回到车库为止的所有的行走以及停车等的状态，都应该认定为机动车的“运行”状态。[45] 例如，在路上停车的状态下，由于占据了一部分交通场所，并且该机动车持续地处于被支配的状态，行走装置、制动装置也一直发挥其机能，因此，应认定机动车处于“运行”状态。基于以往的固有装置说，在停车状态下，机动车本身很难直接认定为处于“运行”状态。对此，该说主张，与以往的行走状态相比，停车状态具有类似的危险性，为了将这种停车状态也纳入“运行”的范畴，该说主张，机动车作为交通场所内之存在，其本身就具有机动车的特殊危险。[46] 但是，这里所说的作为交通场所内的存在的危险到底是什么样的危险，并不明确。毋宁说，该说主张的是不论是否具有危险性，只要是关于机动车的事故，就应该认定其处于“运行”状态。从而抛弃了作为无过错责任的归责根据之一的危险性概念。此外，基于该说的观点，在车库内机动车突然失控而使他人遭受损害的情况，不应被认定为“运行”行为，因此，有批判认为该说有一定的局限性。[47]

2. 危险性说

危险性说主张，“运行”这一概念不应该拘泥于对“按照该装置的使用方法而使用”这一条文的文言解释。反之，将机动车放置于具有与通常的行走状态相类似的危险性的状态下的行为，就应认定为“运行”行为。这样的行为，具体指哪些行为，需要等待判例的不断积累，然后从中归纳整理，最终具体确定。[48] 自赔法的目的是对遭受机动车行走产生的特有危险的受害者进行保护，因此该说被评价为是对自赔法的目的的回归，是从自赔法的立法宗旨出发，对运行的外延进行实质界定的学说。[49] 但是，有批判认为，什么样的情况应该被认定为与通常的行走状态相类似的危险性，必

〔45〕 同前注，第65页。

〔46〕 同前注，第65页。

〔47〕 同前注，第64页。

〔48〕 石田·同前注28，第1525页。

〔49〕 坂本·同前注30，第65页以下。

然会因为各个具体案件而不同，是否处于“运行”状态，往往会在各个时间点上不断地变化，从而给判断造成困难。[50] 因此，在判断与通常的行走状态相类似的危险性时，必须对各个具体案件进行个案分析。而要从这些判断中归纳总结出相类似的危险性的判断标准并不容易。

（五）私 见

1. 自赔法制定时，主要考虑的机动车的危险性有：机动车的高速化、大型化、密集化（輻輳化）、可以急速变更方向等危险性。这些危险性基本上与机动车的特征所对应的机动车的特殊危险性（前述abcd的危险性）一致。其中，“作为在陆地上移动的目的而被制造”[51] 的机动车，其高速度的危险性尤其引人注目。但是，其后的学说中，这种危险性的范围不断被扩大，机动车的非特有的危险性以及机动车以外介入的其他危险性也被包含在其中（固有装置说）。更有甚者，将机动车的危险性无限扩张，把作为交通场所内的一个存在而具有的危险性也纳入自赔法的救济范围内（从车库到车库说），与其说是无过错责任，毋宁说更接近于传统的结果责任。其后，提倡只要是与机动车的行走相类似的危险，都应该纳入保护范围之内的危险责任说登场。但是，正如前所述，对与通常行走状态相类似的危险性的判断并不明确，所以，该学说虽然回归了自赔法的立法目的和宗旨，但是也并不能圆满地解决问题。

2. 无过错责任的主要理论根据有危险责任与报偿责任这两个责任原则。[52] 自赔法作为一种特殊侵权行为法而被单独制定，与民法规定的过错责任原则相比，给机动车方赋予了近似于无过错责任的较重的负担。因此，自赔法同样也是以危险责任与报偿责任作

〔50〕 土田哲也，運行によって，收录于宫原守男・山田卓生编，新現代損害賠償法講座5，日本評論社，1997年，第52页以下。

〔51〕 道路運送車両法第2条第2款。

〔52〕 我妻栄，事務管理・不当利得・不法行為，日本評論社，1938年，第86页。我妻博士的理论得到了广泛的支持，其后的论著中，基本认可了这两个原则。例如，森島昭夫，不法行為法講義，有斐閣，1987年，第262页以下。另，吉田良一，不法行為法，有斐閣，2007年，第13页。

为其主要的理论根据。[53] 也就是说，在机动车交通事故领域，针对以往从未见过的机动车的“运行”行为这一危险活动，自赔法规定由加害人承担无过错责任。因此，自赔法调整的应该承担无过错责任的危险，与受一般的侵权行为法调整应该承担一般过错责任的危险应该有所区别。对此，笔者认为应该基于机动车的特征，对其危险性予以限定，将前述abcd的危险性作为自赔法应该调整的危险性的范围予以划定。

学说并没有通过扩大机动车的危险性的范围来扩大“运行”概念的范围。但是，基于前述各学说的主要观点来探讨各学说所关注和主张的机动车的危险性可以发现，由于“运行”概念不断扩张，通常不应该受自赔法调整的危险也被纳入自赔法调整的范畴。自赔法中，通过“运行”这一概念来表征机动车的特殊危险性，并进而对机动车事故的无过错责任的范围予以限制。如果将机动车的特殊危险性以外的各种各样的危险都纳入自赔法调整和保护的范围的话，无疑与自赔法的无过错责任的立法宗旨相违背，并不合理。

3. 自赔法一方面规定了无过错责任这样的加重的赔偿责任；另一方面，为了确保加害方具有赔偿能力，配套规定了强制责任保险制度。而其赔偿范围有一定的限度自不待言。依靠责任保险制度，并不能非常圆满地解决受害者救济问题，对此，我妻荣教授也表示赞同。[54] 此外，从保险的经费来源来看，也不得不说对受害者的救济是有一定限度的。诚然，受害者救济是自赔法的重要目的，但是，这个目的如果被无限扩大的话，自赔法以及配套的强制责任保险将无法正常运营。为了明确“运行”这一概念，以下，基于机动车的特殊危险性，笔者将对其外延予以探讨。

四、“运行”的认定

（一）立法者的见解

对于“运行”的概念，昭和30年自赔法颁布之后，当时的立

---

〔53〕 加藤一郎，不法行為法の研究，有斐閣，1961年，第72页。另，内田貴，民法Ⅱ·債権各論，東京大学出版会，第477页。

〔54〕 我妻栄，自動車損害賠償保障法について，比較法研究，1956年13号，第25页。

法者对“运行”作出了如下的阐述：

对于“运行”，自赔法第2条规定了非常难理解的定义。然而，简单来说，从常识来看，是指移动方向盘、车轮，从而使机动车在地面移动的行为。[55] 所谓的“运行”，正如“按照其使用方法而使用”所表述的那样，是指基于使用人的主观意思的动作。因此，处于停车状时，不属于“运行”状态，而从将要停车到完全停止的动作可以解释为“运行”。在车库里，对汽车车窗进行装饰、修缮的状态下，也应该作出同样的解释。没有人的机动车失去控制突然驶出的情况下，也不应认定为“运行”状态（但这种情况下，突然驶出的行为与其之前的“运行”行为之间的相当因果关系问题尚待探讨）。[56]

基于立法者的观点，机动车的特殊危险性，一般来说是在移动的过程中产生的，因此，停车状态下，机动车不存在特殊危险性。这种观点是对立法当时关于机动车危险性的相关见解、自赔法的立法宗旨以及无过错责任的责任原则的忠实反映。因此，完全处于停车状态下，不应该认定为“运行”状态。此外，“按照其使用方法而使用”的意思主要是指，附加有使用人的主观意思的行动；因此，因为地震、海啸而移动的状态，不属于“运行”状态。如果基于这样的解释，则“运行”的外延基本可以明确。但在一些极端的情况下，例如，在黑夜中视野不好的高速公路上，前车因为紧急制动而停车，导致后车避让不及而发生碰撞的交通事故的情况下，是否应该认定为处于“运行”状态，立法者的意见并不明确。这种情况下，笔者赞同与无人车失控突然驶出去的情况相同，应该基于“与其之前的‘运行’行为之间的相当因果关系的有无”来进行判断的观点。

（二）立法当初学说中的观点

1. 我妻荣博士对自赔法第2条第2款（“运行”），做出了“……因此，因停车状态下的机动车而产生的损害，不应该属于本法调整

---

〔55〕 運輸省自動車局编，自動車損害賠償保障法の解説・時の法令シリーズ2，大蔵省印刷局，1955年，第30页以下。

〔56〕 同前注，第30页以下。

的对象"[57] 的说明。

2. 此外，作为自赔法立法时的公述人的加藤一郎博士对“运行”做出了如下陈述：

处于停车状态下的机动车，由于并不处于“运行”状态，因此，即使因为其违法停车而导致其他车辆碰撞而引发事故的情况下，停车状态下的机动车的保有人也不应承担自赔法第3条的责任(但是，可能承担日本民法第709条的责任，即一般侵权行为责任——笔者注)。但是，机动车停车后打开车门时，因为车门而受伤的情况下，可以视为是“运行”行为的继续。在坡道上停车，因为机动车的刹车或者其他停车方式不正确，而使机动车失控驶出的情况下，因与“运行”之间存在因果关系，因此，保有人应该承担自赔法第3条规定的责任。此外，货车的货物在机动车行走过程中落下的情况中，如果是因为货物的堆积方式不合理而导致其在车辆行走中落下的情况，与“运行”存在因果关系，应该适用自赔法第3条的规定。但是，机动车上的乘客将物品扔下的情况，应该作为民法第709条规定的问题来处理，由于不是因为“运行”而引发，不应该适用自赔法第3条的规定。因此，在“运行”状态下，机动车具有其特有的危险性，可以认定为“因为运行”而造成事故，从而适用自赔法第3条规定的责任。[58]

3. 我妻和加藤两位博士针对“运行”的论述，与立法者的观点基本相同。机动车的特殊危险性主要表现为高速化、大型化等危险性，因此，只有在移动的过程中才表现出其特殊危险性。而停车状态下发生的事故，因为不具有机动车的特殊危险性，不应该认定为“运行”行为，也不应该适用自赔法第3条的规定。但是，在停车时，因打开机动车车门而引发事故的情形下，加藤博士认为这种情况可以认定为“运行”状态的延续，应该认定为“运行”行为。对此，我妻博士并没有特别的阐述，作为停车状态下的事故，基于我妻博士的观点，不应该认定为“运行”行为吧。

笔者认为，从机动车的典型危险性来考虑，应该将机动车从启动开始到完全停止为止的移动状态下的行为解释为“运行”行为。

---

〔57〕 我妻，同前注54，第12页。

〔58〕 加藤一郎编，注釈民法19・債権10，有斐閣，1965年，第102页。

虽然，机动车的高速度是其最典型的危险，但机动车并不是一直处于高速移动的状态之下，以极低速度移动的情形并不少见。但是，对机动车的速度进行详细的区分以划分危险性并不可行。如果非要以机动车的时速为标准来区分其是否属于“运行”状态的话，则机动车从启动开始到设定的时速为止的期间，以及机动车从设定的时速开始到完全停车为止的期间，不属于“运行”状态。可是在实际的纠纷处理之际，必然无法清楚地区分这样的移动状态，因此，这样的划分标准不具有可操作性。另外，即使以极低的速度行驶，机动车仍然具有前述 abd 的危险性。综上所述，基于机动车的危险性，高速移动或者可以高速移动的机动车在移动期间具有其典型的危险性，应该认定为“运行”状态，而机动车在没有移动的停车状态下不具有其典型的危险，一般来说，不应认定为“运行”状态。此外，在极端的情况下，当事故的发生与其之前的“运行”状态之间具有因果联系时，则作为之前“运行”状态的延续，例外的可以认定停车状态下的机动车的“运行”行为。这样的话，可以较为清晰地界定“运行”的外延。以下，基于这样的标准，以几个具体的情形为例，对其是否属于“运行”行为进行简单探讨，并对笔者提出的标准予以检验。

（三）案例探讨

1. 停车状态下的事故

在学说和判例研究中，经常探讨的停车状态下发生的事故主要有：停车状态下，卸货过程中发生的事故；停车状态下，因为车门的开合而引发的事故；大吊车等特殊作业车辆在停车作业过程中发生的事故等。但是，由于机动车处于停车状态，所以不具有机动车特有的危险性，从而不属于“运行”状态。但如前所述，在视线不好的深夜，高速公路上行驶的机动车紧急制动停车，后面的车辆避让不及而造成的冲突事故的情况下，如果事故的发生与前面车辆停车前的“运行”行为之间存在因果联系的话，则应认定为“运行”行为。这种急踩刹车而使机动车能快速停车的设计，一般来说是针对机动车的高速度而设计的防卫手段。因此，在这种极端的情况下，作为机动车特殊危险性的延伸，例外地可以认定机动车处于“运行”状态。

2. 牵引中的事故

因为引擎故障而被其他车辆牵引，行走过程中被牵引车引起事故的情况下，一般来说，应认定属于“运行”行为。虽然，被牵引车辆依靠自身动力无法行走，但是，依靠方向盘以及刹车等装置的操作，在一定程度上，具有一定的驾驶自由，结合牵引车的牵引力，应该认定机动车具有特殊危险性。〔59〕但是，在机动车的前轮被搭载在前车的尾部拖行的情况下，被拖行的车辆基本没有操纵的自由，此时，毋宁说将其作为一种货物来解释更为合理，不应该作为“运行”行为认定。对此，现行的判例和学说也表达了一致的观点。

3. 机动车失控驶出时引发的事故

对这种类型的案件，笔者赞同前述加藤博士的观点。停在坡道上的机动车由于刹车制动不完全或者其他不合理的停车方式，导致机动车失控驶出的情况下，〔60〕应该认定机动车处于“运行”状态。如前所述，如何使能够高速行驶的机动车恰当地停车，也应作为机动车的特殊危险性而被关注。不能使机动车停止的危险性，应该作为机动车高速危险性（c之危险性）的延伸来考虑。以c之危险性为主，稍微予以扩张，对其高速度予以适当控制的危险性应该作为c之危险性的延伸，从而纳入自赔法调整的范畴。但是，与机动车的操作完全没有关系的情形，例如，地震、海啸等因为自然力，或者他人推动停驶在坡道上的机动车从而引发机动车失控驶出的情况，不应该作为“运行”行为来考虑。〔61〕

4. 货物落下而引发的事故

从停驶的机动车上落下的货物引发事故的情况，不应该认定为机动车的“运行”行为，自不待言。但是，在机动车移动过程中，货物落下的情况下，除了机动车移动的危险性以外，货物堆积方式的不合理等其他因素合并导致了事故的发生，因此，认定为机动车的“运行”行为并无不当。但与机动车的行走没有因果联系的情况下，例如，因为车上乘客扔下的物品而引起事故的情况下，由于事

〔59〕 茅沼，同前注16，第37页。

〔60〕 加藤，同前注59，第102页。

〔61〕 茅沼，同前注16，第37页。

故的发生与机动车的行走之间没有因果联系，所以，虽然机动车处于“运行”的状态，但由于没有因果联系，仍然不应该适用自赔法第3条的规定。

五、结 语

为了救济受害者，自赔法的适用范围被不断扩大。作为运行供用者责任构成要件之“运行”要件的认定也不断被作出扩张性的解释。立法之初，考虑机动车所存在的特殊危险性，在责任形式上，区别于传统的过错责任，对事故适用无过错责任，进而制定了作为特殊侵权行为法的自赔法。自赔法第3条中，通过“运行”这一概念来表征机动车的特殊危险性。然而，从前述判例的演进以及学说来看，不得不说现行通说（固有装置说）的观点与自赔法立法时的宗旨相背离。诚然，现实中，立法时无法想象的事故形态不断地出现，因此，有观点认为，在事故形态多样化的今天，仍然按照自赔法的立法宗旨来进行解释的话，不太合理。[62] 但是，同时要考虑的是，一旦“运行”的外延被扩大，则必须考虑如何合理地界定其外延，否则伴随着其外延的扩张，必然会引起配套的保险的运营状况恶化、给加害方科以过重的赔偿责任等问题，从而破坏受害者的救济、加害人的赔偿责任、保险费率低额化这三者间的平衡。

自赔法立法之初，也并不是为了使所有的受害者获得自赔法的保障而设定的。因此，不得不说，依靠自赔法来解决受害者救济问题，有一定的限度。在自赔法设立之初，对自赔法所采用的无过错责任、强制责任保险以及政府保障事业这三者组合的制度，当时，作为该领域世界性权威的艾伦茨威格教授（エーレンツワイク教授）就曾表示，依靠责任保险制度无法圆满地解决问题，因此，对自赔法的根本立场，教授表示了强烈的不赞同。[63] 虽然受害者不能得到圆满的救济，然而基于当时的状况，自赔法仍然被制定和实施，并且一直沿用至今。基于这样的前提，现今学说和判例中期望通过对自赔法条文的解释来实现对受害者的万全救济，无疑是选择了一条与自赔法的立法宗旨相背离的道路。众所周知，在责任保险

〔62〕 野村，同前注15，第125页。

〔63〕 我妻，同前注54，第18页。

制度以外，为了救济受害者，出现了不以加害人的责任为前提的受害者补偿的立法例。其典型是1972年新西兰的事故补偿法（Accident Compensation Act 1972）以及美国的一部分州采用的无过错机动车保险制度。如果一味地以自赔法的扩张解释为策略来寻求对受害者的救济的话，通过其他途径来解决该问题的道路便会越来越窄。

因此，在现阶段，有必要对自赔法第3条规定的责任形态之“运行”要件、责任主体之运行供用者要件、赔偿对象之他人性等要件再次进行探讨，从而在明确自赔法救济的合理范围的基础之上，对自赔法适用之外的部分，寻求多样的救济手段，从而实现对受害者的全面救济。

表一 有关“运行”的判例

序号	判决年月日	刊登杂志	运行	学说				事故形态					
				发动机说	行走装置说	固有装置说	其他·不明	停车状态	卸货	特殊机动车	修车	牵引	其他
1	神戸地判1959年4月18日	判タ90号78页，判時188号30页		○				○			○		
2	岡山地判1966年9月30日	民集22卷10号2129页	○		○						○	○	
3	広島高判岡山支部1967年3月17日	民集22卷10号2141页，下民集18卷3·4号253页	○		○						○	○	
4	最高裁第三小法廷1968年10月8日	民集22卷10号2125页，判時537号45页，判タ228号114页	○		○						○	○	
5	京都地判1970年1月27日	判タ247号233页	○				○						○
6	広島地判1970年5月8日	判タ249号202页，交民集3卷3号675页	○				○						○
7	横浜地判1970年10月26日	判時622号96页，判タ261号331页，交民集3卷5号1631页	○				○	○					○

续表

序号	判决年月日	刊登杂志	运行	学说				事故形态					
				发动机说	行走装置说	固有装置说	其他·不明	停车状态	卸货	特殊机动车	修车	牵引	其他
8	大阪地判 1971 年 5 月 12 日	判タ 266 号 253 页，交民集 4 卷 3 号 808 页	○			○		○	○				
9	名古屋地判 1971 年 12 月 20 日	判時 661 号 70 页，判タ 275 号 335 页，交民集 4 卷 6 号 1784 页	○			○		○		○			
10	大阪高判 1972 年 5 月 17 日	交民集 5 卷 3 号 642 页	○			○		○	○				
11	函館地判 1972 年 6 月 28 日	判タ 280 号 276 页，交民集 5 卷 3 号 871 页	○			○		○		○			○
12	新潟地判 1972 年 10 月 31 日	交民集 5 卷 5 号 1483 页	○				○						
13	横浜地判 1972 年 12 月 11 日	交民集 5 卷 6 号 1710 页	○				○	○					○
14	大阪高判 1973 年 3 月 14 日	判時 715 号 62 页	○				○	○	○	○			
15	大阪地判 1974 年 6 月 1 日	交民集 10 卷 5 号 1263 页	○				○	○					
16	札幌地判岩内支部 1974 年 8 月 29 日	交民集 7 卷 4 号 1188 页	○				○	○					
17	津地判四日市支部 1974 年 11 月 18 日	交民集 10 卷 6 号 1536 页	○			○		○		○			
18	千葉地判松戸支部 1975 年 7 月 2 日	交民集 8 卷 4 号 996 页					○	○		○			
19	福井地判敦賀支部 1975 年 10 月 23 日	交民集 10 卷 5 号 1280 页					○	○					

续表

序号	判决年月日	刊登杂志	运行	学说				事故形态					
				发动机说	行走装置说	固有装置说	其他·不明	停车状态	卸货	特殊机动车	修车	牵引	其他
20	静岡地判1975年7月31日	交民集8卷4号1078页	○				○	○			○		
21	秋田地判大曲支部1976年3月30日	交民集9卷2号489页				○		○		○			○
22	名古屋高判1976年6月29日	交民集10卷6号1543页	○			○		○		○			
23	大阪地判1976年12月4日	交民集9卷6号1655页	○				○					○	
24	大阪高判1977年3月9日	交民集10卷5号1268页	○				○	○					
25	福島地判相馬支部1977年3月29日	交民集12卷5号1191页	○			○		○	○				
26	名古屋高判金沢支部1977年9月9日	判夕369号358页，交民集10卷5号1274页	○			○		○					
27	東京地判1977年9月27日	交民集10卷5号1372页			○			○					○
28	最高裁第一小法廷1977年10月20日	判時871号29页，交民集10卷5号1260页	○				○	○					
29	大阪地判1977年10月28日	民集36卷1号10页，交民集15卷1号9页	○				○	○				○	
30	最高裁判所第一小法廷1977年11月24日	判時872号78页，判夕357号231页，交民集10卷6号1533页	○			○		○		○			

续表

序号	判决年月日	刊登杂志	运行	学说				事故形态					
				发动机说	行走装置说	固有装置说	其他·不明	停车状态	卸货	特殊机动车	修车	牵引	其他
31	大阪高判1978年10月17日	民集36卷1号15页，交民集15卷1号16页	○				○	○				○	
32	高松高判1978年10月23日	交民集15卷2号318页	○			○		○		○			
33	東京地判1979年3月29日	判時941号67页				○		○			○		
34	名古屋地判1979年8月31日	交民集12卷4号1154页	○				○						○
35	仙台高判1979年9月7日	交民集12卷5号1184页	○				○	○	○				
36	福岡地判小倉支部1979年11月26日	判時962号106页，判タ415号183页	○				○						○
37	大阪地判1980年3月31日	判タ419号137页，交民集13卷2号447页	○			○		○	○				
38	東京地判1980年7月15日	交民集13卷4号897页	○			○		○	○	○			
39	福岡地判1980年9月9日	交民集13卷5号1171页					○	○					○
40	大阪地判1980年9月25日	交民集14卷4号803页					○	○					
41	東京地判1980年12月23日	判時993号68页，判タ442号160页				○		○					○
42	大阪高判1980年12月23日	交民集14卷6号1261页				○		○	○				

续表

序号	判决年月日	刊登杂志	运行	学说				事故形态					
				发动机说	行走装置说	固有装置说	其他·不明	停车状态	卸货	特殊机动车	修车	牵引	其他
43	東京地判1981年3月31日	判時1023号82页，交民集14卷2号465页					○						○
44	京都地判1981年4月8日	交民集14卷2号485页	○				○	○					
45	秋田地判1981年7月7日	交民集14卷4号818页	○				○	○					
46	大阪高判判1981年8月28日	判時1029号78页，交民集卷4号797页	○				○	○					
47	最高裁第二小法廷1981年11月13日	判時1026号87页，判タ457号82页，交民集14卷6号1255页				○		○	○				
48	最高裁第三小法廷1982年1月19日	判時1031号120页，判タ463号123页，交民集15卷1号1页	○				○	○				○	
49	旭川地判1982年1月22日	交民集15卷1号103页	○				○	○					
50	大阪地判1982年9月29日	判タ483号138页，交民集15卷5号1274页	○			○			○	○			
51	横浜地判1982年10月29日	交民集15卷5号1410页	○			○		○			○		
52	東京地判1983年7月26日	判時1088号100页，交民集16卷4号1042页，判タ511号202页	○				○	○	○				

续表

序号	判决年月日	刊登杂志	运行	学说				事故形态					
				发动机说	行走装置说	固有装置说	其他·不明	停车状态	卸货	特殊机动车	修车	牵引	其他
53	金沢地判 1983 年 8 月 18 日	交民集 16 卷 4 号 1116 页，判時 1101 号 100 页	○			○		○	○				
54	岐阜地判 1983 年 12 月 13 日	交民集 16 卷 6 号 1699 页					○	○	○				
55	秋田地判 1984 年 8 月 28 日	交民集 17 卷 4 号 1125 页	○				○	○		○			
56	熊本地判 1984 年 11 月 28 日	判時 1144 号 134 页，判タ 548 号 255 页，交民集 17 卷 6 号 1649 页					○	○					○
57	東京地判 1985 年 11 月 29 日	判時 1174 号 40 页，判タ 575 号 23 页，交民集 18 卷 6 号 1555 页					○			○		○	
58	名古屋高判 1986 年 4 月 16 日	判時 1206 号 40 页，判タ 597 号 91 页	○			○		○	○	○			
59	東京地判 1986 年 4 月 22 日	判時 1198 号 126 页，判タ 617 号 136 页，交民集 19 卷 2 号 539 页	○			○		○					
60	東京高判 1986 年 5 月 28 日	民集 42 卷 5 号 442 页，判タ 617 号 134 页	○				○	○	○	○			○
61	東京地判 1986 年 7 月 22 日	交民集 19 卷 4 号 1005 页，判時 1204 号 123 页，判タ 606 号 108 页					○						○

续表

序号	判决年月日	刊登杂志	运行	学说				事故形态					
				发动机说	行走装置说	固有装置说	其他·不明	停车状态	卸货	特殊机动车	修车	牵引	其他
62	最高裁第三小法廷1986年11月18日	自動車保険金請求訴訟事件判决集7号83页	○			○		○	○	○			
63	東京高判1987年3月30日	判タ644号200页，交民集20卷2号313页	○			○		○					
64	宇都宮地判1987年8月17日	交民集20卷4号1031页	○				○					○	○
65	大阪地判1987年8月27日	交民集20卷4号1108页	○				○	○					
66	静岡地判富士支部1987年10月20日	判タ669号202页，交民集20卷5号1318页					○		○	○			
67	静岡地判下田支部1987年12月21日	金融·商事判例804号38页				○		○					
68	静岡地判1987年12月22日	交民集20卷6号1590页	○				○	○					
69	東京地判1987年12月25日	交民集20卷6号1632页	○				○	○					
70	最高裁第一小法廷1988年6月16日	民集42卷5号414页，判時1291号65页，判タ681号111页					○	○	○	○			○
71	最高裁第一小法廷1988年6月16日	判時1298号113页，判タ685号151页	○			○		○	○	○			
72	甲府地判1991年1月22日	判タ754号195页，交民集24卷1号65页	○			○		○	○				

续表

序号	判决年月日	刊登杂志	运行	学说				事故形态					
				发动机说	行走装置说	固有装置说	其他·不明	停车状态	卸货	特殊机动车	修车	牵引	其他
73	広島地判 1993 年 2 月 24 日	判タ 822 号 243 页，交民集 26 卷 1 号 252 页	○				○						○
74	大阪地判 1993 年 7 月 15 日	交民集 26 卷 4 号 909 页	○										○
75	東京地判 1993 年 12 月 10 日	交民集 26 卷 6 号 1503 页	○				○	○					
76	千葉地判 1994 年 1 月 18 日	交民集 27 卷 1 号 41 页	○				○	○					
77	東京地判 1994 年 5 月 24 日	交民集 27 卷 3 号 628 页	○				○						○
78	大阪地判 2000 年 2 月 10 日	交民集 33 卷 1 号 241 页	○				○	○					○
79	大阪高判 2000 年 8 月 9 日	交民集 33 卷 4 号 1132 页	○				○	○					○
80	盛岡地判一関支部 2001 年 8 月 29 日	判時 1778 号 88 页，判タ 1121 号 220 页，交民集 35 卷 6 号 1734 页	○			○		○	○				
81	仙台高判 2002 年 1 月 24 日	判時 1778 号 86 页，交民集 35 卷 6 号 1732 页	○			○		○	○				
82	大阪地判 2003 年 9 月 10 日	交民集 36 卷 5 号 1295 页	○			○		○					
83	大阪高判 2007 年 2 月 27 日	交民集 40 卷 1 号 49 页	○				○	○					○
84	東京地判 2009 年 3 月 30 日	交民集 42 卷 2 号 473 页	○				○	○					

续表

序号	判决年月日	刊登杂志	运行	学说				事故形态					
				发动机说	行走装置说	固有装置说	其他·不明	停车状态	卸货	特殊机动车	修车	牵引	其他
85	大阪高判 2011 年 7 月 20 日	判タ 1384 号 232 页	○				○	○					○

判時：判例時報 判タ：判例タイムズ 交民集：交通事故民事裁判例集 民集：最高裁判所民事判例集 下民集：下級裁判所民事裁判例集

公司分立制度的中日比较

——以公司分立的类型为中心

杨小萍 *

一、引 言

公司通过合并、购买资产等方式能扩大公司规模，从而形成规模效益。[1] 同时，当公司达到一定的规模时，通过公司分立、资产转让等方式可以适当地缩减公司规模，缓解因“大而全”而造成公司机构的臃肿，进而有利于优化公司内部结构。[2] 有关公司分立的立法，最早出现在1966年的法国公司法中。[3] 然而，立法上的公司分立制度并非调整公司内部结构的唯一方式。譬如美国一直到现在都没有公司分立的相关立法，而是通过税法上对营业转让进行相关的规定，从而实现事实上的公司分立。[4] 但不可否认的是，公司分立作为与合并制度相对立的制

---

* 杨小萍，名古屋大学法学研究科商法专业博士研究生。本文写作过程中得到早稻田大学法学研究科博士研究生赵兰学的帮助，以及匿名评审专家的修改意见，笔者在此一并表示感谢。

〔1〕 Allen, William T, *Commentaries and Cases on the Law of Business Organization* (2nd ed.), 2007, p. 468.

〔2〕 山田純子，会社分割の規制（一），民商法雑誌，99卷6号，1989年，第814页。

〔3〕 同前注，第817页。

〔4〕 山田純子，会社分割の規制（二・完），民商法雑誌，100卷2号，1989年，第264页。

度，在公司内部结构调整上发挥着重要的作用。除此之外，公司分立还是打破公司僵局的有效方式。譬如，2010年东北高速的分立，解决了三大股东对于公司经营权的争夺而导致的公司治理结构上的僵局情况。[5]

我国很早就确立了公司分立制度，但我国对于公司分立制度的专题研究却还停留在很初步的阶段。[6] 公司法中甚至连公司分立的定义都没有，从而导致理论界和实务界在如何界定公司分立与其他相类似的制度时，存在着疑惑。

日本早在20世纪60年代就开始讨论在日本引进公司分立制度，但最终在1999年的商法修改中才得以确立。[7] 在有关公司分立制度的漫长讨论过程中，日本学者大量地研究了其他国家的公司分立制度，并就日本公司分立制度的分类进行了充分的研究。公司分立制度于1999年在日本商法中得以确立后，在公司并购、重组中得以广泛运用，但与此同时，也出现了大量滥用公司分立制度侵害债权人利益的案例。[8] 鉴于此，2014年6月20日在日本参议院得以正式通过的日本公司法的部分修改法中，对公司分立制度中有关债权人保护的部分进行了修订。

本文第一部分试图通过对中日公司分立制度，尤其是公司分立类型进行比较，为进一步健全中国公司分立制度提供一些借鉴，对于公司分立的债权人保护问题暂不做深入的探讨。本文第二部分讨论公司分立制度在中国确立的历史、变革、现状以及存在的问题。第三部分介绍公司分立制度在日本得以确立的过程、修改以及与事业让渡之间的区别和联系。第四部分阐述对于进一步完善中国公司分立的一些思考。

---

〔5〕 参见2009年12月30日独立财务股份中国国际金融有限公司出具的《东北高速公路股份有限公司分立重组上市预案》第18页。

〔6〕 苏永三：《公司分立制度研究》，中国政法大学2005年博士学位论文。彭冰："论公司分立法制"，收录于王保树编：《公司重组：理论与实践》，社会科学出版社2008年版，第225页。

〔7〕 中東正文、松井秀征，会社法の選択——新しい社会の会社法を求めて，商事法務，2010年，第282页。

〔8〕 神作裕之，濫用的会社分割と詐害行為取消権（上）——東京高判平成22年10月27日を素材として，商事法務1924号，2011年，第4页。

二、中国公司分立制度的现状以及存在的问题

我国最早关于企业分立制度的规定，可以追溯到 1986 年的《民法通则》第 44 条。[9] 除此之外，1993 年的《公司法》第 185 条和 1999 年《合同法》第 90 条也分别对公司分立予以了规定。2005 年公司法进行大的修改时，对于公司分立制度也进行了相应的修改。以下，主要就公司法中有关公司分立的规定进行论述。

(一) 1993 年公司法对于公司分立的规定

1993 公司法（以下简称 93 年公司法）中对公司分立制度的股东大会表决程序和债权人保护程序予以了规定。93 年公司法中规定，公司分立需要通过股东大会的多数决。其中，有限责任公司分立需要经过股东会上代表 2/3 以上表决权的股东通过;[10] 股份有限公司的公司分立需要由出席股东大会的股东所持表决权的 2/3 以上通过。[11]

同时，93 年公司法中对于公司分立时的债权人保护程序予以了规定。[12] 公司应当自做出分立决议之日起 10 日内通知债权人，并于 30 日内在报纸上至少公告 3 次。债权人自接到通知书之日起 30 日内，未接到通知书的自第一次公告之日起 90 日内，有权要求公司清偿债务或者提供相应的担保。不清偿债务或者不提供相应的担保的，公司不得分立。

此外，93 年公司法还对公司分立的其他程序和公司分立前的债务承担作出了相应的规定。[13] 公司分立，应对其财产作相应的分割，并且公司分立时应当编制资产负债表及财务清单。[14] 公司分立前的债务按所达成的协议，由分立后的公司承担。[15] 但应当注意的是，93 年公司法中并没有对公司分立的定义以及类型进行规定。此外，公司分立会导致公司发生根本性的变化，属于公司的

---

〔9〕 彭冰，同前注 6，第 225 页。

〔10〕 1993 年公司法第 38 条第 11 款以及第 39 条第 2 款。

〔11〕 1993 年公司法第 103 条第 10 款以及第 106 条第 2 款。

〔12〕 1993 年公司法第 185 条。

〔13〕 同前注。

〔14〕 同前注。

〔15〕 同前注。

基础变更事项，但是93年公司法中并没有对公司分立持有异议的股东提供任何的救济措施。

（二）2005年公司法对于公司分立的规定

2005年公司法（以下简称05年公司法）的修改中，对公司分立制度也进行了相应的修改。其中，对于公司分立的股东大会表决程序，05年公司法延续了93年公司法中的规定。具体而言，有限责任公司的公司分立需要经过股东会上代表2/3以上表决权的股东通过;〔16〕股份有限公司的公司分立需要由出席股东大会的股东所持表决权的2/3以上通过。〔17〕但较之93年的公司法，05年的公司法中引入了异议股东股份回购请求权。〔18〕因此，有限责任公司和股份有限责任公司中反对公司分立的股东，可以要求公司回购其股份，从而有利于对公司分立时的异议股东的保护。

在债权人保护方面，05年公司法规定，公司分立，公司应当自作出分立决议之日起10日内通知债权人，并于30日内在报纸上公告。〔19〕相对于93年公司法，05年公司法删除了对于新闻公告次数的限制，以及得不到债权人同意公司不得分立的规定。05年公司法在简化了公司分立时的债权人保护程序的同时，作出了“公司分立前的债务由分立后的公司承担连带责任。但是，公司在分立前与债权人就债务清偿达成的书面协议另有约定的除外”的规定。换言之，债权人不再享有异议权，但取而代之的是，如果该公司分立时未与所有的债权人就债务清偿达成书面协议，则对于未达成书面协议的债权人而言，分立后的公司需要对公司分立前的债务承担连带责任。

综上，无论是93年公司法还是05年公司法，公司分立都需要履行以下的手续：① 董事会制定公司分立方案;〔20〕② 需要经过股东会或是股东大会的决议；③ 编制资产负债表及财产清单；④ 通知债权人并且公告；⑤ 分割财产。因此，05年公司法在很大程度上延续了93年公司法的相关规定，并在此基础上简化了93年公司

〔16〕 2005年公司法第38条第9款以及第44条第2款。

〔17〕 2005年公司法第100条以及第104条第2款。

〔18〕 2005年公司法第75条以及第143条第4款。

〔19〕 2005年公司法第176条。

〔20〕 裘索，中国の会社法，中央経済社，2007年，第187页。

法中过于严格的债权人的事前保护程序。同时，强化了债权人的事后救济；强化了对公司分立时的异议股东的保护，赋予异议股东股份回购请求权。

（三）我国公司分立制度上存在的问题

无论93年公司法还是05年公司法中，都没有关于公司分立的定义和类型的规定，仅有相关部门规章作了一些描述或者规定。如《关于外商投资企业合并与分立的规定（2001年修订）》第4条阐述了公司分立的定义："本规定所称分立，是指一个公司依照公司法有关规定，通过公司最高权力机构决议分成两个以上的公司。公司分立可以采取存续分立和解散分立两种形式。存续分立，是指一个公司分立成两个以上公司，本公司继续存在并设立一个以上新的公司。解散分立，是指一个公司分解为两个以上公司，本公司解散并设立两个以上新的公司。"国家税务总局2000年发布且于2011年被宣布失效的《关于企业合并分立业务有关所得税问题的通知（失效）》第2条就企业分立进行了以下描述："企业分立包括被分立企业将部分或全部营业分离转让给两个或两个以上现存或新设的企业（以下简称分立企业），为其股东换取分立企业的股权或其他财产。"由此可见，尽管其他部门规章对公司分立进行了一些界定，姑且不论其法律效力的等级，这些关于公司分立的规定或描述也莫衷一是。在理论界，学者对于公司分立的见解也是仁者见仁智者见智。[21]

公司法对于公司分立界定的缺位，导致在实践中，公司分立与其他类似制度，尤其是营业转让之间的界限模糊。在中国进出口银行、广州市南华橡胶轮胎有限公司、中国工商银行广东分行营业部与广州市万宝冰箱有限公司、广州万宝冰箱电器有限公司一案中，1999年万宝电器进行重组，将其有效资产以及与资产额相应的抵押登记的银行债务，转让给新设立的万宝冰箱公司，而包括进出口银行的债务在内的其他债务则仍留在万宝电器公司。对于上述万宝电器重组设立万宝冰箱的行为性质的认定，以及新成立的万宝冰箱

〔21〕 详见苏永三，同前注6，第20页；彭冰，同前注6，第225页；李秉祥："公司分立理论与我国企业应用的现状分析"，载《现代管理科学》2003年第10期，第21页。

公司是否应该对万宝电器的其他债务承担连带责任的这一问题，北京市高级人民法院一审和最高人民法院的二审做出了完全不同的判定。[22] 北京市高级人民法院一审认为，虽然万宝冰箱使用万宝电器的部分资产，但该权利是根据双方之间《转让协议书》而取得的，所以万宝电器与万宝冰箱的改制构成万宝电器的营业转让，对于进出口银行的债权，万宝冰箱公司未表示承接，所以不发生债权债务转移的后果，进而，万宝冰箱对于万宝电器的债务也不用承担连带责任。[23] 对此，最高人民法院在二审判决中认为，万宝电器公司与万宝冰箱公司的改制即构成合并分立，万宝电器公司与万宝冰箱公司等各方当事人在《转让协议书》中所作的债务划分安排，因未取得债权人——进出口银行的同意，该协议中有关债务划分的内容对进出口银行不生效，万宝冰箱公司应当在接受万宝电器公司财产价值范围内，对万宝电器公司的债务承担连带责任。[24] 对于上述类型的纠纷并不罕见，在工商银行山东分行诉信诚公司等借款合同纠纷案中，也出现了同样的纠纷。[25] 法院对于同一行为截然不同的认定，不仅不利于稳定的法律关系的形成，法律的预见可能

〔22〕（2001）民二终字第166号。

〔23〕对于该企业改制行为，北京市高级人民法院在一审判决中作出了如下认定：即“因万宝冰箱公司是由广州万宝家电控股有限公司和卢杰明共同出资设立的，并经广州市工商行政管理局依法批准成立的独立法人企业与万宝电器公司并无隶属关系。虽然万宝冰箱公司使用万宝电器公司的部分资产，但该权利是根据双方之间《转让协议书》而取得，对于进出口银行的债权，万宝冰箱公司未表示承接，并不发生债权债务转移的后果，仍应由万宝电器公司承担。故进出口银行以企业重组时债务处理未经债权人同意，请求万宝冰箱公司承担赔偿责任的理由不成立，该院不予支持”。（2001）民二终字第166号。

〔24〕对于该企业改制行为，最高人民法院在二审中作出了如下认定：即“在万宝电器公司的改制中，该公司的部分财产随同部分债务从该公司剥离出来，并入万宝冰箱公司。当公司部分财产和债务直接从公司分离设立成为新公司，将构成公司简单分立，如无债权人之同意，分立的公司对分立前公司的债务应该承担连带责任；如果该部分财产和债务分立后与其他已经存在的企业合并，则构成合并分立，如无债权人之统一，接受分立财产的企业应该在接受财产价值范围内对分立前公司的债务承担连带责任。从本案实际情况看，万宝电器公司与万宝冰箱公司的改制即构成合并分立，万宝电器公司与万宝冰箱公司等各方当事人在《转让协议书》中所作的债务划分安排，因未取得债权人进出口银行的统一，该协议中有关债务划分的内容对进出口银行不生效，万宝冰箱公司应当在接受万宝电器公司财产价值范围内对万宝电器公司的债务承担连带责任”。

〔25〕（2003）民二终字第106号。

性也因此大打折扣。

对此，针对中国公司分立中存在的问题，本文仅就日本公司分立制度立法过程中对于公司分立的定义和分类的探讨，以及日本现行公司法上对于公司分立的定义以及类型进行简要的介绍，希望对中国公司分立制度的完善提供一些借鉴。对于公司分立在股东和债权人保护方面的中日比较，本文暂不作深入探讨。

三、日本公司分立制度的确立以及现行法对公司分立类型的规定

（一）1999年以前的事实上的公司分立

1999年日本确立公司分立制度之前，就已经存在事实上的公司分立。[26] 但因为当时的商法上没有关于公司分立的特别规定，所以公司在进行事实上的公司分立时，主要采用以下三种方式:[27] 一是采用实物出资的方式进行公司分立。即现存的公司先设立一家新公司，然后将自己营业的一部分或是事业部门出资到该新设立的公司。此外，实物出资还包括，先用现金新设立一家公司，然后在这家公司发行股份时，以实物资产来认购该公司的股份的形式。二是公司设立过程中的资产认购。先由现存的公司设立一家新公司，然后由该新公司的发起人，以公司成立为条件与现存公司签订资产认购合同。三是事后设立的方式。先由现存公司设立一家新公司，在该新公司成立之后，与该新公司的法人代表签订资产转让的协议。

关于实物出资，为了保证实物出资的资产价值的公正性，保护其他股东的合法权利，在公司章程以及股票认购书中，必须对实物出资的资产进行记载，同时，实物出资的资产必须由法院指定的监事进行审查。[28] 在实物出资履行结束之后到公司设立程序结束之前，必须暂停对该实物资产的营业活动。[29]

实物出资属于股东的出资行为，而与之不同的是，资产认购则

---

〔26〕 山田純子，同前注2，第814页。

〔27〕 大隅健一郎，会社分割に関する一考察，商事法務，657号，1974年，第3页。

〔28〕 同前注，第5页。

〔29〕 商法第172条以及第57条。

是属于公司发起人与现存公司之间的买卖合同。〔30〕考虑到在实践中，公司可能为了规避法律对于实物出资的规制，而采用资产认购的方式达到相同的目的，因此对于资产认购也给予与实物出资同等严格的规制。〔31〕在公司章程以及股票认购书中必须对认购的资产进行记载，同时认购的资产必须由法院指定的监事进行审查。但与实物出资不同的是，在资产转让到新设公司之前，现存公司依然可以以自己的名义经营该资产，换言之，就是该实物资产不存在需要暂停营业的情况。〔32〕

关于事后设立，在性质上也是属于新设公司与现存公司之间的买卖合同。〔33〕但与资产认购不同的是，事后设立是公司的法人代表而非公司的发起人与现存公司之间的合同，属于公司日常交易的一个环节。〔34〕因此，事后设立不需要由法院指定监事来进行审查，也不会存在暂停营业的情形。〔35〕在实践中，采用第三种方式——事后设立来进行事实上的公司分立的情况比较常见。〔36〕

尽管在日本公司分立制度确立之前，通过商法以及合同法上的规定，进行事实上的公司分立并非不可能，但是上述制度在履行方面都存在着诸多的障碍。无论采取上述哪种方式进行事实上的公司分立，当出资或者转让的资产达到公司营业的全部或者重要的一部分时，都需要股东大会的特别决议，对此投出反对票的股东享有异议股东股份回购请求权。在前两种情况下，还需要法院指定的监事进行审查，在实物出资的情况下，该资产还得暂时停止营业。〔37〕此外，无论采取哪种方式，都需要设立新公司，根据当时日本商法的规定，设立公司时需要7个以上的发起人。〔38〕在营业转让过程

〔30〕大隅健一郎，同前注27，第7页。

〔31〕同前注。

〔32〕同前注。

〔33〕同前注。

〔34〕同前注。

〔35〕同前注。

〔36〕同前注。

〔37〕同前注。

〔38〕同前注。

中，债务转移需要征得债权人的个别同意。[39] 此外，子公司的股份不能直接分配给母公司的股东，因而无法实现人的分立。[40]

（二）公司分立制度在日本确立的过程

随着冷战的结束，社会主义国家纷纷向市场经济转变，西方诸国得以从军备竞争的巨大压力中解放，企业间的国际竞争与日俱增，资本的跨国界流动十分活跃。[41] 为了提高日本企业的国际竞争力，并以 1966 年公司分立制度在法国公司法上的确立为契机，日本经济界开始积极倡导在日本确立公司分立制度。[42] 1968 年，日本经团连[43]向政府当局提出了有关完善公司分立制度的请愿书。[44]

对此，学者也展开了对法国、欧盟以及美国等国家和地区的公司分立制度的研究。[45] 1969 年，商法改革研究会参照法国以及美国有关公司分立制度的规定，公布了《有关公司分立制度的草案》。[46] 1970 年，日本律师吉田昂也提出了公司分立的草案，简称吉田草案（日语称吉田私案）。[47] 然而，在 1974 年的日本商法修改中，公司分立制度并未得以确立。[48]

1975 年，日本法务省民事局参事官室公布了《有关公司法改革的问题点》，其中第 6 项列出要对企业结合、合并以及公司分立进行改革。[49] 公司分立制度具有与公司合并制度相对应的性质，

---

〔39〕 原田晃治，会社分割法制の創設について〔上〕——平成 12 年改正商法解説，商事法務 1563 号，2000 年，第 6 页。

〔40〕 山田純子，同前注 4，第 273 页。

〔41〕 原田晃治，同前注 39，第 6 页。

〔42〕 田村諄之輔，商法改正追加事項の検討（4），商事法務 1072 号，1986 年，第 11 页。

〔43〕 经团连是日本经济团体联合会的简称，截止到 2013 年 7 月 1 日，经团连是由日本 1300 家具有代表性的企业，121 个全国性行业协会团体以及 47 个地方经济团体组成的自律组织。详见 http://www.keidanren.or.jp/profile/pro001.html，检索日期：2014 年 2 月 24 日。

〔44〕 大隅健一郎，同前注 27，第 2 页。

〔45〕 山田純子，同前注 4，第 264 页。

〔46〕 田村諄之輔，同前注 42，第 11 页。

〔47〕 吉田昂，会社の合併および分割に関する改正意見Ⅱ——分割の部（2），商事法務 536 号，1970 年，第 3 页。

〔48〕 原田晃治，同前注 39，第 7 页。

〔49〕 同前注。

因此，公司分立与公司合并在规定上存在相似之处。[50] 在公司分立制度确立的过程中，会借用公司合并方面的规定，因此日本在确立公司分立制度之前，对公司合并制度进行了修改，使得公司分立制度的确立暂时被搁浅。[51] 直到 1999 年，公司分立制度最终得以在日本商法中确立。[52]

在 1999 年公司分立制度确立之前，对于公司分立的类型，各方均持不同的观点。一是关于物的分立和人的分立，在 1999 年之前在日本实践中运用得较多的是通过物的分立设立子公司。[53] 二是对应公司合并的吸收合并和新设合并，是否也根据原公司解散与否，从而将公司分立划分为解散分立和存续分立。[54] 三是要不要在日本引入合并分立的概念，即将原来需要先通过新设分立将资产从现存公司中分立出来，然后再通过合并并入另一个现存公司的两步并作一步。[55]

对于在日本确立物的分立以及人的分立，商法改革研究会在《有关公司分立制度的草案》中予以了肯定，吉田草案也未提出反对意见。关于解散分立和存续分立，商法改革研究会草案持肯定态度，吉田草案则认为，公司分立不应该包含原公司解散的公司分立形式，如果原公司因为公司分立而消灭，则原公司的股份、资本金、法定准备金以及其他公法上的地位就会变得不确定。[56]

对于是否在日本确立合并分立制度，商法改革研究会草案与吉田草案持对立意见。商法改革研究会草案主张在日本确立合并分立制度。而吉田草案则认为不用在日本确立合并分立，一是因为合并分立实际上就是资产的实物出资，不用公司分立也可以达到同样的目的；[57] 二是如果在日本确立合并分立，反而不好解释实物出资时需要由监事来进行审查，而具有实物出资性质的公司分立却不需

〔50〕 田村諄之輔，同前注 42，第 14 页。

〔51〕 同前注。

〔52〕 中東正文、松井秀征，同前注 7，第 260 页。

〔53〕 田村諄之輔，同前注 42，第 13 页。

〔54〕 同前注。

〔55〕 同前注。

〔56〕 同前注。

〔57〕 同前注。

经过监事的审查。[58]

（三）1999 年公司分立制度的规定

在 1999 年商法修改中，日本公司分立制度最终得以确立。1999 年的商法修改中，所确立的公司分立概念是指，股份公司将其营业相关的权利义务的全部或者一部分，由继承公司[59]或是分立时新设的公司继承为目的的公司行为。[60] 公司分立是将分立公司的权利义务概括地转移到继承公司或是新设公司。在权利义务的概括转移上，公司分立与合并具有相似性，因此日本公司分立的有关规定借鉴了合并的相关规定。[61] 但对于公司的债权人以及劳动者等来说，公司分立比公司合并对其影响更大，因此公司分立在债权人以及劳动者保护方面进行了不同的规定。[62]

1999 年商法修改时所确立的公司分立的类型，既包括了物的分立和人的分立，也包括了新设分立和吸收分立。[63] 吸收分立，便是在立法讨论过程中所谓的合并分立，其实质是新设分立和合并的复合形态，在商法的修订中以吸收分立的方式对其进行了规定。[64] 但日本商法确立的公司分立类型不包括解散分立的类型。在日本没有确立该制度的原因在于，考虑到确立了该项制度的其他诸国，在实践中利用该制度的情况比较少见，且日本的现行法上要达到同样的目的并非难事。[65] 除上述的公司分立类型以外，1999 年商法修订中，公司分立制度还参照公司合并，规定了简易公司分立制度。

关于吸收分立，主要借鉴合并的程序，由公司的当事公司之间签订吸收分立协议书。新设分立则要求分立公司制定新设分立的计划书。但无论是吸收分立协议书还是新设分立的计划书，原则上都

〔58〕 同前注。
〔59〕 在公司分立时现存的公司。
〔60〕 日本公司法第 2 条 29 号以及 30 号。
〔61〕 江頭憲治郎，株式会社法，第 5 版，有斐閣，2014 年，第 890 页。
〔62〕 同前注。
〔63〕 原田晃治，同前注 39，第 9 页。
〔64〕 同前注。
〔65〕 同前注。

必须由股东大会（有可能还有种类股的股东大会）的特别多数决[66]来进行决议。[67] 然而，并非所有的公司分立都需要经过股东大会的特别多数决。当该公司分立对于公司分立的一方当事公司的股东来说影响甚微时，不需要经过该当事公司的股东大会的同意便可以进行的分立叫作简易分立。[68] 如表1所示，并非所有类型的公司分立都允许采用简易分立。对于物的公司分立，原则上新设分立的分立公司、吸收分立的分立公司（以下简称分立公司）和继承公司[69]在满足一定的条件下，都允许采用简易分立。[70] 而对于人的分立，原则上不允许简易分立，只有吸收分立的继承公司在满足一定的条件下才允许采用简易分立。[71] 原因在于，人的分立时会导致分立公司股东身份的变化，[72] 不属于对公司股东影响甚微的情况，因此需要召开股东大会。[73] 人的分立对于吸收分立的继承公司的股东并没有影响，因此吸收分立的继承公司允许采用简易分立。[74]

---

〔66〕 日本公司法上的绝对多数决，需要得到出席股东大会的有表决权的股东的2/3以上的同意。但需要注意的是，与中国不同，日本的股东大会召开的前提是持有表决权的1/2以上的股东出席股东大会。对于股东大会召开的前提条件，可以在公司章程中将该1/2的标准下降，但是不得低于1/3，对于出席股东大会的有表决权的股东的2/3的标准，在公司章程中只允许提高不允许降低。详细请参见日本公司法第309条。

〔67〕 日本公司法第783条第1项，第795条第1项。

〔68〕 江頭憲治郎，同前注61，第854页。

〔69〕 新设公司原本是不存在的，所以不需要也不可能通过新设公司股东大会的同意，所以此处只对继承公司适用简易分立的条件予以规定。

〔70〕 前田庸，商法等の一部を改正する法律案の要綱の解説〔中〕，商事法務1554号，2000年，第11页；前田庸，商法等の一部を改正する法律案の要綱の解説〔下〕，商事法務1555号，2000年，第11页。

〔71〕 前田庸，商法等の一部を改正する法律案の要綱の解説〔中〕，商事法務1554号，2000年，第11页。

〔72〕 股东身份的变化是指，分立公司的股东在接受新设公司或是继承公司的股份而成为新设公司或是继承公司的股东。前田庸，商法等の一部を改正する法律案の要綱の解説〔中〕，商事法務1554号，2000年，第11页。

〔73〕 前田庸，同前注72，第11页。

〔74〕 前田庸，商法等の一部を改正する法律案の要綱の解説〔下〕，商事法務1555号，2000年，第11页。

表1　简易分立的适用类型

	新设分立的分立公司	吸收分立的分立公司	吸收分立的继承公司
物的分立	○	○	○
人的分立	×	×	○

○表示允许进行简易分立；×表示不允许进行简易分立

分立公司和继承公司在能否进行简易分立时的判断标准不同。分立公司进行简易分立时必须满足以下条件，即分立公司转让的资产的总额不超过该分立公司总资产的5%时，该分立公司可以进行简易分立。[75] 在计算转让给继承公司或是新设公司时的资产时，采用的是"资产"标准而非"净资产"的标准。原因在于，如果采用净资产作为计算标准，则通过增加负债与转让的资产进行抵消，即使大规模的公司分立也可以采用简易分立的方式进行，从而不利于对股东权益的保护。[76]

吸收分立的继承公司进行简易分立则必须满足以下条件：即，公司分立时继承公司所支付的本公司的股份的总数不超过该继承公司所发行股份总数的5%，且在分立时支付的现金的金额不超过该继承公司净资产的2%时，该继承公司可以进行简易分立。[77] 对分立时支付的现金的金额进行规定，是为了防止公司为了达到简易分立的条件，而通过增加现金支付、减少股份的发行数量来规避法律的行为。[78]

（四）2005年日本公司法对公司分立制度的修订

2005年日本公司法制定时，主要对公司分立的对象、公司分立的分立类型、简易公司分立的条件进行了修改，同时还在公司法中引进了略式公司分立。1999年公司分立制度确立时，为了保护分立公司的债权人和公司职工，[79] 公司分立的对象是"公司营业

〔75〕 旧商法第三百七十四条ノ六。

〔76〕 江頭憲治郎，同前注61，第913页。

〔77〕 旧商法第三百七十四条ノ二三。

〔78〕 原田晃治，会社分割法制の創設について〔中〕——平成12年改正商法解説，商事法務1565号，2000年，第22页。

〔79〕 原田晃治，同前注39，第12页。

的全部或是一部分”，因此公司分立的对象必须是营业。[80] 但是公司分立中已经存在事前以及事后信息公开制度，以及债权人的异议程序等债权人保护程序，则不用通过营业来保护债权人。[81] 此外，对于特定的权利义务的集合是否属于营业的判断并不容易，如果事后判断该集合不属于营业，则该分立行为可能被认定为无效，从而造成法律关系的不稳定。[82] 鉴于此，2005 年公司法中将公司分立的对象修改为“事业相关的权利义务的继承”，事业本身并不是公司分立的对象。[83]

公司法中废除了公司分立中的有关人的分立的规定。[84] 其主要原因在于，2005 年的公司法的制定中，允许将现金[85]作为公司合并、公司分立、股份交换等组织行为变更的对价支付给公司股东。[86] 伴随着现金可以作为对价支付给股东，以现金作为公司分立的对价支付给分立公司的股东的行为，与公司将资产变卖后将剩余金分配给股东之间的区分变得十分困难。[87] 鉴于此，日本在公司法制定时废除了人的分立这一类型，取而代之的是将其归为附全部取得条款的种类股份的取得和剩余金的分配。[88] 附全部取得条款的种类股份是用于，分立公司在取得股东所持有的分立公司的股份的同时，支付给股东继承公司或是新设公司的股份或现金等。剩余金的分配是指，按照股东持有分立公司的股份的比例，派发给股东继承公司或是新设公司的股份或现金。

2005 年公司法缓和了简易分立的适用条件，由原来的 5% 标准放宽到 20% 标准。分立公司转让的财产不超过该分立公司总资产的 20% 时，可以进行简易分立。[89] 吸收分立的继承公司支付的股份

---

〔80〕 相澤哲、細川充，組織再編行為〔上〕，商事法務1752号，2005年，第5頁。

〔81〕 江頭憲治郎，同前注61，第883页。

〔82〕 江頭憲治郎，同前注61，第883页。

〔83〕 日本公司法第2条29、30号。

〔84〕 江頭憲治郎，同前注61，第884页。

〔85〕 在2005年日本公司法制定之前，为了防止公司利用合并、分立、股份交换等组织再编行为逐出小股东，组织再编行为的对价仅限于当时公司的股份。

〔86〕 日本公司法第749条。

〔87〕 江頭憲治郎，同前注61，第826页。

〔88〕 同前注。

〔89〕 日本公司法第784条，第805条。

数乘以每股相当的净资产额，再加上支付给分立公司的其他本公司的债券以及其他财产的账面价格的总和不超过继承公司净资产的20%时，可以进行简易分立。[90] 但当继承公司因公司分立而发生亏损时，[91] 或者继承公司的全部股份都设有限制转让，且要将该设有转让限制的股份支付给分立公司时，不可以进行简易分立。[92]

最后，2005 年公司法中确立了略式公司分立。即当吸收分立[93]的一方当事公司是另外一方当事公司的特别支配公司[94]时，作为当事公司的从属公司，不需要经过该从属公司的股东大会决议便可以进行公司分立。[95] 吸收分立的一方当事公司持有另外一方当事公司的所有股份的9/10[96]以上的表决权时，无论该从属公司是属于分立公司还是继承公司，该公司分立都不需要经过该从属公司的股东大会的决议。[97] 但如果该从属公司属于继承公司，且该公司的所有的股票都设有转让限制，且要将该设有转让限制的股份支付给分立公司时，不可以进行略式分立。[98]

2014 年日本公司法修改中，对公司分立也进行了修改。此次修改主要集中于强化对公司分立中债权人的保护，没有涉及公司分立的定义和分类的修改。[99] 因此，在此不进行深入探讨。

---

〔90〕 日本公司法第 796 条。

〔91〕 当继承公司从分立公司继承的债务高于继承的资产时，或是继承公司支付给分立公司的对价的账面价格高于从分立公司继承的净资产值（继承的资产额减去继承的负债）时，继承公司要确认分立损失。详细请参见日本公司法第 795 条 2 款第 1 项、第 2 项。

〔92〕 日本公司法第 796 条第 3 项但书。

〔93〕 与简易合并同样的道理，新设公司在公司分立前是不存在的，所以不需要也不可能取得股东大会的同意。因此此处仅限于吸收分立。

〔94〕 日本公司法第 468 条第 1 项。

〔95〕 江頭憲治郎，同前注 61，第 854 页。

〔96〕 允许从属公司在公司章程中做出高于 9/10 的规定。

〔97〕 江頭憲治郎，同前注 61，第 855 页。

〔98〕 日本公司法第 796 条第 1 项但书。

〔99〕 坂本三郎，平成 26 年改正公司法一問一答，商事法务出版社，2014 年，第 311 页。

（五）日本公司分立制度与事业让渡[100]之间的异同

日本的公司法中没有关于转投资的规定，所以仅就公司分立和事业让渡之间的异同进行比较。中国的所谓资产转让，在日本称之为事业让渡。在日本，事业让渡可以产生权利义务在多个当事公司之间继承的效果，所以能够达到与吸收分立同样的效果。[101] 事业让渡原则上受民法和商法有关买卖规则的调整，但当事业让渡实质上具有组织再编的性质，对股东的权利产生重大的影响时，日本公司法上对这样的事业让渡课以与组织再编行为类似的规定。[102] 如果让渡的对象是事业的全部或是重要的一部分，让渡资产的账面价值占公司总资产额的1/5以上时，则该事业让渡需要股东大会的特别多数决通过。[103] 此外，日本公司法上对事业让渡也规定有略式事业让渡，即如果事业让渡的对方公司持有让渡公司9/10以上的表决权时，则事业让渡不需要经过让渡公司的股东大会特别多数决的同意。[104] 但总的来说，在日本，公司分立和事业让渡之间的界限是非常清晰的，其区别主要体现在以下三个方面：

1. 事业让渡是商人之间的买卖行为，根据民法、商法有关买卖的规定便可以进行。[105] 而公司分立则是与合并一样，属于组织法上的行为，必须按照公司法中关于分立的要件才能产生效力。

2. 事业让渡的对象必须是以事业为单位，[106] 而公司分立对象可以是相关事业的权利义务的全部或者一部分。[107]

3. 事业让渡时的债务以及合同上地位的转移需要征得债权人

---

〔100〕 在2005年公司法制定时将“营业转让”变更为“事业让渡”，原因在于对于一般商人而言，一个商号对应一个事业，对于只有一个商号的公司来说，所经营的整体被称为一个营业。为了与这样的营业相区分，在2005年的公司法中将其改为“事业”。只是法律用语的变更，在实质内容上没有变化。详见相澤哲、郡谷大輔，定款の変更、事業の譲渡等、解散、清算，商事法務，1747号，2005年，第5页。

〔101〕 中東正文，組織再編行為の諸類型と法規整，法学教室，374号，2001年，第33页。

〔102〕 同前注。

〔103〕 日本公司法第467条。

〔104〕 日本公司法第468条。

〔105〕 原田晃治，同前注39，第13页。

〔106〕 最高裁判所大法庭判决，1965年9月22日，民集19卷6号，第1600页。

〔107〕 中東正文，同前注101，第34页。

的个别同意，而公司分立的权利义务转移则是概括转移。[108]

四、对中国公司分立制度等的思考

首先，健全我国公司分立制度，首要任务应该是在公司法中确立公司分立的概念。对于公司分立的概念可以借鉴日本公司法中的相关规定，即公司分立是有限责任公司或股份有限公司，将其事业相关的权利义务的全部或者一部分，由继承公司或是新设公司继承的公司行为。换言之，就是在中国引进新设分立和吸收分立这两种公司分立类型。这样的分类，对于中国的司法实践来说并不陌生。譬如，国家税务总局2000年发布的《企业合并业务有关所得税问题的通知（失效）》第2条的规定，以及最高人民法院在中国进出口银行、广州市南华橡胶轮胎有限公司、中国工商银行广东分行营业部与广州市万宝冰箱有限公司、广州万宝冰箱电器有限公司二审判决中对于公司分立的论述中，都提到了这样的分类。此外，除了新设分立和吸收分立之外，还应该参照1999年的日本商法，在中国引进物的分立和人的分立。原因在于，通过物的分立，即资产的剥离，有利于公司资产结构的优化；另外，人的分立，即将公司的一部分股东随着资产的剥离而独立出去，有利于打破公司僵局。譬如，2010年的东北高速的分立。日本在2005年的公司法中废除了人的分立这一概念，但可以通过附全部取得条款的种类股份的取得和剩余金的分配来实现实质上的人的分立。而我国公司法中没有相应的种类股份制度，且公司法未明确规定可以进行实物分红，因此在公司法明确规定允许实物分红之前，应在中国公司法中规定物的分立和人的分立。

其次，我国还应该参照日本公司法，在中国引进简易公司分立和略式公司分立制度。对于公司分立的当事公司的股东影响甚微的公司分立，可以通过简易分立，省略公司股东会或股东大会的特别决议的程序。此外，特别支配母公司和子公司间进行公司分立时，即使子公司召开股东大会，其结果也是可以预见的，因此可以通过略式分立省略子公司的股东大会。考虑到公司分立在很大程度上是参照合并的相关规定，在我国引进简易公司分立以及略式公司分立

---

〔108〕 同前注。

前，也应该像日本一样，先对合并制度进行健全和完善。

再次，完善公司法中对于营业转让制度的规定。对于本质上是同样性质的公司行为，应该予以相同的法律规制。[109] 对于可以达到相同目的的不同方式，如果采用其中一种方式可以规避实体法或是程序上的规制，以理性人的标准都会选择规制较少的方式去达到相同的目的。这正是在立法技术上所应该避免的，所谓的法律上的漏洞。在对公司分立制度进行调整的同时，对于可以达到相同目的的营业转让制度不进行相应的规制，则会导致制度间不对称的产生。因此，我国应该借鉴日本公司法中对于事业让渡的规定，对于转让的营业达到公司营业的全部或重要的一部分时，需要股东大会的特别决议。实际上，我国在《上市公司资产重组管理办法》中，对于可能导致上市公司的主营业务等发生重大变化的资产买卖，已经采取了受让人的债务承担、股东大会决议程序、职工安排等一些措施。[110] 而上述管理办法采用的“重大资产”的概念，实质上就是营业或营业之重要一部分。[111] 因此，我国在公司法中对营业转让进行规制并非不实际。

最后，删除公司法中关于转投资的规定。转投资是1993年公司法仿照我国台湾地区早期的法律规定，为公司取得他公司股份的行为设置的严格的限制。[112] 转投资具体是指公司成为他公司之股东，亦即公司以出资、认股等方式，而成为他公司股东的行为。[113] 公司成为其他公司的股东有很多方式，最常见的便是收购其他公司的股份，除此之外还有实物出资、公司分立等方式。可见，转投资是泛指取得其他公司股份的行为，而公司分立只是其中的一种方式，转投资是公司分立的上位概念，因而两者并不具有可比性。而对于公司成为其他公司股东的限制，即禁止法人成为公司的股东的

---

〔109〕 同前注。

〔110〕 王保树：“公司资产重组样态及其法律规制讨论大纲”，收录于王保树编：《公司重组：理论与实践》，社会科学出版社2008年版，第253页。

〔111〕 同前注。

〔112〕 汤欣：“我国并购法规中的基础性规定及其检讨——公司法和证券法上的角度”，载《证券市场导报》2009年11月号，第6页。

〔113〕 赵志刚：“中国企业集团基本法律问题研究”，北京大学出版社2005年版，第112页。

规定也普遍存在于19世纪的美国。[114] 直到1888年美国新泽西州第一个允许法人持有其他公司的股份，美国才开始逐渐废除对于法人持有公司股份的禁止性规定。[115] 在公司以集团的形式进行经营已如此普遍的情况下，限制公司持有其他公司股份的行为是有悖历史潮流的。此外，公司对外投资属于公司的经营自主权，不应由法律来进行限制，即使要限制也应该是由公司的章程自行规定。[116] 综上，应该删除公司法中对于转投资的规定，也就不会存在公司分立与转投资之间界限模糊的问题了。

---

〔114〕 Phillip I. Blumberg, "Limited Liability and Corporate Groups", 1986, 11 *J. Corp. L.* p. 573.

〔115〕 同前注。

〔116〕 汤欣，同前注112，第6页。

判例评析

CASE LAW

开发不同意通知的处分性

——小松岛市开发许可事件

德岛地方法院2012年5月18日一审判决
（判例地方自治384号70页）
高松高等法院2013年5月30日二审判决
（判例地方自治384号64页）

李成玲 *

一、案件概要

X_1 公司（一审原告，二审控诉人）计划要建立一个老年人日常生活服务中心，便从 X_2（一审原告，二审控诉人）手里买了位于德岛县小松岛市田浦町的一块土地，要在这块土地上进行开发（以下称“本案开发行为”）。位于这块土地东侧的城市道路及下水道，是与本案开发行为有关的公共设施（以下称“本案公共设施”）。

根据城市规划法（都市計画法）第32条的规定，申请开发许可时，申请者要事先征得有关公共设施管理者的同意。为了对本案开发行为申请开发许可，X_1 公司便与本案公共设施的管理人小松岛市（一审被告，二审被控诉人）进行协商，希望征得其对本案开发行为的同意。但小松岛市市长认为，X_1 公司没有征得田浦町协议会的排水

---

* 李成玲，早稻田大学法学研究科行政法专业博士研究生。本文的写作得到了国家建设高水平大学公派研究生项目（CSC）的资助。

同意，周边居民也反对本案开发行为，所以下达了不同意本案开发行为的通知（以下称“本案不同意通知”）。于是，X_1 公司向德岛县开发审查会申请了对本案不同意通知的审查请求（即行政复议请求），但该审查会最终作出不予受理的裁决。在这个裁决下达之前，X_1 公司向德岛县（一审被告，二审被控诉人）申请进行本案开发行为的开发许可。德岛县知事以开发许可申请书没有附上能够证明已获得小松岛市市长同意的书面材料为由，做出了不许可处分（以下称“本案不许可处分”）。

基于以上事实，X_1 公司分别提起了针对小松岛市和德岛县的行政诉讼，请求法院撤销本案不同意通知与本案不许可处分，并命令小松岛市市长做出城市规划法第 32 条所规定的同意行为（课予义务诉讼）。与此同时，X_1 公司和 X_2 还提出了对小松岛市的国家赔偿请求，要求其赔偿因本案不同意通知的违法而造成的损害。

二、法院判决

对于 X_1 公司提起的本案不许可处分撤销诉讼，本案一审和二审法院均作出了不予受理判决。对于 X_1 公司以本案不同意通知为对象提起的撤销诉讼与课予义务诉讼，一审法院判决不予受理，二审法院却认可了 X_1 公司的请求，作出了撤销判决与课予义务判决。对于 X_1 公司和 X_2 提出的国家赔偿请求，二审法院判决均予以驳回，而一审法院认可了 X_1 公司的部分赔偿请求，驳回了 X_2 的全部赔偿请求。

在本案的审理过程中，出现了以下四个争论焦点：①本案不同意通知是否属于行政诉讼的受理范围（日本法上，属于行政诉讼受理范围的行为被认为具有“处分性”）；②本案不同意通知是否违法；③做出不同意通知行为的小松岛市是否负有国家赔偿责任；④本案不许可处分的撤销之诉未经过城市规划法第 51 条规定的审查请求（即行政复议请求），是否合法。

为了能更好地认清本案一审和二审判决的差异性，下面以表格的形式比较一下一审和二审法院是如何审理这四个焦点问题的。

一审判决与二审判决之对照表

（根据判决主文整理而成，引用的判决主文中的“法”指的是城市规划法）

焦点问题	一审判决	二审判决
争论焦点 1	“私人也有可能是公共设施的管理者，在这种情况下，法所要求的同意在表述上与劝告一样不具有权力性，所以不能认为其具有处分性。”	“私人管理公共设施只是例外情形，私人做出的同意或不同意，在性质上不等同于国家、地方公共团体及其机关做出的同意或不同意……国家、地方公共团体及其机关拒绝同意的行为，可以说是一种公法上的判断，表示相关开发行为会不利于对公共设施的恰当管理。”（判决要旨 1）
	“想进行开发的人没有得到（公共设施管理者的）同意的话，就不能做出开发行为，即便如此，也不能认为他的权利或法律地位受到了侵害，因此，不能认为（公共设施管理者）拒绝同意的行为就是对国民的权利或法律上的地位造成了直接影响。”	“根据法第 30 条第 2 款、第 32 条第 1 款的规定，申请开发许可时还有必要提交公共设施管理者的同意书。所以，没有公共设施管理者的同意，就不能申请开发许可，在公共设施管理者不同意的情形下，（被申请的行政机关）就会以没有提交同意书为由对开发许可申请做出不许可处分……没有公共设施管理者的同意，就会造成连开发许可都不能申请的结果，如此一来，法第 32 条规定的同意和开发许可形成了紧密互动的关系。”（判决要旨 2）

续表

焦点问题	一审判决	二审判决
争论焦点1	“法第32条没有规定同意的程序、基准或要件、通知等事项，这些只是处于抽象层面上的内容，法第50条及第51条规定了对法定的各种行为可以提起不服审查，但这些行为不包括法第32条的同意及拒绝同意的行为。”	“公共设施管理者在不适当的情况下，没有做出法第32条要求的同意，对于正当请求开发许可的国民而言，会造成不能进行开发的结果，在这种情形下仍遵循法无规定即不救济的原则的话，就会违反宪法第29条或第22条第1款的宗旨。”（判决要旨3） “法规定了适用审查请求前置主义的行为范围，对于没有规定为审查请求对象的行为，认为其不具备处分性，不属于行政诉讼的对象的话，为了救济因未同意的不当行为而受到的权利侵害，在对开发不许可行为的不服审查中，应当把不同意的不当性也纳入审查的范围。但是，……不同意本身，就是能左右国民权利义务的行为，其做出机关与开发不许可行为的做出机关不同，是具有独立性的行为。”（判决要旨4）
	原告引用最高法院的一些判例（2005年7月15日及10月25日判决、2008年9月10日判决等）说明最高法院扩大处分性范围的倾向，但一审法院认为“原告引用的判例与本案案情不同”，却支持最高法院1995年3月23日判决在本案的适用	承认原告引用的判例在本案中的参照意义，而对于否定不同意行为处分性的最高法院1995年3月23日判决，却认为“直接适用于本案，并不恰当”

续表

焦点问题	一审判决	二审判决
争论焦点 2	均认定本案不同意通知滥用了裁量权或者说超出了裁量权的范围，是违法的。此处引用一审判决说明判决理由："开发行为对于确保公共设施的恰当管理是否造成了障碍，应该根据开发行为或开发土地的利用是否会对公共设施的管理造成直接障碍及其程度来判断。……在本案中，难以认定（公共设施管理者）就管理上的障碍进行了相应的调查研究，可以推定的是，（公共设施管理者）把没有提交排水同意书认定为必要材料不全，因而没有做出法第 32 条的同意，这样一来，实际上是把排水同意书的提交当成开发申请者的义务，不得不说是超出了法第 32 条等设定的公共设施管理者的裁量范围。"	
争论焦点 3	均认为小松岛市做出本案不同意通知有过失，对 X_1 公司和 X_2 遭受的损失负有赔偿责任。认定过失的理由是，小松岛市使用的开发许可制度解说书"没有把提交（排水）同意书作为开发申请者的义务"，而小松岛市做出的不同意通知"实际上是把排水同意书的提交当成开发申请者的义务"。在因果关系的认定上，一审和二审判决有所不同。二审法院判决 X_1 公司和 X_2 主张的损失与本案不同意通知之间没有因果关系，但一审法院却认定 X_1 公司主张的损失中，本案老年人服务中心设置计划的程序申请费和律师费与本案不同意通知之间存在因果关系。二审法院否定因果关系则是以认可本案不同意通知的撤销请求和课予同意义务请求为前提，"撤销本案不同意通知，命令小松岛市做出同意行为，那么开发申请者就可以利用之前的申请程序，再次申请开发许可，申请程序费和律师费就不是没有意义的了"	

续表

焦点问题	一审判决	二审判决
争论焦点4	均从法第52条规定不服申诉（或审查请求）前置主义的宗旨及同意与开发许可之间的紧密关系出发，判定本案不许可处分未经不服审查裁决就提起诉讼没有正当理由，是不合法的。此处引用二审判决说明判决理由：“法第52条规定的行为有不少是需要第三者做出公平公正的判断，且需要专业性的技术知识，所以该条采用不服申诉前置主义的宗旨在于，在诉讼之前让具备专业技术知识的第三者机关做出恰当的判断。”“法第32条规定的同意和开发许可处分关系紧密，提交证明得到同意的书面材料是开发申请的要件，那么，在本案不许可处分的不服审查中，存在判断没有做出同意行为是否适当的余地，从开发审查会的组织构成，及开发审查会在审理时可以请求行政行为做出机关和关系人出席来看，请求对本案不许可处分进行不服审查，并不是在形式上完全没有意义的行为。”	

三、参照法条

城市规划法

第4条第12款 开发行为的定义

本法所称“开发行为”是指，主要以建筑物的建筑和特定工作物的建设为目的，而对土地的区划形质进行的变更。

第29条第1款 开发行为的许可

在城市规划区域或准城市规划区域要进行开发行为的人，应当事先根据国土交通省令的规定，获得都道府县知事的许可。但以下所列的开发行为，不在此限。

（略）

第30条 许可申请的程序

第1款 要接受前条第1款和第2款许可的人，应当根据国土交通省令的规定，向都道府县知事提交记载以下事项的申请书。

（略）

第2款 前款的申请书应当添加，证明得到了第32条第1款规定的同意的书面材料，表明经过该条第2款规定的协议的书面材料，以及国土交通省令规定的其他书面材料。

第 32 条 公共设施管理者的同意等

第 1 款 要申请开发许可的人，应当事先与相关开发行为的公共设施管理者进行协商，征得其同意。

第 2 款 要申请开发许可的人，应当事先与要管理因开发行为或开发行为相关的工程而要设立的公共设施的人及政令规定的其他人，进行协商。

第 3 款 前两款规定的公共设施管理者或要管理公共设施的人，要从确保公共设施恰当的管理出发，进行前两款的协商。

第 33 条 开发许可的基准

都道府县知事在接到开发许可的申请时，认为要申请的开发行为符合以下基准（略），且申请程序不违反该法以及根据该法做出的命令，应当给予开发许可。

（略）

第 50 条 不服申诉

第 1 款 对根据第 29 条第 1 款或第 2 款、第 35 条 2 第 1 款、第 41 条第 2 款但书、第 42 条第 1 款但书或第 43 条第 1 款规定做出的行为或相关的不作为，或对根据第 81 条第 1 款规定向违反前述规定的人进行的监督行为，有不服的，可以向开发审查会请求审查。

第 2 款 开发审查会受理前款规定的审查请求的，应当在自受理审查请求之日起 2 个月内做出裁决。

第 3 款 开发审查会要做出前款裁决时，应当事先要求审查请求人、行政行为做出机关及其他关系人或他们的代理人出席，进行公开的口头审理。

第 52 条 不服申诉前置主义

关于第 50 条第 1 款所规定的行为（略），未经开发审查会对该行为的审查请求做出裁决，不得提起撤销诉讼。

行政诉讼法

第 8 条 撤销诉讼和不服申诉的关系、不服申诉前置主义的例外

第 1 款 法令规定对某行为也可以提起审查请求时，不妨碍直接提起对该行为的撤销诉讼。但是，法律规定未对该行为的审查请求做出裁决，不得提起撤销诉讼的，不在此限。

第2款 尽管有前款但书规定，但属于下列情形的，未经裁决也可以提起撤销诉讼。

一 自审查请求之日起经过3个月还未做出裁决。

二 有必要紧急避免因行为、行为的执行或程序的继续进行而造成的明显损害。

三 有其他不经裁决的正当理由。

国家赔偿法

第1条第1款 国家或公共团体中行使公权力的公务员，在执行职务时，因故意或过失违法地给他人造成损害的，国家或公共团体负有赔偿责任。

四、评析——行为的处分性

从前述表格可以看出，在本案不同意通知是否属于行政诉讼受理范围，即是否具有处分性这点上，一审和二审法院做出了截然不同的判决。关于处分性有无的判断，最高法院在不同时期表现了不同的倾向。本案一审和二审法院判决的不同，也在很大程度上取决于各自所支持的最高法院判例倾向。近年来，最高法院对行政指导、行政计划等行为呈现出扩大处分性的判断趋势，却尚未改变对开发行为同意或不同意的非处分性判断。下面就先介绍一下最高法院扩大处分性的判例倾向，再结合本案判决和最高法院以往的判例单独分析不同意行为的处分性。

（一）处分性扩大的判例倾向

最高法院在垃圾焚烧厂设置案件中，将行政诉讼的对象行为——行政处分定义为“国家或公共团体等公权力主体做出的、根据法律直接形成国民的权利义务或确定权利义务范围的行为”。[2]由此，产生了判断处分性的一般基准：处分性＝公权力性＋个别具体的法律效果。根据这个判断基准，行政立法、行政指导、行政计划等行为一般被认为不会产生个别具体的法律效果，因而不具有处分性。

但是，正如本案原告在一审中主张的那样，最高法院近年来的一些判例灵活地解释了相关行为的法律效果，表现出扩大处分性的

〔2〕 最高裁判所昭和39（1964）年10月29日判决，民集18卷8号1809页。

判断倾向。例如，在争议进口违禁品的通知及违反食品卫生法的通知是否具有处分性的两个案件中，最高法院认定这两个通知会造成申请者无法获得进口许可的法律效果，因而具有处分性。〔3〕从这两个判决的表述来看，最高法院遵循了判断处分性的一般基准，尤其关注了个别具体的法律效果。最高法院没有把上述两个通知当成事实行为，而是与进口许可联系起来判断它们的法律效果，是对相关制度的整体把握。〔4〕

再如，对于具有行政指导性质的医院设立中止劝告和病床削减劝告，最高法院从“劝告对指定医保单位所产生的效果”以及“指定医保单位对经营医院的意义”出发，也肯定了它们的处分性。〔5〕在病床削减劝告撤销诉讼的最高法院判决中，对于该案劝告与拒绝指定医保单位之间的联系，藤田宙靖法官指出：“两者互相组合，成为一个整体，在这个整体中的一个个行为，具有不能分割开来的新型意义与功能。”据此，他认为在该案中，按照以往的一般基准来判断该案劝告行为的处分性并不恰当。把两个先后行为联系起来，判断先行行为处分性的这种手法，着重于以下两个方面：其一，先行行为与给他人造成不利益的后续行为之间是否具有“相当确切”的互动关系；其二，后续行为给他人造成多大程度的不利益。〔6〕最高法院判断劝告行为的处分性时，把拒绝指定医保单位这一后续行为也考虑在内，没有拘泥于医疗法对劝告行为的法律根据规定，而是从制度的整体结构承认了对劝告行为提起撤销诉讼的机会。〔7〕

此外，对于行政计划（规划）的处分性，最高法院否定土地区划整理事业计划决定处分性的“蓝图判决”〔8〕广为人知。所谓

---

〔3〕 最高裁判所昭和54（1979）年12月25日判决，判時951号3页；最高裁判所平成16（2004）年4月26日判决，判時1860号42页。

〔4〕 川内つとむ，輸入禁制品該当の通知，行政判例百選Ⅱ，第5版，341页。

〔5〕 最高裁判所平成17（2005）年7月15日判决，民集59卷6号1661页（病院中止勧告取消等請求事件）、最高裁判所平成17（2005）年10月25日判决，裁判集民事218号91页（病床削減勧告取消請求事件）。

〔6〕 角松生史，病院開設中止勧告，行政判例百選Ⅱ，第5版，第345页。

〔7〕 下井康史，病院開設中止勧告・病床削減勧告の処分性，ジュリスト1313号，2006年，48页。

〔8〕 最高裁判所昭和41（1966）年2月23日判决，判時436号41页。

“蓝图判决”，主要是从以下两点否定行计划决定的处分性：其一，从法律效果来看，因计划的公告而产生的限制建设行为等效果，只是附随性的效果（这种主张被称为“附随效果论”）；其二，在事业计划阶段欠缺纷争的成熟性，在事业计划决定之后的具体行为撤销之诉中，可以主张事业计划的违法性（这种主张被称为“后续行为论”）。自“蓝图判决”以来，最高法院判断行政计划处分性的方法及结论42年来没有变更，直到2008年浜松土地区划整理事业计划最高法院判决〔9〕的出现。根据该案判决，伴随着事业计划的决定，事业计划施行地区内的住宅和土地所有者等相关主体，处于应该接受换地处分的地位，所以事业计划决定具有个别具体的法律效果。再者，即使在换地处分等后续行为的撤销诉讼中认定了事业计划的违法性，也有可能只是做出事情判决，不能提供有效的权利救济。据此可以看出，最高法院在该案中对事业计划处分性的肯定，修正了“蓝图判决”所运用的附随效果论和后续行为论。但是，在解释法律根据、推导出直接的法律效果这点上，可以说是使用了以往的一般基准。然而，该案判决把事业计划决定放在一个动态过程中考察，根据其与后续行为之间的联系得出事情判决的盖然性和实效性救济的必要性，在这点上表现了最高法院灵活解释处分性的动向。〔10〕

从上述最高法院判例可以看出，扩大处分性的对象行为主要是与后续不利益行为有密切关系的先行行为。以往判断处分性的一般基准，是从行为的法律根据出发，考察是否具有公权力性和个别具体的法律效果。而在前述判例中，最高法院在认定先行行为与后续行为密切相关的基础上，或依据以往的基准在一个法律框架内直接判断法律效果的有无（例如，进口违禁品通知最高法院判决、浜松土地区划整理事业计划最高法院判决）；或不直接判断行为的法律效果，不仅解释行为的根据法令，还解释关联法令，从整体上把握相关制度，抽出对处分性判断有益的因素（例如，医院设立中止劝告和病床削减劝告的最高法院判决）。此外，不管前述案件的判决是否明

---

〔9〕 最高裁判所平成20（2008）年9月10日判决，判時2010号18页。

〔10〕 大久保規子，処分性の拡大論と計画争訟の行方——浜松土地区画整理事業計画大法廷判決を契機として，ジュリスト1373号，2009年，第60页。

确指出，不可否认的是，如果被争议的先行行为对后续不利益行为具有很大的意义，也可以根据实效性救济的观点肯定它的处分性。

（二）不同意行为的处分性

根据城市规划法第 32 条的公共设施管理者的不同意行为是否具有处分性，以往的下级法院判决不一。[11] 对这个问题，最高法院在 1995 年 7 月 23 日第一次做出判决，不承认不同意行为的处分性。[12] 具体而言，首先，最高法院以不同意行为没有侵害开发行为者的权利或法律地位为由，判定不同意行为不会产生个别具体的法律效果。其次，最高法院认为从法律规定上来看也不能推导出不同意行为的处分性，因为城市规划法没有规定对同意或不同意行为可以申请不服审查（即行政复议）。此外，最高法院还从公权力性这一基准出发，对不同意行为具有公权力性进行了质疑。

本案一审判决是沿袭了上述的最高法院 1995 年判决，但对于原告所主张的最高法院扩大处分性的判例倾向，则表示“原告引用的判例与本案案情不同”。这里所说的“案情不同”，恐怕是指涉案的行为类型不同，即本案的判断对象是对开发行为的不同意通知，不是输入违禁品通知、劝导或规划等行为。[13] 而本案二审判决则没有拘泥于涉案行为类型的不同，迎合了最高法院扩大处分性的倾向，对本案一审判决和最高法院 1995 年判决进行了如下的驳斥。

首先，本案二审判决区分了私人的同意行为和行政机关的同意行为，判明行政机关的同意是一种公法上的判断行为，进而认定本案不同意通知的公权力性（参见表格引用的判决要旨 1）。

其次，二审判决虽然没有直接判断本案不同意通知的法律效果，却把城市规划法第 32 条规定的同意视为与开发许可相互联系

---

〔11〕 否定处分性的下级裁判所判决例如，东京地方裁判所昭和 63（1988）年 1 月 28 日，判時 1272 号 93 页；盛冈地方裁判所平成 3（1991）年 10 月 28 日判决，判自 122 号 61 页；水户地方裁判所平成 6（1994）年 9 月 27 日判决，判自 141 号 34 页等。肯定处分性的判决例如，仙台高等裁判所平成 5（1993）年 9 月 23 日判决，判自 122 号 52 页等。

〔12〕 最高裁判所平成 7（1995）年 3 月 23 日判决，民集 49 卷 3 号 1006 页。

〔13〕 有学者指出，根据最高裁判所近年来扩大处分性的判例倾向，最高裁判所 1995 年判决也有变更的可能性。北村喜宣，開発許可に係る公共施設管理者の同意，行政判例百選Ⅱ，第 6 版，339 页。

的行为，公共设施管理者的不同意会侵害到开发行为者的许可申请权，实质上是承认了本案不同意通知具有个别具体的法律效果（参见表格引用的判决要旨2）。根据城市规划法第30条第2款和第32条第1款，要获得开发许可，须征得公共设施管理者的同意，在申请书中添加证明已获得同意的书面材料。也就是说，公共设施管理者的同意是许可开发行为的一个要件。若公共设施管理者不同意，那申请者就无法获得开发许可，不能合法地进行开发行为。虽然本案一审判决和最高法院1995年判决也承认了这种关系，但只是把它视为不同意所产生的事实效果，而不是直接的法律效果。

此外，二审判决没有像一审判决那样，拘泥于根据法令（本案中指城市规划法）的规定表述，也从实效性救济的必要性出发，肯定本案不同意通知的处分性（参见表格引用的判决要旨3）。

从以上分析可以看出，本案二审判决对处分性的判断主要着重于以下两方面：一是把争议行为与后续不利益行为（本案中指开发不许可）联系起来，放在一个法律框架（本案中指城市规划法）内解释，推导出个别具体的法律效果。二是重视权利救济的有效性。由此来看，与前述列举的扩大处分性的最高法院判决相比，本案二审判决没有特别突出的地方。但值得注意的是，二审判决一方面把公共设施管理者的同意放入一个与开发许可互动的过程中，另一方面又指出其自身的独立性。即使在开发不许可处分的不服审查中可以审查不同意的不当之处（后续行为论），从不同意自身的独立性来看，也应该把它视为独立的争讼对象（参见表格引用的判决要旨4）。本案二审法院阐述不同意以自身的独立性来弱化后续行为论，而如前所述，浜松土地区划整理事业计划最高法院判决则是以事情判决的出现可能性来对抗后续行为论。

（三）理论的延伸：违法性继承

本案二审法院在争论焦点1和4的判定上，根据同意和许可的相互关系，判决如果对本案不开发许可提起审查请求，那么在审查过程中也可以对不同意行为的适当性做出判断。据此，在以不开发许可为对象提起的撤销诉讼中，也可以主张不同意行为的违法性。也就是说，不同意行为与不开发许可之间构成了违法性继承的关系。

所谓违法性继承，是指在数个连续实施的行政行为组成的行政过程中，前一阶段的行政行为（先行行为）与处于后一位阶的行政行为（后续行为）会在法律上产生原因与结果、手段与目的等方面的关联性，当后续行为的合法性受到争议，若能够以先行行为违法判定后续行为的违法性，那便构成违法性的继承。否则，就是违法性的截断。

当先行行为是具有公定力的行政行为时，鉴于撤销诉讼的排他性管辖和尽早确定先行行为法律效果的必要性，日本行政法学的通说以违法性截断为原则，以违法性继承为例外。在先行行为与后续行为相结合共同实现一个法律目的，产生同一法律效果的例外情况下，该先行行为才不具有单独的法律效果，所以也不具有公定力，在后续行为的撤销诉讼中，才可以主张把先行行为的违法性瑕疵作为后续行为违法的理由。[14] 这种着眼于先后行为的“实体一体性”的方法是判断违法性继承的一般基准。除此之外，也有从实效性权利救济的必要性出发，肯定主张违法性继承的余地。[15]

最高法院第一次从正面肯定违法性继承的案件，是关于东京建筑安全法规上规定的安全认定和建筑确认之间是否成立违法性继承的问题。最高法院在 2009 年 12 月 17 日的判决首先从这两个先后行为的目的、效果出发，论证了它们的实体一体性，即这两个行为“本来就是作为一体来实施的，是为了实现确保避难或通行安全这一共同的目的。……安全认定行为赋予了建筑主在建筑确认程序中的一定地位，与建筑确定行为相结合始发挥出这一效果”。然后，最高法院又表示，“难以认定想要争议安全认定合法与否的人被赋予了充分的程序保障。”[16] 该案判决是综合考虑了安全认定与建筑确认之间的实体性关联以及实效性权利救济的必要性。这种判断手法与最高法院扩大处分性的手法十分类似，或者说处分性的判断手法会影响判断违法性继承的考虑因素。[17]

---

〔14〕 参见田中二郎，新版行政法上卷，全訂第2版，弘文堂，1974 年，第 327 页；岡田春男，違法性の承継，行政判例百選I，第 5 版，第 168 页。

〔15〕 宇賀克也，行政法概説Ⅰ，第 4 版，有斐閣，2011 年，第 337 页。

〔16〕 最高裁判所平成 21 年 12 月 17 日判决，民集 63 卷 10 号 2631 页。

〔17〕 参见石森久広，違法性の承継，法学教室 383 号，2012 年，第 12 页。

私人垄断与不公正的交易方法之界定

——北海道新闻社事件

公正交易委员会2000年2月28日同意审决［1998年（判）第2号：（株）北海道新闻社事件］

（审决集第46卷第144页）

张　彪 *

引言

第二次世界大战后，作为战败国的日本处于以美国为核心的联合国的占领下。联合国总司令部对日本进行经济管理的基本原则是：实现经济的非军事化，并为了再建和平经济而实现经济民主化。为落实此原则，联合国总司令部在产业、金融等领域，实施了解散财阀、排除过度的经济力集中和废除私人统制集团等措施。在此背景下，1947年日本以美国反托拉斯法为母法制定了禁止垄断法，由其承担了将通过实行上述措施而形成的民主经济秩序恒久地维持下去这一使命。[1] 同时，日本以美国联邦贸易委员会为模本，设立了公正交易委员会作为禁止垄断法的执行机构。此后，随着国际形势的变迁、以市场经济机制解决

* 张彪，早稻田大学法学研究科公法学专业博士研究生。

〔1〕 根岸哲、舟田正之，独占禁止法概説［第4版］，有斐閣，2011年，第6页。

经济问题的思考方式的不断渗透和日本国内产业发展需求的变化，日本禁止垄断法也不断被修改。在经历了1949年、1953年和1977年修改后，对禁止垄断法的运用逐步走出低潮阶段而渐渐得以强化，特别是90年代以后，禁止垄断法的调整和强化几乎每年都在进行。在经历了2005年、2009年两次大规模修改后，日本禁止垄断法形成了现今的基本框架和体系，[2] 公正交易委员会也一度发展成为拥有行政权、准立法权和准司法权的具有极大独立性的行政机关。[3] 在此基础上，2013年禁止垄断法再次修改，并于2015年4月1日起开始施行。根据最新修改后的禁止垄断法，公正交易委员会的审判制度被废止，当事人不服公正交易委员会的行政处分（排除措施命令等）而提起的诉讼，由东京地方裁判所（日本的裁判所类似于我国的人民法院）进行审理。同时，就公正交易委员会进行处分之前的程序来说，修改后的禁止垄断法导入了由公正交易委员会指定的职员主导的意见听取程序，以及证明公正交易委员会

---

〔2〕 金井貴嗣、川濵昇、泉水文雄编集，独占禁止法［第4版］，弘文堂，2013年，第2页。

〔3〕 公正交易委员会的委员长及委员独立地行使职权，其行政权体现为：①具有为了恢复因违反禁止垄断法的行为而被妨害的经济秩序，而对违反规定的行为处以排除措施，受理事业者（关于“事业”和“事业者”的概念下文将进行阐述）的申请和报告书，认可或承认相关适用除外的职权；②在适用禁止垄断法的基础上，具有进行基础调查的一般调查权。同时，为充分掌握禁止垄断法违法行为的情况，被赋予进行与调查相关的强制处分的职权，即个别调查权。其准立法权体现为：具有制定公正交易委员会内部规则、事件处理程序及呈报、认可申请等规则的职权。此外，具有可以指定不公正的交易方法以及维持再次贩卖价格的对象商品的职权。其准司法权体现为：具有在判明违反禁止垄断法的事实的基础上，进入审判程序进行处理的职权。此种处理类似于法院的审判程序（谷原修身，新版独占禁止法要論［第3版］，中央经济社，2011年，第260-261页。岩本章吾，独占禁止法精義，悠々社，2013年，第546-550页）。

所认定事实的相关证据的阅览和抄写制度。[4]

禁止垄断法可谓是日本经济法的“宪章”。其禁止私人垄断、不当的交易限制和不公正的交易方法，[5] 防止事业支配力的过度集中，排除以结合、协定等手段对生产、销售、价格、技术等的不当限制以及其他一切对事业活动的不当限制，并以此促进公正而自由的竞争，发挥事业者的创造性，繁荣事业活动，提高就业与国民收入水平，最终实现确保一般消费者的利益和促进国民经济民主、健康发展的目标（禁止垄断法第1条）。

在日本禁止垄断法的庞大制度体系中，对私人垄断、不当的交易限制、不公正的交易方法的规制构成了其三大支柱。[6] 在运用这些规制制度的过程中，如何界定具体行为的性质成为首当其冲的问题。而当具体行为可能符合两种禁止垄断法规制行为的构成要件，并同时与其他法律相关联时，尤其值得关注和探讨。

“北海道新闻社事件”（以下或简称为“本事件”，此处“新闻社”指“报社”）可谓是具有上述特点的一个特殊案例。简单说来，本事件是指株式会社北海道新闻社（以下简称“北海道新闻社”）采取了一系列措施来妨碍株式会社函馆新闻社（以下简称“函馆新闻社”）进入市场，并使其事业活动难以进行的事件。关

---

〔4〕 关于日本禁止垄断法的最新修改情况，公正取引委員会事務総局，平成25年改正独占禁止法，检自 http：//www. jftc. go. jp/dk/kaisei/h25kaisei/index. html，检索日期：2015年5月16日。另外，此处的“排除措施命令”是公正交易委员会所作的行政处分的一种，属于下达作为或不作为命令这样的行为的范畴。从命令的实质内容来看，它是为实现公共利益而对私人营业活动的自由以及财产权的行使所施加的限制。就排除措施来说，可以命令当事人解除契约、解雇董事、解散团体等，但是排除措施命令并非以规制私法上的法律关系为目的，因此其并不具有形成、变更私法上的法律关系的效力。此外，排除措施命令并不对接受命令者以外的人课以义务，对于被命令解除契约的接受命令者来说，只要其从事了“为实现解除契约的目的，做出解除的意思表示，并为了取得对方的承诺而进行交涉”这样的与其接受命令者的身份相符的自己能够做到的行为就足够了（丹宗暁信、岸井大太郎編，独占禁止手続法，有斐閣，2002年，第94页）。

〔5〕 关于私人垄断和不公正的交易方法下文将进行阐述。“不当的交易限制”是指事业者以合同、协定或其他任何形式，与其他事业者共同决定、维持或提高价格，或限制数量、技术、产品、设备或交易相对方等，相互进行约束或促进其事业活动，因此而侵害公共利益，在一定交易领域实质性限制竞争的行为（禁止垄断法第2条第6款）。

〔6〕 多数学者坚持三大支柱说，但也有学者认为应当加入对企业结合的规制，形成四大支柱说。但这种区分对于私人垄断、不当的交易限制、不公正的交易方法来说，并没有实质性的区别，本文不就此两种说法进行论述。

于本事件，日本公正交易委员会以北海道新闻社为被审人，于2000年2月28日下达了“同意审决”。[7] 本事件发生后，作为典型案例被载入《关于排除型私人垄断的禁止垄断法上的指针》，[8] 对此后违法行为的判断具有深远的指导意义。本文将以北海道新闻社事件为视点，就私人垄断、不公正的交易方法的界定以及禁止垄断法同商标法的协调运用进行探讨。以下就本事件的事实和公正交易委员会的相关处理进行简要说明。

一、事实概要[9]

（一）北海道新闻社和函馆新闻社

北海道新闻社是以北海道作为发行地域，经营日报发行的营业者。1997年10月，其发行的日报《北海道新闻》（以下称“北海

---

〔7〕“审决”是公正交易委员会根据经审判程序而形成的心证，为表明其判断而形成的决定。2005年禁止垄断法修改前，公正交易委员会下达的审决包括：①劝告审决；②同意审决；③审判审决三种类型。其中，审判审决被称为正式审决，而其他两种审决被称为略式审决。2005年修改后，随着“劝告制度”的废除，劝告审决被废除，此外同意审决也被废除。

本事件中所出现的“同意审决”是指：作出开始审判决定后，在被审人认可事实认定和法律的适用并提出具体的排除措施计划书的情况下，公正交易委员会认为此计划适当时所作出的审决（丹宗晓信、岸井大太郎编，同前注4，第71页）。

为理解本事件的处理结果，有必要就公正交易委员会对于违反行为的处理程序进行说明。在2005年修改前，公正交易委员会认定了违反行为的情况下，可以对违反行为者进行“应当采取适当的措施”的劝告，在行为者接受劝告的情况下，下达表明此内容的劝告审决；在行为者拒绝接受劝告时，开始进行审判程序。但在2005年修改后，废除了劝告制度。

此外，2005年修改前，公正交易委员会为下达排除措施命令而进行事前审判，并根据审判审决下达命令。2005年修改后，公正交易委员会给予事业者陈述意见并提出证据的机会，并负有将排除措施命令的内容和法律的适用等通知该事业者的义务。即通过法律的修改实现了从以进行审决为目的的事前程序向以再次审查该排除措施命令的内容为目的的事后程序的转变（谷原修身，同前注3，第266－269页）。

〔8〕公正交易委员会于2009年10月28日发布，原名为：排除型私的独占に係る独占禁止法上の指針，以下称“关于排除型私人垄断的禁止垄断法上的指针”。此指针的目的在于：将排除型私人垄断成立要件的相关解释尽可能明确化，确保法律适用的透明性，提高事业者对行为结果的可预见性。

〔9〕事实概要和审决要点部分主要整理自：平成10年（判）第2号，（株）北海道新聞社に対する件，公正取引委員会審決集46卷，第144－153页。以下所引用事件、案例，如无特别说明，均援引自LEX/DB日本の主要判例全文情報（明治以降、現在まで）。

道新闻”）早报的发行数量占北海道地区所发行的日报早报总发行数量的半数以上。而在函馆地区,[10] 不论是其所发行日报的早报还是晚报，在发行数量上都占到了同地区各报纸总发行数量的大部分。

函馆新闻社于1995年11月15日设立，并从1997年1月1日起，在函馆地区发行日报《函馆新闻》（以下称“函馆新闻”）。

（二）“函馆对策”产生的背景

株式会社十胜每日新闻社（以下简称“十胜每日新闻社”）是在北海道带广地区[11]经营日报《十胜每日新闻》（以下称“十胜每日新闻”）晚报发行的营业者。在带广地区所发行的晚报中，其所发行的十胜每日新闻在发行数量上占据第一位。

在带广地区，由北海道新闻社发行的北海道新闻的晚报与十胜每日新闻在发行数量上存在着巨大的差距，而北海道新闻社一直以来无法改变此种状况。如果这种状况持续下去，那么北海道新闻社所采取的将早报和晚报作为“套餐”进行销售的营销策略就有可能会崩溃。因此，北海道新闻社采取了“带广对策”，试图改变此种状态。

在此背景下，北海道新闻社于1994年8月左右注意到了在函馆地区可能会设立新的以发行晚报为目的的报社这一动向。于是，在同年9月5日左右召开的管理层会议上，北海道新闻社为了杜绝像带广地区那样的事态的发生，决定密切关注函馆地区新报社的设立动向，以便随情况变化而采取相应的对策。同时，设立了由董事组成的“函馆对策会议”，并在同月19日召开的会议上，探讨了具体对策，制定了顺次执行该对策的基本方针。

其后，北海道新闻社明确掌握了函馆新闻社将于1997年1月起在函馆地区发行函馆新闻的相关信息，并于1996年4月召开的函馆对策会议上，确立了采取有力对策以使得函馆新闻社的报纸发行事业难以为继这一认识，并决定将所制定的具体对策顺次实施。此后，北海道新闻社所实施的一系列具体行为被称为“函馆对策”。

---

〔10〕 包括北海道函馆市、龟田郡大野町、同七饭町以及上矶郡上矶町（1997年8月后，再加上龟田郡户井町）。

〔11〕 包括带广市及其周边地区。

（三）函馆对策的一系列行为

1. 报刊名称对策

日报中地方报纸的发行者往往会标榜自己所发行的是当地报纸，以此来获取更多的订阅者。为此，他们会选择与报纸发行的地域、城市名有关的文字作为报刊名称。

1994年10月20日左右，北海道新闻社为使得在函馆地区新设立的报社无法使用某些文字作为报刊名称，在自己也并未计划使用这些名称的情况下，就“函馆新闻”等在函馆地区发行报纸时可能会使用到的9个报刊名称[12]向特许厅[13]提出了商标注册申请。

其后，由于函馆新闻社使用了属于北海道新闻社提出的商标注册申请中的报刊名称——“函馆新闻”，北海道新闻社在1996年6月至1997年1月之间，5次向函馆新闻社送达文书，要求其停止使用“函馆新闻”的报刊名称。

1997年2月13日，在已经提出了商标注册申请的9个报刊名称中，北海道新闻社就其中的5个撤回了申请。对于其余的4个，函馆新闻社提出了异议，并在同年11月被特许厅所认可。北海道新闻社对其申请受到“拒绝查定”[14]的处理不服，而于同年12月向特许厅请求“拒绝查定不服审判”。[15]

---

〔12〕具体为：函館新聞、函館日々新聞、函館タイムス、新函館、函館每日新聞、晚报函館、晚报函館タイムス、南北海道新聞、道南新聞（白石忠志，函館新聞とアンプル生地管，法学教室244号，2001年，第87页）。

〔13〕隶属于日本经济产业省，办理发明、实用新型、外观设计及商标等知识产权相关事务（特許庁：特許庁の役割，检自 http：//www. jpo. go. jp/shoukai/soshiki/yakuwari. htm，检索日期：2015年3月27日）。

〔14〕特许厅长官必须命令审查官对商标注册申请进行审查，并下达“查定”。查定是审查的最终结论，是行政处分的一种。查定主要分为应当注册的查定（登録査定）和应当拒绝的查定（拒絶査定）（茶園成樹，商標法，有斐閣，2014年，第106页）。

就应当拒绝的查定来说，如果存在商标法第15条规定的情形（诸如根据商标法第3条规定不应注册或根据商标法第4条第1款的规定不应注册等），则应当通知申请人拒绝其申请的理由，并给予其在指定期间提交意见书的机会。在此基础上，如果还是存在拒绝申请的理由，则下达“拒绝查定”，拒绝申请人的商标注册申请（平尾正樹，商標法［第1次改正版］，学陽書房，2006年，第265－266页）。

〔15〕被下达拒绝查定者在此查定副本送达后30日内可以请求进行“拒绝查定不服审判”（平尾正樹，同前注14，第466页）。

2. 通讯社对策

对于报社来说，在构成其所发行报纸的版面时，从国内外通讯社获取消息报道是非常重要的。而在北海道地区，报社主要是从时事通信社或者共同通信社获取消息报道。

想要从共同通信社获取信息者，原则上需要成为共同通信社的社员，并承担一定的运营费用，如此才有可能取得所有的消息报道。如果想要选择性地获取必要的消息，则必须获得理事会的认可，而实际上获取信息者仅限于有着特殊情况的经营者。这种事态对于新开业的经营者来说非常不利。[16]

此外，也可以从时事通信社获取必要的消息报道。但是在相同的发行地域，如果存在着已经和时事通信社签订了契约的经营者，则后签订契约者希望获得与既存契约者相同的消息报道时，时事通信社如果不尊重既存契约者的意向而采取行动，则可能会面临既存契约者解约的风险。为此，时事通信社采取优先既存契约者的方针，后签订契约者如果不能取得该既存契约者的谅解和同意，则无法获得消息。在北海道地区，北海道新闻社处于既存契约者的地位，且是时事通信社的主要的交易相对方。

北海道新闻社在得知函馆新闻社希望与时事通信社就获取消息事宜签订契约后，其编辑担当干部于1996年5月1日左右同时事通信社的干部进行了面谈。此编辑担当干部在得知时事通信社采取优先既存契约者的方针后，告知时事通信社：在北海道地区处于先订立契约者地位的北海道新闻社，对于向函馆新闻社发布信息这件事并不采取谅解的态度，并婉转地请求时事通信社不要回应函馆新闻社的获取信息请求。此后，北海道新闻社于同年7月中旬得知，时事通信社收到了由函馆新闻社发出的关于签订获取信息契约的书面申请，并由上述编辑担当干部再次向时事通信社暗示不要回应来自函馆新闻社的发布信息请求。

由此，时事通信社向函馆新闻社传达了因为无法取得既存契约者北海道新闻社的谅解，而不能同意向函馆新闻社发布信息的意思。最终，自1997年1月1日函馆新闻发行以来，函馆新闻社一

〔16〕 公正交易委员会审决中并未记明，但从上下文进行推断，可知对于新的事业者来说，应负担的运营费用是非常高昂的（白石忠志，同前注12，第87页）。

直处于无法与时事通信社缔结获取信息契约的境地。

3. 广告征集对策

多数新闻社的销售额是取决于报纸贩卖收入和广告收入的。广告收入的多少对于其事业收益有着相当大的影响。

为了对抗函馆新闻社发行报纸的行为并扩充面向函馆地区的版面，北海道新闻社于 1996 年 5 月 7 日左右召开的管理层会议上，决定发行作为北海道新闻地方读本的地域信息版。同时，在该地域信息版所登载的广告方面，北海道新闻社为了使得函馆新闻社的广告征集活动难以进行，决定以想要在函馆新闻社的晚报上刊登广告的中小事业者为对象，在广告费用上给予大幅度优惠。在对此决定进行讨论时，即使预测到该地域信息版在收支上是亏损的，北海道新闻社也仍然在同年 9 月 30 日左右召开的管理层会议上，作出了以下关于地域信息版广告费用设定的决定：①将在地域信息版刊登营业广告的基本费用设定为在主报版面刊登广告费用的大约半价水平；②在相关广告代理店的广告代理费的基础上，加算一定比例的增额。上述措施于同年 11 月 5 日开始实施。

由此，导致函馆新闻社自函馆新闻发行以来，处于广告征集活动难以进行的困境，而不得不设定低廉的广告费用来征集广告订单。

4. 电视广告对策

株式会社电视北海道（原名为：株式会社テレビ北海道，以下简称“电视北海道”）是根据放送法在北海道经营电视播放事业的营业者。其因接受北海道新闻社的出资，将北海道新闻社的退休人员作为本公司的员工予以录用，同时接受北海道新闻社的债务保证而与北海道新闻社保持着密切的关系。

1996 年 10 月左右，函馆新闻社为了将函馆新闻的发行事宜广泛地告知一般消费者，向电视北海道发出要约，请求在同年 11 月和 12 月这两个月中进行广告播放，电视北海道接受了此要约并作出了承诺。北海道新闻社得知这一情况后，为了使得函馆新闻社的广告无法播放，于同年 10 月中旬要求电视北海道不要回应函馆新闻社的广告播放请求。

于是，电视北海道虽然已经接受了函馆新闻社关于报纸发行的广告播放请求，但于 10 月下旬要求函馆新闻社将预计播放的广告进行变更，不再使用“函馆新闻”的用语。这实际上是拒绝了函馆新闻社的广告播放申请。

由此，函馆新闻社不得不放弃通过电视北海道播放函馆新闻的发行广告。

基于上述事实，公正交易委员会于 1998 年 3 月 6 日决定开始进行审判，此后经审判程序，并根据北海道新闻社的申请作出了同意审决。

北海道新闻社事件关系图

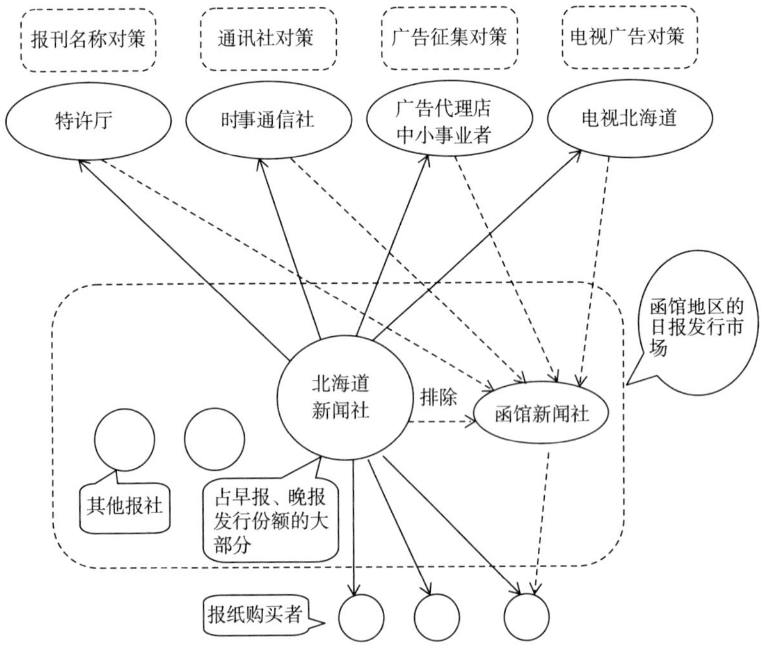

二、审决要点

（一）法律适用

根据上述事实，公正交易委员会认定：北海道新闻社以妨碍函馆新闻社进入市场并使其事业活动难以进行为目的，实施了将函馆新闻社可能会使用的多个报刊名称申请商标注册等被称为“函馆对策”的一系列行为，排除函馆新闻社的事业活动，这违反了公共利益，是实质性限制了函馆地区日报发行市场竞争的行为，属于禁止垄断法第 2 条第 5 款所规定的私人垄断，违反了禁止垄断法第 3 条的规定。[17]

（二）排除措施

公正交易委员会责令北海道新闻社实施以下行为：

1. 就下列事项通知函馆新闻社，并使函馆地区的一般消费者周知：

（1）北海道新闻社以妨碍函馆新闻社进入市场并使其事业活动难以进行为目的，实施了一系列行为，关于此种种行为，需要采取下列措施：

a. 撤回全部与函馆地区相关的商标注册申请。

b. 通知时事通信社，关于向函馆新闻社发布信息事宜，北海道新闻社不做任何干涉。

c. 取消原来地域信息版的广告费用及广告代理费的设定，并设定适当合理的广告费用及广告代理费。

d. 通知电视北海道，关于函馆新闻社的电视广告播放，北海道新闻社不做任何干涉。

（2）表明今后不再实施类似行为以排除函馆新闻社的与日报发行相关的事业活动。

2. 今后绝不实施类似行为以排除函馆新闻社的与日报发行相关的事业活动。

3. 将基于前两项所采取的措施迅速报告公正交易委员会。

三、本事件的问题所在

（一）为何界定为私人垄断行为

根据禁止垄断法第 2 条第 5 款的规定，私人垄断是指：事业者单独或与其他事业者相结合或合谋，或者不论采取其他何种方法，排除或支配其他事业者的事业活动，违背公共利益，实质性地限制了一定交易领域的竞争的行为。依据禁止垄断法第 3 条，事业者不

---

〔17〕禁止垄断法相关规定的内容将在下文进行说明。

得进行私人垄断。[18]

本事件中，称为“函馆对策”的一系列行为被公正交易委员会界定为私人垄断。那么，为什么把函馆对策界定为私人垄断行为？其依据是什么呢？

（二）是否可以界定为不公正的交易方法

禁止垄断法第2条第9款以列举方式对不公正的交易方法进行了规定。该款第1项至第5项所规定的行为类型为“法定类型”，如：共同供给拒绝、持续进行的差别对价、明显低于原价的不当廉卖、对再次贩卖价格的限制、滥用交易优势地位等，[19] 而基于同款第6项由公正交易委员会指定的行为类型为“指定类型”，这其中又包括一般指定（如：其他的交易拒绝、其他的差别对价、其他的不当廉卖、不当高价购入、妨害竞争者交易等）和适用于特定事

---

〔18〕 此处对“事业者”的概念进行了简单说明。违法行为的主体是“事业者”，即从事商业、工业、金融业或其他事业之人（禁止垄断法第2条第1款）。“事业”是指与某些经济性利益的供给相对应，反复持续地接受相反方向的给付的经济活动（昭和61年（オ）第655号，損害賠償等請求事件/都立芝浦田屠場事件，最高裁判所平成元年12月14日第一小法廷判決）。其本质要素是“有偿的活动”（土田和博、栗田誠ほか，条文から学ぶ独占禁止法，有斐閣，2014年，第24页）。

〔19〕 根据禁止垄断法第2条第9款，诸行为的含义分别为：①共同、直接的供给拒绝：没有正当的理由而同竞争者一起，对某事业者拒绝提供商品或服务，或对所提供商品或服务的数量或内容进行限制。共同、间接的供给拒绝：没有正当的理由而同竞争者一起，使某事业者对其他事业者拒绝提供商品或服务，或对所提供商品或服务的数量或内容进行限制。②持续进行的差别对价：因地区或相对方的不同而不当地以有差别的对价持续提供商品或服务，并有可能使得其他事业者的事业活动难以进行。③明显低于原价的不当廉卖：没有正当理由而持续地以明显低于原本提供商品或服务所需费用的对价提供商品和服务，并有可能使得其他事业者的事业活动难以进行。④对再次贩卖价格的限制：对于购买自己所提供商品的相对方，没有正当理由而附加限制性条件并提供该商品（具体规定两种情况，此处不做详述。所附加的限制条件主要表现为限制购买自己商品的相对方将该商品再次贩卖时的自由定价权，使得再次贩卖的商品的价格维持在某特定的价格水平）。⑤滥用交易优势地位：利用自己在交易中优越于相对方的地位而进行某种按照正常商业习惯来说是不当的行为（具体规定三种情况，此处不做详述。如持续地使得相对方购买原本所交易的商品或服务之外的商品或服务）。

业领域或特定交易方法的三种特殊指定。[20] 禁止垄断法第 19 条规定，事业者不得采用不公正的交易方法。

从不公正的交易方法的角度来看待本事件，会发现函馆对策也有可能符合不公正的交易方法中一般指定的某几种行为类型。那么，是否可以将函馆对策界定为不公正的交易方法呢？不公正的交易方法的界定基准是什么呢？

（三）私人垄断与不公正的交易方法是什么关系

由上述两个问题可以引出第三个问题，即私人垄断和不公正的交易方法到底是什么关系呢？区别二者的意义在哪里？将本事件作不同的认定的话，其结果会如何？

（四）本事件与商标法有什么关系

本事件作为禁止垄断法的典型案例，其报刊名称对策与商标注册等商标法所规制的行为有着密切的关系，这也是本案的独特之处所在。假如因商标注册申请而使得其他事业者的事业活动难以进行，那么该行为应如何认定呢？本事件是否可以用商标法进行规制呢？

以下首先着眼于第二个问题进行阐述。

四、不公正的交易方法行为的界定

（一）不公正的交易方法行为的构成要件

在判断某行为是否属于不公正的交易方法时，除了该行为的样态符合法定类型和指定类型所列举的行为要件外，其违法性的基本判断标准是行为具有“阻碍、妨害公正的竞争的可能”，即“公正竞争阻害性”。[21] 那么，什么是公正的竞争呢？通说认为，公正的

---

〔20〕 法定类型和指定类型的区别之一在于法定类型是课征金的对象，而指定类型不是课征金的对象。由公正交易委员会发布的 2009 年修订后的不公正的交易方法的一般指定共包含了 15 类行为，包括：共同、直接的购入拒绝和共同、间接的购入拒绝；其他类型的拒绝交易；其他类型的差别对价；交易条件等的差别对待；事业者团体的差别对待；其他类型的不当廉卖；不当高价购入；为招揽顾客的欺瞒性行为；以不当的利益招揽顾客；搭售贩卖；附排他条件的交易；附限制条件的交易；对交易相对方职员的选任进行不当干涉；妨害竞争者的交易；对有竞争关系的公司的内部干涉等。下文仅将与本事件相关的行为种类列举出来。所列举行为的具体含义在下文进行阐释。特殊指定与本事件无关，因而不再进行阐释。

〔21〕 谷原修身，同前注 3，第 200 页。

竞争的要素有三个：①确保自由的竞争。意指事业者相互间的自由竞争不被妨碍，以及事业者参与竞争的行为不被妨碍。②确保竞争手段的公正。意指自由的竞争是以价格、品质和服务为中心的，自由的竞争是有秩序的竞争。③确保自由竞争的基础。意指交易主体自由、自主地决定是否交易以及交易的条件，这一自由交易的基础能够得以保持。如果某行为侵害了该三要素中的一个或几个，则可以认为是具有公正竞争阻害性的。[22]

对于该三要素的侵害的具体含义如下：①关于对自由的竞争的侵害（即削减竞争）。首先，对市场的自由竞争（不仅指行为者与其竞争者之间的竞争，还包括行为的相对方及相关事业者与他们的竞争者之间的竞争）的侵害样态如下：a 对于行为者的竞争者或与行为者有密切关系的事业者的竞争者，排除其交易的机会，或直接使得其竞争机能降低（例如，交易拒绝、差别待遇、不当廉卖、附排他性条件的交易等）；b 对于价格竞争、获取顾客竞争等竞争本身的侵害（例如，对再次贩卖价格的限制、定点采购制、划分销售区域等）。其次，此等情况下，并不要求发生具体的削减竞争的效果，只要在某种程度上具有妨碍自由竞争的可能性即可。就具体的行为来说，在判断是否具有公正竞争阻害性时，有必要进行如下考量：a 关于直接限制市场竞争的行为种类（如对再次贩卖价格的限制等），将其是否具有实效性作为判断的中心；b 关于其他行为种类，有必要分别判断该行为对于竞争的质、量上的影响。再次，即使该行为是基于相对方的请求或与相对方的合意而为之，只要具有削减竞争的可能性即成为问题。②关于竞争手段的不公正。首先，并不意味着禁止有效竞争之外的一切竞争，而是限制侵害有可能产生有效竞争秩序的行为，以保护竞争。其次，从有效竞争的角度来看，竞争手段不能被认为是正当的情况主要如下：a 带有欺瞒性的交易；b 提供不当的利益以吸引顾客；c 搭售；d 强制交易；e 妨害竞争者交易或对其进行内部干涉。再次，此等情况下，从有效竞争

---

〔22〕 独占禁止法研究会，<独占禁止法研究会報告>不公正な取引方法に関する基本的な考え方（1），公正取引第382号，1982年8月，第34页。另见：久保成史、田中裕明，独占禁止法講義（第3版），中央経済社，2014年，第128－129页。土田和博、栗田誠ほか，同前注18，第171页。

的角度来看，是否有扭曲竞争秩序的可能成为判断是否具有公正交易阻害性的中心。同时应当考虑该行为的相对方数量，以及该行为的持续性、反复性、传播性等。③关于侵害自由竞争的基础。首先，是对交易主体的自由以及自主性判断的侵害。具有优势地位的事业者抑制交易相对方关于事业活动的自由意志（如选择交易对象的自由、决定交易条件的自由、履行交易的自由等），不当地强制性要求其进行不利的行为等情况均属此类。此种行为并不直接侵害市场的自由竞争本身，但是妨碍了相对方竞争机能的发挥，使得相对方处于不利的竞争条件，而使得行为者有可能凭借价格、品质的竞争以外的手段，获取有利的竞争优势。其次，此种情况下，行为者处于优势地位，并利用此地位对相对方施加抑制性行为（不当地使其因交易条件等而承受不利），在考量这种不利的程度、行为的广泛性等因素后，如果其与公正的竞争秩序相关联，则属于规制的对象。[23]

以下就函馆对策中各个行为是否属于不公正的交易方法进行分析。

（二）对本事件函馆对策的界定

1. 报刊名称对策的界定

不公正的交易方法一般指定第 14 项所列举行为是妨害竞争者交易的行为。[24] 据此规定，无论行为人采取了何种手段，只要其不当地妨碍了竞争者与其交易相对方的交易，并具有公正竞争阻害性，则此行为可以被认定为不公正的交易方法。

本事件中，北海道新闻社以使得其竞争者——函馆新闻社的事业活动难以进行为目的，抢先申请注册 9 个商标，此行为妨碍了函馆新闻社使用具有地方特色的报刊名称，客观上限制了函馆新闻社与北海道新闻社的竞争。据此，有学者认为具有将其视为妨害竞争

---

〔23〕 独占禁止法研究会，同前注 22，第 35 页。

〔24〕 不公正的交易方法一般指定于 1953 年制定，经过 2 次修改，本事件发生时的版本（1982 年修改版）同现今的版本（2009 年修改版）有所不同，如旧版关于妨害竞争者交易的行为是第 15 种行为，而新版则为第 14 种行为。在论及不公正的交易方法一般指定所列举的行为时，本文均采用新版的规定。

者交易的行为的可能性。[25] 然而，也有学者认为不能将此行为认定为妨害竞争者交易的行为。这是因为不公正的交易方法一般指定第14项是以“竞争者和其交易的相对方的交易”作为妨害的对象的。[26]

此外，报刊名称对策与商标制度紧密相关。二者关系于下文中进行阐述。

2. 通讯社对策的界定

不公正的交易方法一般指定第2项所列举的行为是其他的交易拒绝，意指不当地拒绝与某事业者进行交易或限制交易的商品或服务的质量或内容，或者使得其他事业者进行上述行为。

从本事件来看，虽然在时事通信社以外存在着其他通讯社，但是函馆新闻社作为新的事业者，无法轻易从采取社员制的通信社获得特定的信息。有学者认为，这种情况下，北海道新闻社要求时事通信社拒绝向函馆新闻社发布信息，此行为可以看作是单独、间接的交易拒绝。[27]

但是，也有学者认为：从时事通信社害怕解约而采取优先既存契约者的方针这一情况和北海道新闻社的地位来考虑，可能构成实质上的交易拒绝；从新事业者难以通过共同通信社选择性地获取信息来考虑，可以说替代性的交易通道被封锁了。从这两点虽然可以看出产生了限制竞争的效果，但是如果要以此认定该行为符合第2项的规定的话，就必须更为严密地判断获取的信息在报纸内容的构成上的重要性（比如是否是不可欠缺的）。[28] 可见，要证明该行为的公正竞争阻害性是有一定困难的。

3. 广告征集对策的界定

不公正的交易方法一般指定第3项是对禁止垄断法第2条第9

---

〔25〕 若林亜理砂，商標制度の不当利用等を手段とする私的独占——北海道新聞社事件，ジェリスト1180号，2000年，第79页。岸井大太郎，判例回顧と展望 経済法，法律時報73卷5号，2001年，第173页。

〔26〕 茶園成樹，新聞社の商標出願等による新規参入の排除〔北海道新聞社事件〕，別冊ジュリスト199号，2010年，第30页。

〔27〕 岸井大太郎，同前注25，第173页。

〔28〕 中川寛子，商標登録出願等による新規参入妨害と私的独占，ジュリスト1202号，2001年，第245页。

款第2项之外的差别对价的规定，即不当地因地域或相对方的不同而以有差别的对价提供商品或服务，或接受被提供的商品或服务。第6项规定了禁止垄断法第2条第9款第3项之外的不当廉卖行为，即不当地以低价提供商品或服务，而有可能使得其他事业者的事业活动难以进行。第7项是关于不当高价购入的规定，即不当地以高价购买商品或服务，而有可能使得其他事业者的事业活动难以进行。

就差别对价来说，如果与其他地域的地域信息版相比，北海道新闻社只在函馆地区的地区信息版设定了较低的广告费和较高的广告代理费，那么有可能符合地域性差别对价。[29] 而要认定这一点，需要考察北海道新闻社是否设置有针对其他地域的地域信息版以及相应的广告费用设定。另外，广告征集对策是将可能成为函馆新闻社的交易相对方的中小事业者作为对象而设定广告费。从这点来看，可以预料该广告费是与大规模的事业者之间存在差距的，由此有可能认为构成了第3项的依相对方不同而进行的差别对价。但是，这种情况下，要认定第3项的成立，就必须要认定该行为对函馆新闻社造成的影响。[30]

就不当廉卖和不当高价购入来说，北海道新闻社将在地域信息版刊登营业广告的基本费用设定为在主报版面刊登广告费用的大约半价水平，使得地域信息版的收支计算上是亏损的。但是从这点来看，无法明确广告费用本身是低于成本的。同样，也无法明确在广告代理店的广告代理费基础上加算增额是否属于不当的高价。此外，尽管广告收入对于新闻社的整体收入具有重要影响，而广告征集对策使得函馆新闻社在广告征集市场上陷入困境，但是要证明广告对策在日报发行市场给函馆新闻社带来了多大程度的影响，则需要证明广告征集市场和日报发行市场的关系。[31]

4. 电视广告对策的界定

电视广告对策是否符合第2项其他的交易拒绝，或是第14项的妨害竞争者交易呢？

---

〔29〕 若林亜理砂，同前注25，第80页。

〔30〕 中川寛子，同前注28，第245页。

〔31〕 同前注，第245页。

有学者认为，从北海道新闻社对电视北海道实施的、使得函馆新闻社放弃广告播放的行为来看，该行为本身是将竞争者从市场排除的手段，而行为的结果是使得函馆新闻社的事业活动变得困难，所以可以认为是符合一般指定第2项其他的交易拒绝或第14项妨害竞争者交易的。[32] 但是由于也存在函馆新闻社利用电视北海道之外的广告媒体播出广告的可能性，所以自由竞争减少效果比较弱，难以认为是符合该两项的。[33]

综上可见，关于函馆对策的各个行为是否符合不公正的交易方法，学者意见莫衷一是。至少可以说，各个行为虽然有认定为不公正交易方法的可能性，但由于或是不完全符合不公正交易方法所列举的行为样态，或是公正竞争阻害性较弱，或是需要证明本事件事实之外的事实关系来作为认定的前提，而无法肯定地说，函馆对策的诸行为严格地符合不公正交易方法的构成要件。那么，公正交易委员会将函馆对策界定为私人垄断的依据何在呢？

五、私人垄断行为的界定

（一）私人垄断行为的构成要件

私人垄断行为的构成要件大体分为行为要件和效果要件。其中，行为要件是指“排除”或“支配”行为。与行为要件相对应，效果要件是指实质性地限制了一定交易领域（即某市场）的竞争。在此基础上，根据禁止垄断法第2条第5项的规定，如果采用排除其他事业者的事业活动的手段（即排除行为），违反了公共利益并对市场的竞争产生了实质性的限制，则此种行为可被认定为“排除型私人垄断”。[34]

首先探讨行为要件。所谓的“排除”行为是指，使其他的事业者或竞争者难以继续进行事业活动或使得新事业者难以进入市场的

---

〔32〕 若林亜理砂，同前注25，第79页。岸井大太郎，同前注25，第173页。

〔33〕 中川寛子，同前注28，第245页。

〔34〕 与排除型私人垄断相对应，采用支配其他事业者的事业活动的手段（即支配行为），违反了公共利益并对市场的竞争产生了实质性的限制，则此种行为可被认定为“支配型私人垄断”。所谓的“支配”是指限制其他事业者关于事业活动的自由的意思决定，而使其事业活动遵从自己的意愿的行为。本事件的行为主要涉及排除行为，因此不再具体讨论支配行为。

行为。[35]在考虑排除行为之前，我们可以设想这样的情形，即如果

---

〔35〕 平成21年（行ヒ）第348号，審決取引請求事件/NTT東日本事件，最高裁判所第二小法廷（上告審）平成22年12月17日判決。

NTT东日本事件（以下或称“此事件”）在历经公正交易委员会于2007年3月26日作出的审判审决（公取委審判審決平成19・3・26），东京高等裁判所（相当于我国的高级人民法院，以下简称“东京高裁”）于2009年5月29日下达的第一审判决（東京高判平成21・5・29），以及日本最高裁判所（相当于我国的最高人民法院，以下简称“最高裁”）于2010年12月17日下达的上告审（类似于上诉审）判决后（最高裁判平成22・12・17），最终尘埃落定。此事件是关于私人垄断由最高裁作出判决的第一案。以下就此事件进行简要介绍。

东日本电信电话株式会社（以下称“NTT东日本”）是以东日本地区为营业区域的电气通信事业者，其为使用光纤设备的单户独立住宅提供通信服务（以下称为“FTTH服务”）。在东日本地区的各都、道、县所使用的FTTH服务（包含商务用服务）中，NTT东日本的市场占有率在80%以上。虽然在东日本地区，除NTT东日本以外还存在着从事光纤接入业务的事业者东京电力株式会社（以下简称“东电”）和株式会社有限ブロードネットワーク（以下简称“有限”），然而，NTT东日本所持有的接入光纤占提供FTTH服务的事业者的接入光纤总数的比例，在东日本地区达到70%以上。而且，NTT东日本所具有的光纤芯数约为380万芯，其中75%是并未被使用的所谓的暗光纤。

依据电气通信事业法，NTT东日本负有将光缆同其他事业者相接续的义务，接续条件（费用）视授权条款而定，并需要经总务省（国家行政机关，通信业务属于其管辖范围）总务大臣认可。而东电和有限的营业地域有限，且光纤芯数较少，因此难以要求其与没有光纤设备的事业者相接续。同时，依据电气通信事业法，使用者应付费用也需要向总务大臣申报。此外，就其他事业者应付的接续费用和最终光纤使用者应付的费用的关系来说，虽然没有具体对其进行规制的法律，但总务省曾作出行政指导，要求：不应产生使用者应付费用低于接续费用这样的负差。

关于FTTH服务，NTT东日本在原本提供的“基本型”服务，即采用纤芯直接连接的方式（即使用者一人一芯，原文为：芯線直結方式）的服务之外，提供被称为“新家庭型”的服务，即采用分支方式（使用分支装置，将一芯光纤供多人使用）的服务。原则上，纤芯直接连接的方式比分支方式更为优质，且接续费用和使用者应付费用都较高。NTT东日本设定的费用为：基本型的接续费用是接入者每人每月最低6328日元，使用者应付费用为月额9000日元；新家庭型的接续费用随接入者增多而递减，在月额20 130日元至2326日元之间（2003年3月后降至17 145日元至1746日元之间），使用者应付费用为月额5800日元（2003年4月后降至4500日元）。

虽然NTT东日本以新家庭型采取分支方式为名义申报了接续费用并获得认可，且申报了使用者应付费用，但实际上，NTT东日本在新家庭型的使用者较少时，使用纤芯直接连接方式向使用者提供服务。即虽然实际上是采取纤芯直接连接的方式提供服务，却收取分支方式为前提的低额使用费。而不论是最初设定的使用者应付费用5800日元，还是其后的4500日元，均低于其他电气通信事业者采取纤芯直接连接的方式与NTT东日本相接续时必须支付的接续费用。

公正交易委员会认为：此事件的行为使得没有接入光纤设备的其他电气通信事业者

有高效的事业者在以低廉的价格提供优质的商品或服务，那么其他事业者的事业活动也有可能会难以持续。这种情况并不违背禁止垄断法所保护的法益，却在客观上产生了排除其他事业者的效果。然而，此种行为显然不是我们所说的排除型私人垄断。因此，要认定排除行为，首先应将不当的排除行为与正常的竞争行为相区别。

那么，如何理解不当的排除行为？当前，在理论上比较有说服力的观点是“非效率性排除”，主要包括提高竞争者竞争费用行为和掠夺性行为。提高竞争者竞争费用行为是一种以使得竞争对手的竞争能力和效率变低为目的的策略。比如，为了使得竞争对手难以经营而大量购买超出自己使用范围的原材料的行为。而掠夺性行为是指，对行为者而言，只具有通过形成、维持或强化市场支配力以获取利益的意义，而不具有其他经济上的意义的行为。[36]这两种

难以同NTT东日本的接入光纤设备相接续而面向单户独立住宅提供FTTH服务。此行为是一种排除行为，且在面向东日本的单户独立住宅提供FTTH服务这一交易领域，实质性地限制了竞争。因此，公正交易委员会将之认定为私人垄断行为。但是由于此行为已经不再存在，因此没有必要对其课以排除措施，而仅作出了宣告其违法的审决。对此，NTT东日本向东京高裁提起了撤销审决诉讼，但其请求被驳回。其后，NTT东日本向最高裁提起上告，被判决驳回上告。最高裁认为，NTT东日本作为接入光纤设备接续市场的事实上的唯一的供给者，其利用此地位，设定了竞争者如果站在经济的、合理性的立场上考虑无法接受的接续条件①从形成、维持或强化自身市场地位的观点来看，其单方性的交易拒绝以及廉卖的行为具有超越正常的竞争手段范围的人为性，可以说是②具有明显使得竞争者难以进入FTTH服务市场的效果的行为，因此对该市场来说，属于排除行为（此事件事实部分和相关处理意见参见前文所述的审判审决和判决文书。此外川濱昇，価格スクイズによる排除型私的独占、ジュリスト1419号，2011年4月，第106－107页。岡田幸人，最高裁時の判例，ジュリスト1443号，2012年7月，第80页）。

分析本事件及其判决可知，最高裁在认定相关行为是排除行为时，考虑了排除行为的性质（上文①）及其效果（上文②）。此外，最高裁还列举了一系列具体的考虑事项，如对于竞争者来说替代性接续提供者的存在、FTTH服务的特性、行为的样态、行为者及竞争者的市场地位、行为的持续期间等。这些考虑事项与公正交易委员会在关于排除型私人垄断的禁止垄断法上的指针中所提出的考虑事项基本一致。而这些考虑事项中多是关于排除行为的效果的考量，当然，其中的行为样态一项则是关于排除行为性质的考量（武田邦宣，私的独占における排除行為——東日本電信電話事件，ジュリスト1440号，2012年4月，第252－253页）。

〔36〕 川濱昇，独占禁止法二条五項（私的独占）の再検討，京都大学創立百周年記念論文集第3巻民事法，有斐閣，1999年，第354－355页。土田和博、栗田誠ほか，同前注18，第35－36页。

行为都体现出了一种超出正常竞争手段范围的人为性。但也有学者认为，不应该把超出正常竞争手段范围的人为性作为排除行为的要件。如果将其作为行为要件的话，则对于狭义的排他性交易（如购入全部数量货物的契约、排他性的购买契约等）这样的完全符合排除行为特征的行为，虽然其原本是被评价为排除型私人垄断行为的，但可能会因不具备人为性而不被认定为充分符合排除行为的全部要件，这是有违判例法的。[37] 从行为类型上来说，根据关于排除型私人垄断的禁止垄断法上的指针，排除行为的典型样态有四种，即低价格（低于原价）贩卖、排他性交易、商品搭售、交易拒绝和差别对待。当然，私人垄断行为也并不限于此四种类型。[38]

接下来看效果要件——“实质性地限制了一定交易领域的竞争”。首先，“一定的交易领域”即“市场”。依据关于排除型私人垄断的禁止垄断法上的指针，市场的范围应根据具体行为和交易对象、地域、样态来划定。在进行市场划定时，应考虑对供给者和需求者来说交易对象商品和替代性商品的范围或地理范围，也就是说，应当基于供给和需求的替代性来进行市场划定。其次，所谓的对竞争的“实质性限制”，有的学者认为，其是指“损害了与该交易相关的市场的竞争机能”。[39] 另外，依据判例，其被认为是“市场支配力的形成、维持和强化”。具体说来，就是“在某种程度上，自由地影响价格、品质、数量或其他条件，因此而形成、维持、强化对于市场的支配”。[40] 再次，在对行为进行判断时，并不是只考虑市场支配力的有无，而是更应当考虑市场支配力的程度。比如，就市场占有率来说，30% -40%之间同70% -80%之间明显是后者更具垄断力，可以说是具有高度的市场支配力。但是，市场支配力的程度也仅仅是在判断有无对竞争的实质性限制时的考量要素之一。此外，还存在着对于竞争者的驱逐效果、对于新加入市场者的

---

〔37〕 村上政博，独占禁止法［第6版］，弘文堂，2014年，第60页。

〔38〕 如前文所述，由于该指针是2009年发布的，且该指针的一些内容、理论是源于本事件而被确立的，所以仅将此指针作为理论参考而不依据其认定本事件。

〔39〕 村上政博，同前注37，第60页。

〔40〕 平成19年（行ケ）第13号，NTT東日本事件（第一审），東京高等裁判所平成21年5月29日判决。

阻碍效果、使得事业活动极为困难的效果等诸多考量要素。[41] 最后，从私人垄断的判例来看，对于竞争的实质性限制的认定是比较容易的。这是因为，虽然没有规定行为者必须已经具有市场支配力，但几乎所有适用私人垄断的案例都是已经具有市场支配力的事业者维持或强化其市场支配力的案例。具有这样的市场支配力的事业者所进行的排除或支配的行为，通常都被认定为对竞争具有实质性的限制。[42]

（二）对本事件函馆对策的界定

结合本事件，首先，从主观因素来看，[43] 北海道新闻社实行函馆对策的目的是使得函馆新闻社的事业经营活动难以进行。其次，从行为要件来看，报刊名称对策、通讯社对策、广告征集对策和电视广告对策或直接或间接地人为性增大了函馆新闻社的竞争费用。且这些对策除了带来维持北海道新闻社的支配地位的效果，并不具有其他经济上的意义。甚至有学者认为，其中的广告征集对策比通常的掠夺性行为具有更强的反竞争的效果。这是因为在报纸业，广告征集可以筹备资金从而减轻报纸贩卖的费用，具有增加发行数量的效果；此外，确保一定的贩卖数量，对于广告征集来说也是有利的。二者存在正相关的关系。广告征集对策利用了这种正相关的关系，在使得函馆新闻社的广告征集活动难以进行的同时，产生了增加函馆新闻社贩卖报纸的费用的效果，即产生了螺旋型的排除效果。[44] 再次，从效果要件来看，在函馆地区，北海道新闻社所发行的日报早报和晚报都占了大部分份额，可以推定其具有市场

---

〔41〕 村上政博，同前注37，第61页。

〔42〕 土田和博、栗田誠ほか，同前注18，第50－52页。

〔43〕 首先，依据关于排除型私人垄断的禁止垄断法上的指针第2项排除行为，在认定排除型私人垄断行为时，行为者是否具有排除其他事业者的事业活动的意图并非判断排除行为时不可或缺的要件，但是作为主观性要素的排除意图可能会成为认定行为是排除行为的重要事实。其次，在排除意图下进行了多个行为时，有可能将其看作是体现排除意图的行为整体。再次，对某事业者排除行为并不一定是直接性的，行为者通过交易相对方而实行的间接性排除行为和复数事业者串通采取的行为可被认定为排除行为。

〔44〕 川濱昇，新聞社の商標出願等による新規参入の排除（北海道新聞事件），别冊ジュリスト161号，第31页。

支配力。[45] 而函馆对策最终使得函馆新闻社的事业活动难以进行，损害了市场的开放性，[46] 维持和强化了北海道新闻社的市场支配力。值得强调的是，公正交易委员会的审决并未对函馆对策的各个行为是否单独地违反了私人垄断的相关规定进行认定，而是将函馆对策的诸行为看作一个整体，也就是说，并不是以各个行为的排除效果为基准，而是根据四个行为的累积效果，认定了充分的排除效果和对竞争的实质性限制。这种认定方式是对于抽象概括的私人垄断定义的灵活运用。[47]

由此可见，比之将本事件中函馆对策的诸行为与不公正的交易方法所列举的行为一一比对认定，将函馆对策的一系列行为看作一个整体而认定为私人垄断更为合适。那么，为什么要讨论应当将函馆对策认定为何种行为呢？也就是说，区分是私人垄断行为还是不公正交易方法的行为意义何在，二者是什么关系呢？

六、私人垄断和不公正的交易方法的关系

我们可以设想这样一种情形，即事业者很有可能采取某种行为，这种行为具有限制竞争的可能，却没有达到对竞争产生实质性限制的程度。然而，放任这种行为的话，最终会损害公正的竞争。显然，对于这种行为也有必要设置某种制度进行规制，以便防患于未然。不公正的交易方法就是将这种可能具有反竞争效果的排除和支配行为进行类型化的产物，其几乎涵盖了违反禁止垄断法的所有行为类型。[48] 反观私人垄断，如前文所述，排除行为的典型样态有四种，即低价格（低于原价）贩卖、排他性交易、商品搭售、交易拒绝和差别对待。而这四种行为也都是不公正交易方法的典型行为类型。由此可见，一些行为可以同时以不公正的交易方法和私人垄断来进行评价。两者的差异之一在于对市场的反竞争效果的大小和关于效果要件的规定上，即不公正的交易方法的违反要件更为宽松，仅要求行为具有损害公正竞争的可能性即可，并不要求其对市

〔45〕 根岸哲ほか，［座談会］最近の独占禁止法違反事件をめぐって，公正取引596号，2000年，第16页。

〔46〕 根岸哲、舟田正之，同前注1，第51页。

〔47〕 白石忠志，同前注12，第88页。

〔48〕 白石忠志，独禁法講義（第7版），有斐閣，2014年，第162页。

场竞争达到实质性限制的程度。

另外，对于两种违反行为的处罚措施也有所不同。禁止垄断法2005年修改版仅对支配型私人垄断处以课征金。而根据2009年修改后的禁止垄断法，开始对排除型私人垄断和一部分不公正的交易方法处以课征金。其各自课征金的计算方法和金额有所不同。在这两次修改之前，公正交易委员会的法律执行手段主要是以责令停止违法行为的排除措施为中心的，而不公正的交易方法的效果要件——公正竞争阻害性的证明难度相对较低，在此背景下，可以以不公正的交易方法代替私人垄断来认定某行为。也就是说，在对排除型私人垄断行为和不公正的交易方法行为都不处罚课征金的时代，在不公正交易方法的违反要件更容易被举证证明的前提下，如果能够认定为不公正的交易方法，则无需特别地以违反要件相对严格的私人垄断来对行为进行认定。[49] 此外，理论上私人垄断行为可能会成为刑事处罚的对象，[50] 而不公正的交易方法的行为则不然。

结合本事件，如果发生在今天，则由于函馆对策被界定为私人垄断，北海道新闻社会被处以相当于违反行为持续期间的函馆地区报纸发行营业额6%的课征金。[51] 而假设将之界定为不公正的交易方法，则不产生课征金问题。

最后，函馆对策中的报刊名称对策，是以商标注册申请来排除新事业者进入市场的。那么本事件与商标法究竟是什么关系呢？

七、本事件与商标法的关系

本事件的特点之一是商标法和禁止垄断法产生了交错点。按照时间顺序梳理本事件，可以看出本事件中商标法相关行为和禁止垄断法相关行为的大致轨迹。北海道新闻社在1994年10月20日就9个名称提出了注册申请，在撤回其中5个申请后，剩下4个申请于1997年2月13日被公告。其后，函馆新闻社提出注册异议的申请并为特许厅所接受。1997年10月8日，特许厅就北海道新闻社的

〔49〕 土田和博、栗田誠ほか，同前注18，第34页。

〔50〕 禁止垄断法第89条。但实践中尚未出现相关案例。

〔51〕 禁止垄断法第7条之2第4项。

申请下达了拒绝查定。此后，北海道新闻社请求进行拒绝查定不服审判。最后，经过审理，特许厅于1999年3月10日作出了请求不成立审决。此外，公正交易委员会对北海道新闻社进行“立入检查”〔52〕是在1997年3月18日，而公布最初的作为法律性判断的劝告是在1998年2月5日。审判开始决定于1998年3月6日做出，最终于2000年2月28日做出同意审决。可见，就本事件来说，特许厅早于公正交易委员会而得出了关于部分行为的结论，即拒绝查定是在公正交易委员会的劝告、审判开始决定之前就被宣布了的。〔53〕

由此，我们可以设想，如果北海道新闻社申请注册的商标被合法地注册，那么报刊名称对策将被认定为依据商标法行使权利的行为，按照禁止垄断法第21条的规定，属于禁止垄断法的适用除外行为。此种情况下，特许厅对于北海道新闻社所提出的商标注册申请的判断就具有了十分重要的意义。同时，基于两种不同的法律行为交错进行的事实，我们也可以设想，本事件发生后，公正交易委员会的相关人士可能会想：“如果特许厅先根据商标法而拒绝商标注册申请，那么在其后依据禁止垄断法进行处理会变得相对容易。”而特许厅的相关人士会认为：“如果公正交易委员会先根据禁止垄断法认定了违法行为，则依据商标法进行的处理也会变得很容易。”适用禁止垄断法的公正交易委员会和适用商标法的特许厅如果一直如此考虑的话，本事件将会陷入胶着状态。而打破这种状态的契机是特许厅一方观念的转换，即所谓的竞争政策并不是禁止垄断法上的专利，在运用知识产权相关法律时，也可以不必等待禁止垄断法的适用，而在竞争政策的原理下对具体事件进行解释。〔54〕

---

〔52〕“立入检查”是进入审判程序前的审查程序的一个环节。为了调查是否存在违反禁止垄断法的行为，且在违反行为被认定后处以排除措施，公正交易委员会被赋予一定的强制调查权限，此权限具体由委员会下设的事务总局的审查官来行使，而立入检查是强制调查权中的一项权限。所谓的立入检查是指：进入事件关系人的营业场所或其他必要的场所，检查其业务及财产状况和账簿文件等物件（丹宗晓信、岸井大太郎編，同前注4，第53页）。

〔53〕根据以下资料整理而成：白石忠志，同前注12，第89－90页。

〔54〕白石忠志，独禁法事例の勘所，有斐閣，2008年，第124页。

那么，特许厅是如何认定本事件的商标注册申请行为的呢？依据商标法第4条第1款第7项，有可能损害公序良俗的商标不能进行商标注册。而特许厅将第4条第1款第7项理解为：即使商标构成本身并非是过激的、下流的，但如果将商标使用于特定的商品或服务的行为是违反社会公共利益或社会一般性道德观念的，而且从商标法的宗旨、目的来看，在注册的行为欠缺社会妥当性的情况下（比如，会不当地限制第三人的营业行为的商标注册申请），应当拒绝此种注册。据此，本事件中，如果认可北海道新闻社的商标注册申请，则不仅仅是对于竞争者的利益，甚至对于市场整体都将产生恶劣影响，从而应当拒绝商标注册申请。〔55〕

由此可见，特许厅的处理决定中虽然并未出现关于直接适用禁止垄断法的任何言辞，但是要抑制“不当地限制第三人的营业行为”的理念可以说就是竞争政策的体现。〔56〕本事件可谓是禁止垄断法和商标法相互借鉴，共同维护公平的竞争秩序的典型案例。

八、与我国反垄断法体系相关规定的比较

综上所述，北海道新闻社事件涉及禁止垄断法的行为性质认定问题、商标法的适用问题以及不同的法律适用机构的法律适用理念问题，对本事件的认定是综合考虑多种因素而得出的相对合理的结果。那么，本事件对我国的反垄断法的适用有何借鉴意义呢？

（一）我国与日本相关法律规定的异同

1. 我国法律的相关规定

我国法律并未如日本一般将私人垄断行为和不公正的交易方法行为进行区分并加以规定，而是将类似行为主要以“滥用市场支配

〔55〕茶園成樹，同前注26，第31页。

〔56〕白石忠志，同前注54，第125页。

地位的行为”的名义进行了规定。[57] 具体表现为：

(1) 反垄断法的相关规定。其第 3 章是关于滥用市场支配地位的规定。第 17 条第 1 款明确禁止具有市场支配地位的经营者从事某些滥用市场支配地位的行为。被禁止的行为包括：掠夺性定价、低于成本价销售、拒绝交易、强制交易、搭售或附加不合理交易条件、差别待遇等。具体如下：a 以不公平的高价销售商品或者以不公平的低价购买商品；b 没有正当理由，以低于成本的价格销售商品；c 没有正当理由，拒绝与交易相对人进行交易；d 没有正当理由，限定交易相对人只能与其进行交易或者只能与其指定的经营者进行交易；e 没有正当理由搭售商品，或者在交易时附加其他不合理的交易条件；f 没有正当理由，对条件相同的交易相对人在交易价格等交易条件上实行差别待遇；g 国务院反垄断执法机构认定的其他滥用市场支配地位的行为。第 17 条第 2 款则是确定市场支配地位的原则性条款，即市场支配地位是“经营者在相关市场内具有能够控制商品价格、数量或者其他交易条件，或者能够阻碍、影响其他经营者进入相关市场能力的市场地位”。此外，第 18 条以列举

---

[57] 实际上，在《中华人民共和国反垄断法》（以下简称“反垄断法”）第 2 章关于垄断协议的规定中，存在着与日本禁止垄断法相似的规定。我国垄断法中的垄断协议范围较为宽泛，是指“排除、限制竞争的协议、决定或者其他协同行为”。在此前提下，第 13 条和第 14 条又将具有竞争关系的经营者达成的垄断协议（水平型协议）和经营者与交易相对人达成垄断协议（垂直型协议）相区别，并进行了规定。

具体来说，第 13 条所涉及的具有竞争关系的经营者达成的垄断协议包括：①固定或者变更商品价格；②限制商品的生产数量或者销售数量；③分割销售市场或者原材料采购市场；④限制购买新技术、新设备或者限制开发新技术、新产品；⑤联合抵制交易；⑥国务院反垄断执法机构认定的其他垄断协议。第 14 条所涉及的禁止经营者与交易相对人达成下列垄断协议：①固定向第三人转售商品的价格；②限定向第三人转售商品的最低价格；③国务院反垄断执法机构认定的其他垄断协议。第 13 条所规定的联合抵制交易与日本禁止垄断法关于不公正的交易方法的规定中的共同交易拒绝相似，而第 13 条所规定的其他行为以及第 14 条的规定更类似于日本禁止垄断法中的不当的交易限制以及不公正的交易方法中的附限制性条件的交易和再次贩卖价格的限制等，本文不再进行具体讨论。

除上述少量规定，我国反垄断法中与日本禁止垄断法所规制的不公正的交易方法以及私人垄断相类似的行为相对集中于第 3 章关于滥用市场支配地位的规定中。此外，《反价格垄断规定》（2011 年 2 月 1 日起施行。以下称“反价格垄断规定”）第 7 条、第 8 条也同反垄断法第 13 条、第 14 条规定的情形相类似。而《工商行政管理机关禁止垄断协议行为的规定》（2011 年 2 月 1 日起施行）更是关于垄断协议的具体性规定，本文也不再对此展开论述。

方式规定了在认定经营者具有市场支配地位时应当依据的因素，而第 19 条就可以推定经营者具有市场支配地位的情形进行了规定。

（2）《中华人民共和国反不正当竞争法》（以下简称“反不正当竞争法”）的相关规定。其第 2 章关于“不正当竞争行为”的规定中，也有着类似于日本禁止垄断法的规定。此处仅以下述条文为例而不再一一列举。例如，第 6 条：公用企业或者其他依法具有独占地位的经营者，不得限定他人购买其指定的经营者的商品，以排挤其他经营者的公平竞争。第 11 条：经营者不得以排挤竞争对手为目的，以低于成本的价格销售商品。第 12 条：经营者销售商品，不得违背购买者的意愿搭售商品或者附加其他不合理的条件。

（3）反价格垄断规定的相关规定。其第 3 条明确规定：具有市场支配地位的经营者使用价格手段，排除、限制竞争的，属于价格垄断行为。此外，第 11 条规定了掠夺性定价行为，即具有市场支配地位的经营者不得以不公平的高价销售商品或者以不公平的低价购买商品，该条同时明确了认定“不公平的高价”和“不公平的低价”时应当考虑的因素。第 12 条则是关于低于成本价的销售行为的规定。第 13 条、第 14 条、第 15 条、第 16 条分别就变相拒绝交易、限定交易、附加不合理费用和差别待遇行为作了规定。而第 17 条、第 18 条、第 19 条则是关于市场支配地位的相关规定，这些规定与反垄断法第 17 条第 2 款、第 18 条、第 19 条的相关规定基本保持一致。值得一提的是，在《反价格垄断规定》第 17 条中，对“其他交易条件”、“阻碍、影响其他经营者进入相关市场”进行了解释。

（4）《工商行政管理机关禁止滥用市场支配地位行为的规定》（2011 年 2 月 1 日起施行。以下简称“禁止滥用市场支配地位规定”）的相关规定。其第 2 条明确禁止具有市场支配地位的经营者在经济活动中滥用市场支配地位，排除、限制竞争。第 3 条对“市场支配地位”、“其他交易条件”、“阻碍、影响其他经营者进入相关市场”等概念进行了阐释。第 4 条、第 5 条、第 6 条、第 7 条分别就拒绝交易、限定交易、搭售和附加其他不合理的交易条件、差别待遇等行为，以列举形式进行了详细规定。而第 10 条则就认定经营者具有市场支配地位所应依据的因素作了较为详细的阐述。

2. 与日本禁止垄断法的比较

将我国的相关法律规定进行梳理后不难发现，在评价某行为是否属于违反法律的垄断行为时，也需要从行为主体、行为的具体样态、行为的效果等方面进行考量。

（1）行为主体方面。依据我国反垄断法，作为行为主体的“经营者”是指从事商品生产、经营或者提供服务的自然人、法人和其他组织。这点与日本禁止垄断法中的“事业者”概念相似。第3章关于滥用市场支配地位的规定，则要求行为主体具有市场支配地位，并以是否具有一定的市场份额来推定其是否具有市场支配地位。反不正当竞争法中也存在着关于“独占地位的经营者”的规定。而反价格垄断规定、禁止滥用市场支配地位规定更是将具有市场支配地位的经营者作为主要的规制行为主体。由此可见，我国反垄断法体系将市场支配地位作为核心概念，相当多的规定是针对具有市场支配地位的经营者而设定。

反观日本，如前文所述，日本禁止垄断法并未将违法行为者局限为具有市场支配力者，而是采用了“事业者”的概念。就私人垄断行为来说，实际上，违反禁止垄断法的绝大多数情况是由已经具有市场支配力的事业者采取各种手段维持或强化其支配性地位，完全没有支配性地位的事业者新形成了市场支配力的情形非常少见。就不公正的交易方法来说，并未对实施违反行为的事业者做特殊的要求。对于不公正的交易方法行为的规制与对私人垄断行为的规制相比，适用门槛相对较低，其本身具有补充私人垄断行为规制的作用。如此看来，无论是私人垄断行为还是不公正的交易方法行为，其主体都是事业者，在法律条文中，并未体现出明显的区别，只是在实际操作中对主体是否具有市场支配地位会做出不同的考量。

由此，就中日两国反垄断法共同规制的一些行为来说，我国反垄断法体系对行为主体的要求更高，往往需要其具有市场支配地位。在此前提下，我们假设某经营者并不属于自然垄断行业中的企业或依法具有独占经营资格的企业或在市场竞争中取得了绝对优势的企业，可以说，此经营者并不具有市场支配地位。然而，其却在特殊的交易环境中，因产品相对独特而具有了相对有利的地位。这种情况下，如果其进行了有损于市场公平竞争的行为，而此行为类型属于反垄断法所规定的违反行为时，是否可以以反垄断法进行规制？如果其仅仅实施了可能危害公正的竞争秩序的行为，是否需要规制且应如何进行规制？如果不能对其适用反垄断法进行规制，那么是否可适用反不正当竞争法进行规制？如果对此类行为只能依据反不正当竞争法进行规制，那么反不正当竞争法所涉及的行为类型是否包含了为反垄断法所禁止的由具有市场支配地位的经营者所实施的全部行为类型呢？至少单纯从两者的规定来看，并不能得出肯定的结论。此外，具有市场支配地位的经营者实施了可能有损于市场公正竞争的行为时，是否需要规制、应当如何规制？如何认定和处理此类行为成为一个问题。

（2）行为样态和行为效果方面。我国反垄断法体系对掠夺性定价、低于成本价销售、拒绝交易、强制交易、搭售或附加不合理交易条件、差别待遇、欺瞒消费者等违反行为进行了规定。从反垄断法体系所规制的行为样态来看，我国所列举的违反行为与日本禁止垄断法所规制的私人垄断行为和不公正的交易方法行为极为相似。当然，两国所列举的行为并不完全重合，且对于行为的描述程度也有所不同。但由于我国反垄断法第 17 条第 1 款设置了兜底条款，即国务院反垄断执法机构认定的其他滥用市场支配地位的行为，这就确保了即使出现我国法律未明确列举的疑似违反行为，例如，属于日本禁止垄断法规制的违反行为而未被我国法律所明确列举出的行为时，依据我国反垄断法也可以对其灵活地进行处理。

此外，依据我国反垄断法第 17 条第 2 款、反价格垄断规定第 17 条、禁止滥用市场支配地位规定第 3 条，可知我国反垄断法体系中所涉及的市场支配地位是指：a 经营者在相关市场内具有能够控制商品价格、数量或者其他交易条件，或者 b 能够阻碍、影响其他经营者进入相关市场能力的市场地位。而能够阻碍、影响其他经营者进入相关市场，是指 a 排除其他经营者进入相关市场，或者 b 延缓其他经营者在合理时间内进入相关市场，或者 c 其他经营者虽能够进入该相关市场，但进入成本提高，难以在市场中开展有效竞争等。可见，就市场支配地位来说，我国反垄断法体系的相关规定类似于日本禁止垄断法关于私人垄断行为的规定，进一步说来，其所描述的行为样态类似于私人垄断行为要件中排除行为的规定。而我国反垄断法第 12 条中关于相关市场的描述，则类似于私人垄断效果要件中一定的交易领域的概念。此外，虽然此说法略显牵强，但姑且可以说反垄断法中“排除、限制竞争”等用语类似于日本禁止垄断法效果要件的规定。

从法律规定来看，在界定某个行为是否属于滥用市场支配地位的行为时，我国反垄断法主要以：a 如何划定相关市场，b 是否具有市场支配地位，c 是否具有排除、限制竞争的效果为核心概念进行考量，而未明确地区分行为要件、效果要件两个角度来具体对某行为加以考察。当然，我国反垄断法体系与日本禁止垄断法的这些区别，是与我国反垄断法的制定背景，所借鉴、参照的模板有别于日本，且在对违法行为的处罚措施上与日本不同相关。

诚然，在体系构架、具体规定方面，两国法律都有所差别，那么，在我国现有体系构架内，是否可以从日本禁止垄断法的思维方式中获取某些启发，从而对我国解决可能发生的问题有所裨益呢？

（二）可能给我国反垄断法的适用带来的启发

首先，尽管我国反垄断法体系中并不存在私人垄断行为和不公正的交易方法行为的区分，但我们可以考虑借鉴日本禁止垄断法对于上述两种行为的效果要件的考量，即将行为的效果区分为两种程度：对某市场竞争的实质性损害和有损害公正竞争的可能，由此更为清楚地认识行为的危害性，并在此基础上对该行为进行相应的处理。具体来说，区分行为主体，并将之与行为效果相结合，以判断此行为是否属于：a 具有市场支配地位的行为主体实施的、对某市场的竞争产生实质性损害的行为；b 具有市场支配地位的行为主体实施的、有损害某市场公正竞争可能性的行为；c 不具有市场支配地位的行为主体实施的、对某市场的竞争产生实质性损害的行为；d 不具有市场支配地位的行为主体实施的、有损害某市场公正竞争可能性的行为。比照日本关于私人垄断行为和不公正交易方法行为的处理，a 行为显然是对市场公正竞争产生更大危害的行为，即滥用市场支配地位的行为，应严格依据反垄断法进行处理；b 行为显然危害较 a 小，但如果放任，则其可能发展为对公正竞争产生实质性损害的行为，因此可以比照滥用市场支配地位的行为进行处理，处罚显然应该较轻；c 行为尽管发生的可能性很小，但如果有类似情况，应更侧重对于其所产生的对公正竞争的危害、行为影响范围等的考量，可以比照 a 行为，依据反垄断法之外的法律进行较轻处罚；d 行为则可以理解为应当依据反不正当竞争法等其他法律处理的行为，进行最轻的处罚。如此，一方面，可以更为清楚地界定某行为，并更为合理、适度地对其进行规制；另一方面，可以起到防患于未然的作用，在行为可能会对公正竞争产生实质性损害时就对其加以规制。而在具体法律适用方面，我们期待修改后的反不正当竞争法给我们提供更为明确的法律依据。

其次，我国反垄断法体系虽然对排除、限制竞争的行为有所规定，然而，对其不合理性的认识并未系统化和明确化。因此，在认定某行为的性质时所依据的标准方面，可以借鉴日本禁止垄断法将概念细化的理念，在我国反垄断法的实施细则中或是在解释法律的过程中，将界定滥用市场支配地位等行为的标准具体化，增强我国反垄断法的可操作性和行为者对行为结果的预见性。比如，将行为对于竞争的影响作更为细致的区分（如到底为何需要规制此种行为，该行为对竞争的影响达到何种程度、体现在哪些方面等）；将排除、限制竞争等的含义作更为具体和明确的解释。再如，结合本事件，在行为人实施了一系列疑似滥用市场支配地位的行为的情况下，应当如何认定这些行为？我们完全可以不死板地对单个的行为进行违法性认定，而是灵活地将一系列行为理解为一个整体，综合评价其违法性和所达到的反竞争的效果，最终将之认定为作为我国反垄断法规制对象的行为。

再次，随着我国反垄断法在更广的领域被更为频繁地应用，我们也完全可以设想会出现如同本事件一般的、反垄断法同其他法律的应用产生交错的情形。为避免不同的法律适用机构消极地不适用法律而使得案件的解决陷入僵局，有必要将非反垄断法适用机构在反垄断法的原则指导下积极适用法律解决案件的理念引入中国。反之，在将某行为作为反垄断法规制对象进行评价时，也可以充分考虑与该行为相关的法律，如公司法、证券法、商标法等的立法目的和基本理念，从而对行为的违法性和危害性进行较为合理的认定。同时，于北京、上海、广州设立的知识产权法院在处理相关案件时，也完全有可能参照反垄断法的相关理念和规定，对案件进行恰当的处理。

最后，日本法学界对于案例的研究由来已久，学者们通过研究案例，不断地深化着对于法学理论和法律应用的认识。而我国法学界也在不断加强对于案例的重视，已有学者对“百度竞价排名案”、“中国电信、中国联通涉嫌垄断事件”等进行了探讨。2014 年 10 月 16 日，我国最高人民法院对“奇虎公司诉腾讯公司滥用市场支配地位纠纷上诉案”进行了公开宣判。此案作为最高人民法院首次依据反垄断法直接审理的案件，势必对我国法律实务界和理论界产生极为重大的影响。虽然此案涉及互联网行业的某些竞争特性，然而围绕此案而产生的关于相关市场的划定、被上诉人市场支配地位的有无、市场支配地位滥用行为的界定、民事责任问题和程序问题等的相关论述，都将给我国反垄断法的发展带来极大的影响。我们坚信，对于典型案例的研究必将推动我国法律理论的前行。

结 语

日本禁止垄断法经过了独特的发展历程，最终形成了现有的体系，且时至今日，其仍然随着实务和理论的发展而不断变化和完善着。在此过程中，北海道新闻社事件因涉及私人垄断行为与不公正交易方法行为的界定、禁止垄断法与商标法的协调适用等问题，而对禁止垄断法的理论发展和实务应用具有重大的意义。我国反垄断法体系的形成背景有别于日本，因而对于违法行为的认定，无论在法律规定层面，还是考量方法和考量要素层面，都与日本禁止垄断法有所差别。尽管如此，结合本文所介绍的北海道新闻社事件，日本禁止垄断法关于行为认定的考量方式仍然对我国相关行为的认定有着一定的借鉴意义。本文通过介绍日本的相关制度，探讨中日相关法律存在的差异，希望对我国反垄断法的适用有所启发。现今，一方面，我国反垄断法体系随着相关细化规定的不断出台而日益完善；另一方面，我国反不正当竞争法即将修改，知识产权法院将逐步发挥作用。同时，我国对于反垄断法判例的重视程度也在不断提升。在此背景下，我们有理由相信，我国的反垄断法相关法律制度必将迈入一个新的纪元。

立法动向

NEW LEGISLATION

日本特定秘密保护法的制定与问题点　郭娜娜

日本特定秘密保护法的制定与问题点

郭娜娜 *

一、引 言

2013 年 12 月 6 日，日本国会在国民的强烈反对声中通过了特定秘密保护法。该法案旨在强化政府的信息管控，在动议之初即饱受批评，引发日本各界乃至国际社会的广泛关注和忧虑。特定秘密保护法制定的背后隐藏着何种政治考量？该法的实施会对日本战后的民主和宪政秩序带来怎样的影响？这些问题非常值得我们关注和深入研究。

目前，我国对日本特定秘密保护法的研究还未起步，相关的介绍也仅停留于新闻报道的层面，对其进行深入研究的文章难觅踪迹。本文旨在对特定秘密保护法的立法背景、内容以及相关的争议问题进行考察，以期抛砖引玉，引发国内学者的关注，从宪法学、刑法学、国际政治学等角度进行更为深入的研究。

---

* 郭娜娜，山东大学法学院宪法学专业硕士研究生。

二、特定秘密保护法的制定背景和内容

（一）制定背景

1. 日本原有的国家秘密保护制度概观

早在1985年时任执政党的自民党曾将《防止关系国家秘密的间谍行为相关法律》提交国会进行审议，但因存在过度扩大政府权力的倾向而遭到强烈反对，最终成为废案。[1] 此后，日本一直没有专门的秘密保护法，但是“已经存在国家秘密保护制度”[2]，既有的相关规定散见于国家（地方）公务员法[3]、自卫队法[4]、日美相互防卫援助协定秘密保护法[5]以及刑事特别法中，[6] 对公务员的守密义务以及特别防卫秘密的保护等作出了规定。

然而，特定秘密保护法的支持者认为“秘密保护法制本身远远不够完善”，[7] 不能满足当前日益复杂的国际环境和日新月异的信息化背景下保护日本国家和国民安全的需要。但不应该被忽略的是GSOMIA要求建立和完善“同盟国之间的信息共享”体系[8]这一重要背景因素。正如有的学者所言，《日美防卫合作指针》进程的推进，使得特定秘密保护法“在某种程度上带有将《协定》更好

〔1〕 日本弁護士連合会，あなたも「秘密法全法」にねらわれる，检自 http://www.nichibenren.or.jp/activity.html，检索日期：2015年4月6日。

〔2〕 柳瀬翔央，我が国の情報機能・秘密保全——特定秘密の保護に関する法律案をめぐって，立法と調査347号，2013年，第19页以下。

〔3〕 国家（地方）公务员法规定了公务员的保密义务，对于违反保密义务的公务员处1年以下有期徒刑或50万日元以下的罚金（国家公务员法第100条、第109条；地方公务员法第34条、第60条）。

〔4〕 自卫队法规定，自卫队员泄露防卫秘密的，处5年以下有期徒刑（第122条）。

〔5〕 日美相互防卫援助协定秘密保护法规定，对泄露美国政府提供的特定防卫秘密的相关人员，处10年以下有期徒刑（第3条）。

〔6〕 清水勉，秘密保全法解説——第1回秘密保全法制の批判の検討，LIBRA 13卷2号，2013年，第23页。

〔7〕 日テレNEWS24，特定秘密保護法案“賛成”“反対”の意見，检自 http://www.news24.jp/articles/2013/11/13/04240208.html，检索日期：2015年5月25日。

〔8〕 村上裕章，特定秘密保護法と情報公開，第10回日中公法シンポジウム，2014年8月4日。

地实行的国内法的色彩”。[9]

2. 特定秘密保护法的立法过程

特定秘密保护法首次付诸实践可追溯至2008年的第一次安倍政权，在政权更迭使法案流产之后的第3年，即2010年9月发生的“尖阁诸岛中国渔船冲撞事件视频泄露案件”，[10] 成为重启秘密保护法案讨论的契机。2011年8月，“秘密保护法制有识之士会议（以下简称“有识之士”会议）”向政府提交了《关于制定秘密保护法案的建议》，[11] 并受到高度重视，但因当时内政外交事务交迫，使得该法案被束之高阁。

直至2012年2月“自公联合执政”开始，方再次成立专门小组对“秘密保护法案”进行秘密讨论。[12] 2013年8月27日，自民党内部就该法案达成共识，9月即公布草案面向全国征求意见，遭到了日本社会公众的强烈反对。日本政府根据公众意见征集的结果进行修改之后，于10月25日在内阁会议审议通过后提交国会，要求提出后20天即召集国会，并于同年11月26日和12月6日分别在众议院和参议院会议上获得通过，至此特定秘密保护法成立，12月13日正式颁布。[13] 此后则陆续颁布了修正案和实施细则以及一系列相关政令。2014年12月10日起特定秘密保护法正式实施。[14]

（二）具体内容

《特定秘密法》共有七章27条，分别为总则、特定秘密的制定、提供、处理者限制、适应性评价、杂则和罚则。其内容概括而

---

〔9〕 铃木秀美：“特定秘密保护法与采访自由——从媒体之信息源保密权的观点出发”，邓乾坤译，载《人权研究》第14卷，2015年，第370页。

〔10〕 2010年9月7日的日本海上保安厅巡视船在钓鱼岛海域与中国渔船发生冲撞，并将中国船长詹其雄扣押的事件。2010年11月4日晚到11月5日凌晨，互联网上突然流传多条据称是9月中国渔船在钓鱼岛海域与日本海上保安厅舰艇发生碰撞的视频。11月5日，日本首相菅直人当晚在官邸就日中撞船事件疑似录像外泄一事表态。

〔11〕 同前注6，清水勉，第23页。

〔12〕 塩田智明，185回国会主要成立法律，法学教室402号，2014年，第57页以下。

〔13〕 清水勉，秘密保護法と公安警察の関係，法律時報86卷2号，2014年，第81页。

〔14〕 同前注8，村上裕章，第2页。后续颁布的相关修正案、草案和政令主要包括“旨在设立信息监视审查会的国会法修正案”、“特定秘密保护法实施细则的草案”以及“有关特定秘密的界定和解除标准的政令”。

言主要包括：①将“关系国家安全的重要信息”指定为“特定秘密”加以保护；②导入针对秘密处理者等相关人员的“适应性评价制度”；③对违反保密义务的泄密者等进行严厉处罚。[15] 下面就每一章的主要内容分别进行阐述。

总则明确了本法的立法目的为：“通过将关乎国家及国民安全保障的信息指定为‘特定秘密’，并规定对秘密指定和处理者的限制等必要事项，来防止秘密的泄露以维护日本国家和国民的安全。”[16] 第2条则对本法所称的“行政机关”进行了界定。[17]

第二章规定了特定秘密指定的标准、程序、期间、解除以及保护措施等。“特定秘密”的指定标准为：该信息①属于“附表”所列举的事项，即防卫、外交、特定危害活动、恐怖主义4个领域55个项目的事项；②泄露对国家安全保障有显著危险而有隐匿必要；③未被公众所知悉。“特定秘密”的指定程序为：“行政机关长官依据政令进行，须制作记录并公示。”“特定秘密”的指定期间通常为5年，但是特殊情形下可以延长至30年，最长可以到60年甚至更长。此外，第5条还规定了相关的保护措施。

第三章规定了“特定秘密”提供的两种情形：一是既有国家安全保障的需要而有必要提供；二是出于其他公益上的需要而有必要提供。[18] 提供的对象则包括其他行政机关、都道府县警察、合适事业者[19]以及外国政府等。

第四、五章导入了“适应性评价制度”，对特定秘密处理者是

---

〔15〕 同前注9，铃木秀美，第371页。

〔16〕 東京新聞，特定秘密保護法全文，检自 http://www.tokyo-np.co.jp/feature/himitsuhogo/news/131206zenbun.html，检索日期：2015年4月6日。

〔17〕 本法案中有权指定“特定秘密”的行政机构包括外务省、防卫省、警察厅等19个行政机关。

〔18〕 此种情况主要包括：各议院或各议院委员会、参议院调查会等进行非公开审查或调查的；因刑事案件的侦查或公诉的维持而必须向相关业务人员提供的；进行民事诉讼中非公开程序的；信息公开和个人信息保护审查会等进行非公开审理的。

〔19〕 合适事业者：指为了特定秘密的保护，设置必要设施设备的那些制造物品或者提供劳务的从业者以及符合其他政府命令基准下的从业者。

否适格进行审查，但行政机关长官等主体无须接受适应性评价。[20]“适应性评价”由行政机关依据政令进行，其对象包括该行政机关的职员、基于合同等保有特定秘密者以及合适事业者的从业人员等。此外，不仅首次从事特定秘密处理业务者要接受该评价，经过5年后要继续从事相关业务的以及虽然通过评价但仍怀疑有泄密危险的，均要再次接受适应性评价。评价的事项包括特定有害活动和恐怖主义、犯罪和惩罚经历、涉及信息处理的违法经历、药物滥用和影响、精神疾病、饮酒状况、信用状况等七个类别。而评价对象除特定秘密处理者本人外，还包括其家人[21]、同居者甚至朋友等的相关信息。[22] 此外，特定秘密保护法规定了实施评价需事先告知评价对象相关事项并征得其同意，同时又规定了行政机关长官基于调查的需要，可在必要范围内的询问制度、评价结果通知、申诉制度以及通过适应性评价获得的个人信息的保护措施[23]等。

第六章规定了确保特定秘密保护制度正当实施的制度，包括：特定秘密指定的运用标准、[24] 向国会报告并公示、[25] 关联行政机

---

〔20〕 除外主体包括行政机关长官、国务大臣、内阁官方副长官、内阁总理大臣辅佐官、副大臣、大臣政务官以及上述主体之外，综合考虑职务特性等因素，不接受适应性评价亦能进行特定秘密处理事务的政令制定者。

〔21〕 此处的家人包括：配偶（包括事实婚姻）、父母、子女、兄弟姐妹以及配偶的父母、兄弟姐妹和子女。

〔22〕 相关信息包括：姓名、出生年月、国籍和住所等。

〔23〕 询问制度指行政机关长官基于调查的需要可在必要范围内询问该行政机关的职员、评价对象者及其熟人、公务所或公私团体，或要求其提交资料、报告等；保护措施指通过适应性评价获得的个人信息，未经评价对象者同意不得为特定秘密保护以外的目的进行利用或提供，但根据国家（地方）公务员法、检察厅法、自卫队法等的相关规定的除外。

〔24〕 政府必须制定关于特定秘密指定和解除以及适应性评价的统一适用标准，内阁总理必须就制定、变更以及指定、解除和适应性评价等有关情况征求相关“有识之士”的意见，有识之士所组成的机构为“信息保全咨询会议”。此外，特定秘密制定的监督机构还包括内阁办公厅的保全监视委员会、内阁府的独立公文管理监督以及信息保全监察室等行政机关内部机构。

〔25〕 政府每年把附有有识之士意见的特定秘密指定、解除和适应性评价实施情况的报告提交国会，同时向社会公布。此外，根据国会法的修正，在两院设立信息监察审查会，可以要求行政机关长官提供特定秘密，不能提供时必须说明理由，理由不被接受的，可以要求其提出内阁声明（该特定秘密的提供可能会对日本的国家安全保障产生重大障碍）。

关的协作、[26] 政令的委任[27]及其解释适用[28]等。

第七章规定了违反保密义务的刑事责任，具体情形包括：从事特定秘密处理业务者在业务处理过程中泄露得知的特定秘密的；因业务而得知特定秘密的人员泄露相关秘密的；为了谋求外国利益或自身的不正当利益，或以侵害国家安全或国民生命、身体为目的，通过欺骗、暴力、胁迫等手段或者通过危害特定秘密保障管理的方式[29]取得特定秘密的。上述行为最高会被处以10年以下有期徒刑或者并处500万～1000万不等的罚金。而处罚的对象包括过失犯和未遂犯，此外，共谋、教唆以及煽动行为也会受到处罚。

三、社会各界对特定秘密保护法的态度

特定秘密保护法的草案一经公布，即受到了日本社会各界甚至世界范围内的广泛关注，褒贬不一。日本国民对于法案的态度，从2013年9月3日开始的“公众意见征集”的结果中可见一斑。在回收的90 480份答复中，只有不到13%的民众持赞成意见，而反对意见则高达77%，还有10%左右的民众表达了对“意见征集期限过短”等问题的不满。[30]

（一）赞成派

根据意见征集的结果以及相关媒体的报道，赞成派的主要理由有：①国家安全的保障需要秘密保护机制的支持。②东北亚以及周

---

〔26〕 关联行政机关的首长为防止关乎国家安全保障而有必要隐匿的信息泄露，需要相互协助。

〔27〕 本法案没有规定的法律实施程序以及相关事项，以政令加以规定。

〔28〕 在对该法进行扩张解释时，不能不正当的侵犯国民的基本人权，必须充分地考虑对国民的知情权而言极其重要的采访、报道自由；从事出版、新闻报道业务人员的采访行为主要是基于公益目的，且不违反法律或未采取明显不正当的方法，均被视为正当的业务行为。

〔29〕 危害特定秘密保障管理的方式，主要包括窃取和损害财物、非法进入设施、监听有线电通讯、非法网络接入等。

〔30〕 日本内閣官房内閣情報調査室，「特定秘密の保護に関する法律案の概要」に対する意見募集の結果，检自 http://search.e-gov.go.jp/servlet/Public?CLASSNAME=PCMMSTDETAIL&id=060130903&Mode=2，检索日期：2015年4月8日。日本内阁官房内阁情报调查室就《特定秘密保护法案（草案）》面向全国征求意见的结果显示：答复总数为90 480，其中赞成数为11 623，仅占总数的13%左右，而反对意见则为69 579件，高达77%。

边国防局势的要求。③既有法律对秘密保护不充分，不能满足当前形势下秘密保护的需求；量刑过轻，不足以抑制信息的泄露。④日本原有的秘密保护措施不力，是他国拒绝提供相关情报的重要因素。⑤期待法案的成立能够取缔国内间谍，遏制“间谍天堂”状态的继续恶化等。[31]

日本的学者中也不乏支持者。例如，宪法学者长谷部恭男认为，现有的秘密保护制度下各政府机关各自为战，缺乏联动机制，制定专门的特定秘密保护法具有高度紧要性；[32] 经济学者池田信夫认为，新闻媒体是基于商业价值进行报道的，并非与国家权力斗争，其说辞“特定秘密保护法会侵犯报道自由”是伪善的；[33] 而有的学者则站在日本与其他国家情报共享的角度上，认为日本作为军事小国，对于国家安全保障而言，特定秘密保护法是“必要的恶”，属亡羊补牢之举。[34]

此外，日本政党中的赞成派也不可忽视，比如幸福实现党即发表声明，对特定秘密保护法表示强烈支持，认为在国家面临生死存亡的时刻，与保障国家安全相比，媒体的采访、报道自由以及国民知情权等都是次之的法益；同时辩称在当前紧张的周边局势下，该法具有“积极地为和平进行应战准备”的意义，[35] 因此应该积极地推动特定秘密保护法的通过。

（二）中立派

中立派对于该法本身的合理性不置可否，主要是从特定秘密保护法作为法律的结构性问题、相关的配套措施以及具体条文的理解

---

〔31〕 朱江明：“日本制定保密法的背后”，载《大视野》2013 年第 11 期，第 52 页以下。

〔32〕 長谷部恭男，“（今こそ政治を話そう）秘密法とどう向き合う”，朝日新聞，2013 年 7 月 23 日，第 2 版。

〔33〕 池田信夫，秘密保護法についてのまとめ，检自 http：//agora - web. jp/archives/1570699. html，检索日期：2015 年 5 月 1 日。

〔34〕 井本省吾，“秘密保護法は軍事小国・日本の「必要悪」佐々淳行氏に聞くインテリジェンス国家論，检自 http：//jbpress. ismedia. jp/articles/ - /39354，检索日期：2015 年 4 月 25 日；榊原英資，“特定秘密保護法は今後の運用次第”，检自 http：//webronza. asahi. com/business/articles/2013121400001. html，检索日期：2013 年 12 月 14 日。

〔35〕 幸福実現党，特定秘密保護法案の今国会成立を求める（党声明），检自 http：//info. hr - party. jp/press - release/2013/2527/，检索日期：2015 年 4 月 8 日。

等出发对其进行分析。比如律师阪本雅裕认为，对并不知晓所泄露秘密的嫌疑人进行起诉并予以处罚违反了罪刑法定主义;[36] 大学客座讲师的濑田源则认为，特定秘密保护法的成立“过于草率且说明不足”，相反，政府目前需要做的是对相关信息进行充分公示，努力扩大公民的知情权。还有学者对“恐怖主义”等一些具体概念的定义提出了质疑。[37]

（三）反对派

在法案公布之后的论战中，反对派占据了主导地位，包括普通民众、市民团体、新闻界、法律界以及各政党在内的各界人士，纷纷发声反对特定秘密保护法，甚至连国际社会也不乏担忧之声。

法案公布后，日本市民团体的抗议活动此起彼伏，各地市民团体纷纷进行集会游行，质问政府“民主为何物”，呼吁民众“为保护自身权利而奋起”，担忧日本由此走向“秘密国家”、“军事国家”的道路，要求废除法案。[38] 日本新闻界，包括新闻协会、记者会以及新闻媒体都明确表示了反对意见,[39] 批判日本政府借法案“堵住国民的双眼、耳朵和嘴巴”,[40] 是“违反民意的权力暴走”,[41] 极易被政府恣意滥用，要求日本政府妥善运用，并加强实施监督。此外，在法律界，法案不仅遭到了来自实务界的强烈抵制，在理论界亦遭到了猛烈批判。日本辩护士联合会先后三次发表声明，认为法案不仅“违背了国民主权的宪法原理”，也“否定了

[36] 阪田雅裕氏，特定秘密保護法案法律としては構造的な問題はない，检自 http://blogos.com/article/74879/，检索日期：2015年4月25日。

[37] 園田寿，条文はこう読む——特定秘密保護法の「テロリズム」をめぐる誤解，检自 http://news.yahoo.co.jp/pickup/6101968，检索日期：2015年5月3日。

[38] 吕耀东、姜红：“日‘特定秘密保护法’违宪不得民心”，载《法制日报》2013年12月17日，第10版；

[39] 日本新闻协会向日本法务大臣递交意见书提出了四点担忧，主要包括：可能侵害国民知情权和新闻自由；“特定秘密”定义不明确，可能被滥用；人权的相关规定过于模糊，可能侵权基本人权；刑法过重等。

[40] 日本记者会議，特定秘密保護法案に反対する声明，检自 http://jcj-daily.seesaa.net/article/374718529.html，检索日期：2015年4月8日。

[41] 徐立凡：“日本特定保密法是个引雷针”，载《京华时报》2013年12月8日，第13版。

民主主义原理”。[42] 众多法律学者称，法案假借国家公共利益的名义压制公民基本权利，是“强势行政权力干预立法决策”的结果；法案赋予了政府过大的裁量权，兼因监督机构缺乏独立性，从而“切断了国民参与政治的可能性”，为“近年来少有的恶法”[43]。日本各政党中反对的声音也不绝于耳，共产党、社会党以及生活党等对特定秘密保护法自始至终持反对意见，民主党和维新会则表达了对特定秘密保护法内容的不满，自民党内部也有议员不赞成的声音。此外，日本的地方公共团体、和平和历史学研究者团体等[44]也分别发表声明表示强烈反对。另外，据《每日新闻》统计，针对此项法律，全国范围内至少有总计 195 个县议会、市町村议会通过了要求日本政府废止或谨慎应用此项法律的意见书。[45] 而在国际上，多国媒体分别发声批评特定秘密保护法，称其为“反民主的法律”。[46]

四、特定秘密保护法的问题点

学界对于特定秘密保护法的质疑，主要集中于以下几个方面：

（一）立法必要性欠缺，目的存疑

日本政府称“日趋复杂的国际形势下，网络信息社会的发展使得信息泄露的危险性急剧增加，为确保国家和国民的安全，建立特

---

〔42〕 日本弁護士連合会，特定秘密保護法案に反対する会長声明；特定秘密保護法案の閣議決定に対する会長声明；特定秘密保護法案に反対し、ツワネ原則に則して秘密保全法制の在り方を全面的に再検討することを求める会長声明，检自 http://www.nichibenren.or.jp/activity/document/statement/year/2013.html，检索日期：2015 年 4 月 8 日。

〔43〕 村井敏邦，特定秘密保護法における罰則の問題点，法律時報 86 巻 13 号，2014 年，第 359 页。

〔44〕 针对《特定秘密保护法案》发表反对意见生命的团体还包括：律师团体、人权团体、政治思想团体（新左翼）、新闻媒体（报社、电视台）、新闻记者和编辑、艺术家和文化事业者、导演和作家团体、宗教团体和医生团体、妇女团体等。

〔45〕 特定秘密の保護に関する法律に対する声明の一覧，检自 http://ja.wikipedia.org/wiki/，检索日期：2015 年 4 月 14 日。

〔46〕 “Japan's Illiberal Secrecy Law”, *The New York Times*, December 16, 2013, p. 4.

定秘密保护制度是非常必要的”[47]，然而如上文所述，日本已经存在秘密保护的相关法律，且既有规定之下，公务员违反保密义务或因间谍行为泄露防卫秘密等情况鲜有发生。[48] 日本政府仅仅根据极少数的例子[49]即断定具备制定一部可能对国民权利产生重大影响的专门性特定秘密保护法的必要，难免缺乏说服力。[50]

而关于本法的立法目的，日本官方声称特定秘密保护法为“积极的和平主义”下应对周边威胁，保障国家和国民安全的必要举措。然而，虽然无从得知该法背后的真实目的为何，但是结合日本政府近来的一系列举措，如GSOMIA实现军事情报共享以强化日美同盟的要求、安倍政府的实质修宪计划等，[51] 学界质疑其存在浓郁的军事立法色彩。[52]

（二）立法程序缺乏透明性和民主性

特定秘密保护法的整个立法程序的不同阶段，均遭到了来自学界不同程度的质疑。

首先，起草阶段的所有工作均为秘密进行，相关的资料几乎均处于保密状态而不为公众所知晓，其中包括对法案进行论证的“有识之士”会议记录、会议资料，负责起草的内阁官方情报调查室的工作情况等。而至于少数向社会公开的部分是否经过修改，我们也不得而知。

其次，意见征集阶段则存在期限过短的问题。在日本，大多数法案的国民意见征集期间为1个月，而对于此部事关宪法基本原理

---

〔47〕 国家安全保障に関する特別委員会，第一八五回国会衆議院国家安全保障特別委員会議録第8号，检自 http://www.shugiin.go.jp/internet/itdb_kaigiroku.nsf/html/kaigiroku/027418520131107008.htm，检索日期：2015年5月7日。

〔48〕 山内敏弘，特定秘密保護法の批判の検討，獨協法学93号，2014年，第7页。据统计，过去的15年中泄露政府秘密的案件只有5件，而其中只有两件被判有罪。

〔49〕 近年来，发生的尖阁渔船冲突视频泄露事件、空军军官向新闻记者提供中国潜水艇火灾事故相关信息以及复制护卫舰信息泄露特别防卫秘密的海上自卫官事件等。

〔50〕 右崎正博，特定秘密保護法——問題点と残された課題，法律時報86卷2号，2014年，第2页以下。

〔51〕 田島泰彦、清水勉，秘密保全法批判——脅かされる知る権利，日本評論社，2013年，第14页。

〔52〕 特定秘密保護法の制定に反対する刑事法研究者の声明，法律時報85卷12号，2013年，第145页。

和国民主权的重要法律，15 天显得过于仓促。此外，公布的概要过于简略，说理不充分，公示和意见征集存在流于形式的倾向。[53]

再次，草案修订阶段，国民意见未得到应有的重视。针对公众意见征集结果，虽然政府表示会进一步讨论，但从其后的行为很难看到政府的诚意。其所谓的按照公众意见进行的 27 处修改，对于关键性争议问题鲜有涉及，更多的只是诸如增加“5 年之后修正”之类不痛不痒的微调。[54]

最后，议会表决阶段，存在利用“议会多数主义”使得议会多数与民意背离的可能性。[55] 自民党在 2013 年国政选举中的胜利结束了“扭曲国会”现象，[56] 这就使得其可以绕开在野党和国民的意见，仅凭执政党的力量在国会强制推行本党决策。此外，还有学者认为，当前的国会构成很难说符合宪法上的“由正当选举产生的全体国民的代表者”标准，其正当性亦存在疑问。因此，特定秘密保护法虽然在议会以多数票表决通过，但其可能只代表执政党的意见而不能有效反映民意。

（三）特定秘密指定标准模糊、期限过长、主体缺乏监督

日本官方曾表示：今后将制定运用标准，“将特定秘密的范围和时间限定在必要且最小的限度内”，[57] 但从特定秘密保护法的最终版本以及其后政府的做法来看，上述问题仍未得到根本性的解决。

第一，特定秘密的范围过于宽泛且缺乏明确性，有导致肆意指定的危险，可能会“直接导致本应制衡保守主义政府的民意表达和市民运动反过来受到政府机构的限制”。[58] 例如，核问题、TPP 交涉以及环境污染等与国民生活息息相关的重要信息，可能会以“导

〔53〕 同前注，第 145 页。

〔54〕 同前注 13，清水勉，第 81 页。

〔55〕 潘妮妮：“特定秘密保护法与日本国民权利浅析”，载《日本学刊》2014 年第 5 期，第 81 页。

〔56〕 指执政党在众议院过半数，而在野党却在参议院过半数而造成国会众参对峙的状况，执政党和在野党分别控制参议院或众议院，导致执政党提出的法案只能通过两院之一，却无法在两院通过。

〔57〕 特定秘密保护法生效日本防止重要情报外泄，检自 http://world.people.com.cn/n/2014/1212/c157278-26193041.html，检索日期：2015 年 4 月 15 日。法务大臣上川阳子曾表示：“将范围限定在必要且最小限度的情报、必要且最低限度的期间。”

〔58〕 同前注 55，潘妮妮，第 80 页。

致国民不安，危害公共秩序”为由而被指定为特定秘密。不仅如此，防卫大臣可基于本法将自卫队拥有何种武器、战斗机和船舶以及在何处与谁进行演习，甚至自卫队违反宪法在海外使用武力或与美军协同作战的相关信息等指定为“防卫秘密”，不仅媒体无法采访和报道，国会亦无法予以追究。由此可见，对于何种秘密将会被指定为“特定秘密”，国民很难预期，尽管政府之后公布了55条细则，但这仍未能从根本上解决问题。[59]

第二，秘密指定的有效期间过长，甚至可能永久处于保密的状态。如上文所述，秘密指定期间，在特殊情况下获得内阁承认后，可以不受30年期限的限制，最长可以达到60年，特殊情形[60]下可不受60年延长期间的限制。特定秘密的延长要件与一般指定要件无显著区分，解除期间与欧美诸国相比明显过长[61]且缺乏监督，故而存在被滥用的危险。[62]

第三，秘密指定权完全掌握在各行政机关手中，缺乏第三方的有效监督。[63] 首先，其监督机构[64]均为行政机关内设机构，缺乏中立性。而参议两院设立的专门秘密指定监督机构“情报监督审查会”则缺乏强制力。而至于由专家组成的“情报保全咨询委员会”则只能审查适用基准，权力和作用更加有限。其次，特定秘密保护法虽然规定了信息提供制度和信息公布制度，[65] 但同时又规定行

〔59〕 秘密法、弱い監視権限運用基準55项目、大臣　らに拒否権，朝日新闻，2014年7月18日，朝刊4総合。

〔60〕 特殊情形包括以下几种：关于武器弹药等防卫用品的信息；可能对与外国政府或国际机构的谈判产生不利影响的信息；情报收集活动的手法和能力；人力情报源相关的信息；密码；外国政府或国际机构以超过60年指定期间为条件提供的信息；参照上述标准以政令规定的重要情报等。

〔61〕 今岡直子，諸外国における国家秘密の指定と解除，調査と情報806号，2013年，第4页以下。

〔62〕 韩永學，知る権利と国家機密——特定秘密保護法を題材に，マス・コミュニケーション研究85号，2014年，第131页。

〔63〕 同前注52，特定秘密保護法の制定に反对する刑事法研究者の声明，第146页。

〔64〕 监督机构主要有“内阁保全监督委员会”、“独立公文书管理监”和“情报保全监察室”等。

〔65〕 法案关于信息公布制度的规定仅有两处：向国会汇报并公布制度；向有识之士汇报并公布制度；将保密期限届满的文书移交国立公文书馆管理制度。

政机关各部门也可以秘密“关系到日本国家安全保障”为由，拒绝内阁的材料提供和秘密解除要求。此外，还存在一种风险，就是行政机关可能故意延长保密期限，将记录特定秘密的文书在移交公文馆之前作废，[66] 使查阅验证秘密指定变得事实不能；即便是顺利移交公文馆，亦可依不同情形限制阅览。

（四）惩罚对象过宽、刑罚过重，违反刑法基本原则

许多刑法学者认为，特定秘密保护法在对违反保密义务的处罚上存在着惩罚范围过宽、刑罚过重的问题，其主要表现在以下方面：①特定秘密保护法将秘密的泄露和取得都列为处罚对象行为，对秘密的出口和入口进行了全面规制，泄露、提供甚至知晓秘密者均可能被判有罪。据此，媒体或国会议员的调查活动、各种社会运动、律师的辩护活动以及研究者的研究活动等均可能被处罚。[67] 处罚对象也不仅包括从事特定秘密处理业务的公务员，亦可能涉及一般国民。特定秘密保护法所规定的所谓“谋求外国或自身不正当利益、危害国家安全或国民生命”的目的限制以及“欺骗、暴力、胁迫或危害特定秘密保障管理方式”的手段限制，其表述的模糊性使其不仅起不到限制作用，反而可能将范围无限扩大化。②将过失、未遂、共谋、教唆以及煽动等行为统统纳入处罚范围则存在处罚过度的问题，[68] 有的学者批判其“错误地陷入了重刑化和完全化倾向”。③当特定秘密仍处于“隐匿”状态时进行裁判，可能会出现被告人不知晓起诉事实即被处罚的情况。

特定秘密保护法关于刑罚的规定与刑法基本原则之间也存在着冲突，主要表现在以下方面：①与明确性原则相冲突。[69] 秘密指定标准的模糊性以及处罚范围的宽泛性，使当事人不能准确把握相关标准，可能导致其在不知情的情况下即被处罚。再者，当特定秘密仍处于“隐匿”状态时进行裁判，可能会出现被告人不知晓起诉

---

〔66〕 三宅宏，情報公開法・公文書管理法と特定秘密，法律時報86卷12号，2014年，第114页。

〔67〕 斉藤豊治，特定秘密の保護法案の罰則の検討，法律時報85卷13号，2013年，第357页。

〔68〕 同前注，第352页。

〔69〕 同前注43，村井敏邦，第356页以下。

事实即被处罚，而这与宪法第31条的规定[70]存在冲突。②与行为主义原则相冲突。特定秘密保护法处罚着手以前共谋、独立教唆以及煽动行为，与刑法上“只有实行行为具备之后犯罪才初步成立”的行为主义原则相冲突。③与补充性原则相冲突。因遗忘或丢失记载特定秘密的文书而被他人知晓等情况，[71] 将本来仅应该追究民事责任或行政管理责任的行为列为处罚对象，违反了刑法的补充性或谦抑性原则。

（五）与日本国宪法的基本原则相抵触

日本宪法学界对于特定秘密保护法进行批判的矛头，主要指向其可能会对日本国宪法的基本原则形成潜在威胁和挑战。

首先，特定秘密保护法存在违反和平主义原则的潜在危险。特定秘密保护法的实施，对于实现日美军事情报共享，强化日美军事同盟具有重要的推动意义，而这是否与日本国宪法中规定的和平主义原则相违背，宪法学界的众多学者对此持肯定意见。此外，该法的实施将建立严密的信息防泄漏机制，这就会使得政府不想为民众所知晓的一切信息，均可“合法化”地作为特定秘密予以隐匿。这一点如果被政府恶意利用，则会封锁国民、媒体甚至国会的批判可能性。对此，英国前驻日大使休·科塔齐表示，该法存在被滥用以控制媒体和隐瞒民众的风险，将可能使日本重现第二次世界大战前的黑暗政治。[72] 中国媒体批评认为，该法为安倍政权实行“集权政治”和“密室政治”奠定了法律基础。[73]

其次，特定秘密保护法的立法程序和内容未对国民主权和民主主义原则以应有的尊重。如前所述，法案的讨论和起草秘密化、草案的公示不充分，法案讨论和修改不充分的情况下即匆匆审议和表

---

〔70〕 日本国宪法第31条规定，不经法律规定的手续，不得剥夺任何人的生命、自由、财产，或课以其他不利益。

〔71〕 内閣府内閣官房特定秘密保護法施行準備室，特定秘密の保護に関する法律（逐条解説），检自 http://www.cas.go.jp/jp/tokuteihimitsu/，检索日期：2015年5月1日。

〔72〕 王欢，英前驻日大使：安倍参拜靖国神社系肤浅的挑衅行为，检自 http://news.sina.com.cn/w/2014-12-10/083631267960.shtml，检索日期：2015年5月10日。

〔73〕 杨子岩：“安倍笃信轮回是在走向灭亡”，载《人民日报》2013年12月10日，第6版。

决等表现，难免会使人质疑特定秘密保护法的民主性。而当前的国会构成中，执政党的压倒性优势地位，不能排除议会多数无法代表民意进而导致民意无法有效反制执政党决策的可能性。我们知道，国民基于知情权获得相关信息是对政治事项进行理性判断的基础，媒体基于采访、报道自由对大众舆论产生的导向作用是整合市民力量以制约政府权力、维持政治良性运行的重要因素，两者均为民主主义的基础。而特定秘密保护法将诸多关系国民切身利益的信息作为“特定秘密”加以隐匿，限制和处罚对涉及“特定秘密”事项的采访、报道等，可能大大削弱信息公开等民主保障制度的作用，甚至会导致其形骸化和空洞化。〔74〕

最后，特定秘密保护法的规定还可能会对国民的知情权、隐私权、思想和学术自由以及媒体的采访、报道自由等基本人权的保护产生冲击。

（1）特定秘密保护法本身强化了信息的国家统制，在宽泛模糊的特定秘密指定标准之下，民众无法预期何种信息将会被指定为“特定秘密”，而缺乏监督则使其存在被“恶”的政府滥用的危险，即政府可能将任何不想为民众所知晓的信息均指定为“特定秘密”，作为国家主权者的国民可能无从得知事关国家安全保障甚至自身安全等切身利益的相关信息。

（2）特定秘密保护法引入的“适应性评价制度”的评价对象不仅包括公务员，接受业务委托的民间业者和职员也包括在内。调查事项中包含不想为他人知晓的个人信息，甚至包括个人政治和工会活动情况。尽管该法同时规定该制度的实施需征得本人的同意，但实际上，在政府面前本人很难拒绝，其家庭成员的个人信息亦可能不经本人同意而被收集。

（3）特定秘密保护法将因业务知晓秘密者的泄露列入处罚范围，将可能危及学术自由。依据特定秘密保护法，接受国家、相关部门的委托或者自主从事军事技术等〔75〕方面研究的人员，将其通

〔74〕 高岛泰彦，表現を規制し情報を統制する秘密保護法，岩波書店，2014 年，第 32 页以下。

〔75〕 相关事项包括：涉及军事技术、国家政策、核能危害以及环境污染等可能关系国家和公共利益的研究。

过研究掌握的相关成果发表将可能构成泄露秘密罪。这将限制其与其他研究者之间的交流和相互批判，不利于思想的交流和学术的进步。

（4）特定秘密保护法对特定秘密获取以及泄露行为规定了严格的处罚规则，报道机关的采访活动稍有偏离或泄露，即可能以此为借口对其进行处罚,[76] 这在一定程度上将会限制采访和报道活动的自由。另外，该法规定“公益目的”和“正当方法”标准[77]欠缺客观性和明确性，何种采访活动是正当的，可能更多地要依据政府的判断。

五、结 语

特定秘密保护法的制定不仅引发了日本国内社会各界民众的广泛关注，更在学界引起了轩然大波，宪法、刑法等领域的学者围绕该法的立法背景、立法程序以及具体内容展开了深入的讨论和研究。本文由于篇幅和资料方面的限制，对很多问题未能进行具体的分析，诸如对于该法的实施究竟会对日本社会以及日本战后的政治和民主秩序产生何种影响，该法与基本人权、和平宪法以及刑法基本原则之间的关系如何等问题，还有待今后继续研究。这一研究不仅具有比较法上的意义和价值，对于认识和了解日本政治的现状和未来走向也将有所助益。

〔76〕 比如热心的新闻记者朝访夜探，去私人住宅蹲守以取得信息的行为可能会被定性为“以不法方法获取情报”进行处罚，而进行采访规划和指令的编辑部主任则可能以教唆被处罚。

〔77〕 在对该法进行扩张解释时，不能不正当地侵犯国民的基本人权，必须充分地考虑对国民的知情权而言极其重要的采访、报道自由；从事出版、新闻报道业务人员的采访行为主要是基于公益目的，且不违反法律或未采取明显不正当的方法，均被视为正当的业务行为。

学界回顾

RESEARCH OVERVIEW

2014年日本宪法学研究综述

葛　冰 *

一、引 言

本文希望通过介绍日本宪法学界在2013年10月～2014年10月期间公开发表的学术著述，方便国内读者了解本年度日本宪法学界的动向。在选择文献的过程中，本文主要参考了《法律时报》的学界回顾以及《公法研究》的学界展望。[1] 由于篇幅的限制，笔者主要基于个人对其重要性的把握，并结合国内宪法学界关注的热点进行了选择性的介绍，疏漏之处在所难免，恳请学界前辈及同仁谅解。

二、日本宪法学界的研究动向

2011年的3·11大地震对日本影响深远，宪法学界围绕大地震、核电站、震后政府执政能力、宪法的危机对应问题的讨论已持续3年。例如，2013年10月11日～12日召开的日本公法学会第78届总会，其主题依然是“大规模灾害与公法课题”。然而，在2012年12月众议院选举中，自民党取得压倒性胜利重新执政，民主党下台。同

---

* 葛冰，神户大学法学研究科宪法学专业博士研究生。

〔1〕 井上典之、門田孝、春名麻季、植木淳，2014年学界回顧 憲法，法律時報86卷13号，2014年；駒村圭吾、糠塚康江、安西文雄，学界展望（憲法），公法研究76号，2014年。

时，宪法修改再次被提上议题。这次宪法修改的论点却不仅仅局限于宪法9条的问题，从《自民党宪法改正草案》来看，其中心在于脱离所谓的占领体制，转为“正常主权国家”。不过，由于日本国宪法96条的修宪门槛很高，修宪派主张通过先修改96条来降低修宪门槛，以实现最终的修宪目的。因修宪问题引发的宪法危机，使得这两年很多宪法学者加入了“立宪主义的动摇”这一宏大议题的讨论。

在此背景下，2014年度的研究成果主要集中于宪法总论，特别是关于修宪问题的讨论。与上年度法律时报编辑部推出《探讨“宪法修改论”》的增刊一样，本年度ジュリスト编辑部也特别推出了《宪法“修改”问题》这一特辑，讨论了宪法修改的意义、界限等问题。

“修宪”问题还引发了对“立宪主义”的重新讨论。例如，宪法学界推出了重量级论文集——长谷部恭男、安西文雄、宍户常寿、林知更编《现代立宪主义的诸相（高桥古稀纪念论文集）（上）（下）》。立宪主义这一关乎全体国民的问题，通过媒体的宣传进入了民众视野。因此，本年度有两本关于立宪主义的普及读物值得关注。一本为《宪法主义》，本书以对谈形式记录了南野森为偶像团体AKB成员内山奈月（当时为高中生）讲授宪法的内容，以深入浅出的方式，为大众解释了什么是立宪主义，以及人权为何物等宪法的基本常识。另一本《未完的宪法》，是2015年去世的日本宪法学界泰斗奥平康弘生前与新生代宪法学者木村草太的对谈记录。该书开篇以音乐家们为了超越前人的演奏而努力作比，解释了何为“未完”的宪法。另外有两本宪法入门书也值得注意，一本为木村草太与西村裕一合著的《宪法学再入门》，另一本为志田阳子编《从电影中学习宪法》。前者在形式上依然是老师与学生对话，不过内容比起面向大众的前两本书，内容更深入，也更有高度。而后者通过37部电影解释了诸如宪法序言、言论自由、刑事手续等问题。

不过，安倍政权在宪法修改问题上，比起修改关于宪法修改条文（宪法96条），更关注于变更过去的宪法解释，以此推动“修宪”。蚁川恒正的《谋事在我意，成事在“人事”》一文中指出，第一次安倍内阁之时，当时宫崎局长治下的内阁法制局遵循一直以来政府的宪法解释——不承认集团自卫权。而“内阁法制局作为内阁的一个辅佐机关，法制局长的任免权控制在首相手中”。在第二次安倍内阁之时，安倍首相通过前所未有的人事任命，将有推动承认集团自卫权意向的前驻法大使小松一郎扶上了法制局长的位置，也使得“变更政府的宪法解释，变得并不那么不可思议”。因此，本年度的研究重点在于，对发动人事权（向自己所期待的方向推动内阁法制局对宪法的解释）这个问题的考察，和进而引发的“宪法解释权力所在”问题。通过对这一年度以来的论文的回顾，看得到对修宪论以及政府解释变更的批评文章大量被发表。〔2〕

三、学会动向

在日本，与宪法有关的全国性大型学会除了前文提到过的日本公法学会外，还有宪法理论研究会，以及全国宪法研究会。

日本公法学会是宪法学界、行政法学界联合组织的学术团体，每年秋天举行一次为期两天的总会。其成果一般收录于学会杂志《公法研究》。2014年10月19日在中央大学召开的第79届日本公法学会总会选取了“司法制度改革后的公法判例与公法学说（司法制度改革後の公法判例と公法学説）”这一主题。本次学会有关宪法的报告有：市川正人《宪法判例的发展——以司法制度之后为中心》、小山刚《宪法判例的现状与宪法学说的课题》、蚁川恒正《不起立诉讼与宪法21条》、大石和彦《非婚生子女法定继承份额

---

〔2〕 法律時報編集部編，「憲法改正論」を論ずる（法律時報増刊），日本評論社，2013年；ジュリスト編，特集 憲法“改正”問題，論究ジュリスト9号，2014年；長谷部恭男、安西文雄、宍戸常寿、林知更編，現代立憲主義の諸相——高橋和之先生古稀記念，有斐閣，2014年；内山奈月、南野森，憲法主義：条文には書かれていない本質，PHP研究所，2014年；奥平康弘、木村草太，未完の憲法，潮出版社，2014年；木村草太、西村裕一，憲法学再入門，有斐閣，2014年；志田陽子編，映画で学ぶ憲法，法律文化社，2014年；蟻川恒正，「人事」を尽して我意に任す，法律時報86巻8号，2014年。

规定的违宪决定》，以及卷美矢纪《判决的效力》。[3]

2014 年设立满 50 年的宪法理论研究会，一般称为宪理研，每年举办一次春季研究总会和一次夏季小型论坛，以及数次例会。成果会收录于学会杂志《宪法理论丛书》。本年度在广岛大学举办的春季研究总会以“战后史的宪法”为题，其中发表的论文有西原博史《日本宪法学中人权的概念和“国民”利益的逆袭》、西村裕一《和平的“科学”，自由的“科学”》、[4] 辻村みよ子《日本战后宪政史与主权、代表制、选举权论》等。其成果收录于《宪法理论丛书 22》。

同样有 50 年历史的全国宪法研究会，于每年 5 月和 10 月举办两次研究会，成果一般收录于学会杂志《宪法问题》。2014 年的年度话题是“民主主义的现在（民主政の現在）”。5 月的春季研究会以“日本的现状与课题之检讨”为题，而秋季研究会则以“根据比较法，原理论的考察”为题。春季报告有上田健介《对首相、内阁的监控》、田中祥贵《委任立法与议会》、仓田玲《选举制度与选举权》、榊原秀训《民粹主义与民主主义》；秋季报告有植村胜庆《英国统治机构的变化》、植松健一《德国民主主义的现在》、小岛慎司《近代社会中的一个友谊》、田村哲树《立宪主义、代表制、

---

〔3〕 市川正人，憲法判例の展開——司法制度改革以降を中心に，第 79 届日本公法学会总会，2014 年 10 月 18 日；小山剛，憲法判例の現状と憲法学説の課題，第 79 届日本公法学会总会，2014 年 10 月 18 日；蟻川恒正，不起立訴訟と憲法十二条，第 79 届日本公法学会总会，2014 年 10 月 19 日；大石和彦，婚外子法定相続分規定違憲決定（最大決平成 25 年 9 月 4 日・民集 67 卷 6 号 1320 頁），第 79 届日本公法学会总会，2014 年 10 月 19 日；巻美矢紀，判決の効力，第 79 届日本公法学会总会，2014 年 10 月 19 日。

〔4〕 西原博史，日本の憲法学における人権概念と『国民』利益の逆襲，憲法理論研究会 2014 年春季研究総会，2014 年 5 月 11 日；西村裕一，平和の『科学』、自由の『哲学』，憲法理論研究会 2014 年春季研究総会，2014 年 5 月 11 日；辻村みよ子，日本の戦後憲政史と主権・代表制・選挙権論——憲法学は民主主義の定着/発展に寄与しえたか. いかなる民主主義か，憲法理論研究会 2014 年春季研究総会，2014 年 5 月 11 日。以上收录于憲法理論研究会編，憲法と時代 憲法理論叢書 22，敬文堂，2014 年（研究会发表的论文刊登出的题目略有差异）。

审议民主主义》。上一年度的报告已收录于《宪法问题26》中。[5]

四、研究综述

(一) 研究专著与论文集

前文提到的《现代立宪主义的诸相》分上、下两册。上册主要收录了统治机构、宪法史、宪法理论相关的论文。其中，与宪法理论相关的主要有3篇。其中，栋居快行《全球化带给主权国家的问题》值得回味，本文分析了“市场=自然”与“主权秩序=理性”原本可在国内市场中相生相伴，但在全球化浪潮下两者共存基础丧失的问题，并主张如果想维持主权国家概念的话，那就少些国家对经济的介入，少些对环境、福利等宏大问题的讨论，更多关注市民社会。南野森在《宪法修改界限论在考察》一文中，首先讨论了宪法修改权是“制定宪法的权利”还是“宪法给予的权利”，明确了“原始的制宪权”与“被制度化的制宪权”之间的不同，因彼此的异质性推导出宪法修改界限论。同时，以法国的素材提出了“谁来规定边界”的疑问，提出“违宪审查制度是否可以成为触探边界的修宪推手”这样一个理论问题。此外，还有讨论自然法和实在法的远藤比吕通《宪法与立宪主义的矛盾》一文。关于代表制，小岛慎司在《代表说的挑战》中，梳理了莫里斯·奥里乌（Maurice Hauriou）所批判的共通意思实在说与其提倡的代表（représenter）说之间的区别，并介绍了亨利·柏格森（Henri Bergson）等人对奥里乌的批判，探讨了“团体的本质为何”的主题。另外，只野雅人的

---

〔5〕 上田健介，首相・内閣に対する統制について，全国憲法研究会2014年春季研究集会，2014年5月10日；田中祥貴，委任立法と議会——議会による委任立法の統制—，全国憲法研究会2014年春季研究集会，2014年5月10日；倉田玲，選挙制度と選挙権，全国憲法研究会2014年春季研究集会，2014年5月10日；榊原秀訓，ポピュリズムと民主政全国憲法研究会2014年春季研究集会，2014年5月10日；植村勝慶，イギリス統治機構の変容，全国憲法研究会2014年秋季研究集会，2014年10月17日；植松健一，ドイツにおける民主政の現在——選挙制度の「ゆらぎ」をてがかりに，全国憲法研究会2014年秋季研究集会，2014年10月17日；小島慎司，近代社会における1つの友誼—プープル主権論について，全国憲法研究会2014年秋季研究集会，2014年10月17；田村哲樹，立憲主義・代表制・熟議民主主義——自由民主主義と熟議民主主義の関係をめぐって，全国憲法研究会2014年秋季研究集会，2014年10月17日。以上收录于全国憲法研究会編，憲法問題26，三省堂，2015年。

《政治代表与人·领域·利益》一文也值得重视。司法权方面值得留意的有，安念润司《合宪限定解释的“适用技术”》，本文重点讨论非讼案件程序保障的问题。对违宪审查制度之论述是本书的重点之一。其中，有浦田一郎《事前审查与事后审查的同质性与异质性》和对 QPC（la question prioritaire de constitutionnalité 合宪性先决问题）程序做了相关问题评价的辻村みよ子《法国式违宪审查制的诸课题》。关于宪法判断方法论的论文有，木村草太的《宪法判断的方法》和青井未帆的《关于适用上违宪与处分违宪的考察》。前者主要讨论了“部分无效”、“处分违宪”、“适用违宪”等概念，认为既然“‘法律合宪且处理违宪’在理论上不能成立”，“处分违宪”也不应成立的观点。后者与前文意见相反，以违反国歌齐唱命令受惩戒处分事件为素材，探讨了“法律适用上的判断 = 适用行为”与“法律适用行为 = 国家处分行为”之间的里表关系，认为着眼讨论个案中的“行为”时，“处分违宪”也有其存在的可能性。此外还有重点讨论日本学说的浅野博宣《立法事实论的可能性》一文，本文区别了在日本已扎根的芦部信喜的“立法事实（支撑法律合理性的事实，其植入比较衡量论）”与美国最初由戴维斯（Kenneth Culp Davis）提出的“立法事实（支撑法形成的事实）”，并验证了日本法院在宪法判断之时“不得已时常利用比较衡量论来判断法形成”的假说。[6]

下册收录了人权论相关的论文。关于人权理论，有代表性的有2篇。其中涩谷秀树《家父主义与违宪审查》中，首先梳理了公共福利的具体概念；其次明确了作为人权制约理论的家父主义的概

〔6〕 長谷部恭男、安西文雄、宍戸常寿、林知更編，現代立憲主義の諸相——高橋和之先生古稀記念（上），有斐閣，2014年。该书收录有：棟居快行，グローバル化が主権国家にもたらすもの；南野森，憲法改正限界論再考——その意義についての序説；遠藤比呂通，憲法と立憲主義の相克；小島慎司，代表説の挑戦；只野雅人，政治代表と人・領域・利益——フランスにおける「地域代表」・再論；安念潤司，合憲限定解釈の「実技」——会社非訟事件を素材として；浦田一郎，事前の違憲審査と事後の違憲審査の同質性と異質性－内閣法制局と最高裁判所の関係を中心にして；辻村みよ子，フランス型違憲審査制の諸課題——二〇〇八年憲法改正後のQPCを中心に；木村草太，憲法判断の方法——「それでもなお」の憲法理論；青井未帆，適用上違憲と処分違憲に関する一考察－起立斉唱命令違反を理由とする懲戒処分の「合憲性」を主な素材に；淺野博宣，立法事実論の可能性。

念，以及对基于家父主义理论权利限制的合宪审查方式的问题。卷美矢纪《关于宪法上权利的考察》一文，以高桥和之提出的“宪法上的权利”为理论前提，对“自律”与“公共”的关系进行了考察。与人权主体相关的，蚁川恒正《作为合宪判断的定型论证的猿拂标准》与驹村圭吾《那么，就香城解说了!?》两文，同时关注了香城敏磨对猿拂判决的解说对合宪审查标准的影响问题。人权分论方面，安西文雄《有关选举权平等的多层构造》，通过分析美国投票权稀释问题，讨论投票权平等的问题。小山刚《比例原则和衡量》一文探讨了①比例原则本身的构造问题和②两阶段（保障内容+限制可能性）的妥当性问题，并对近年德国保障领域重新划定的讨论做了介绍。在“全球范围内对比较宪法”与“日本对审查标准论”的研究尤为活跃的环境下，江岛晶子在《多层次人权保障系统中作为全球通用模式的比例原则》一文中，通过对欧洲人权法院和英国的比例原则分析比较，探讨了比例原则的位置及意义。[7]

此外，以杂志纪念号出版的《高桥和之古稀纪念论文集》中也收录了数篇与宪法相关的论文。其中，辻村みよ子《作为“权利”的选举权与“投票价值的平等”》，通过对比法日之间选举权，区分了“人民主权（souveraineté du peuple）=选举权利说”与“国民主权（souveraineté nationale）=社会职务说”的概念，并以后者的角度展开了对日本国会选举中投票价值差的讨论。青柳幸一《宪法上“聋哑人”的权利》一文，以聋哑人 A 向高松市提出手语翻译申请，市政府不予受理后，提出行政诉讼的事件为素材，探讨了残障人士的宪法 13 条“尊重个人”、14 条平等，以及 21 条言论自

〔7〕 長谷部恭男、安西文雄、宍戸常寿、林知更編，現代立憲主義の諸相——高橋和之先生古稀記念（下），有斐閣，2014 年。该书收录有：渋谷秀樹，パターナリズムと違憲審査；巻美矢紀，「憲法上の権利」に関する一考察—「自律」と「公共」；蟻川恒正，合憲であることの定型的論証としての猿払基準；駒村圭吾，さらば，香城解説!? ——平成二四年国公法違反被告事件最高裁判決と憲法訴訟のこれから；安西文雄，選挙権の平等に関わる多層構造——アメリカにおけるマイノリティの投票希釈問題をてがかりに；小山剛，比例原則と衡量；江島晶子，多層的人権保障システムにおけるグローバル・モデルとしての比例原則の可能性。

由的问题。[8] 此外《辻村みよ子教授退职纪念号》中，介绍辻村みよ子教授的学术成果的山元一《现代宪法理论中的主权》与佐佐木弘通《有关弃权的自由考察》两篇值得特别关注。前者站在辻村みよ子的一元人民主权论的角度，批判了托拜的主权论概念；后者对辻村みよ子的一元（人民主权）说和野中俊彦的二元说的争论进行梳理，探讨了公务行为与宪法19条禁止的“强制自发行为”间的问题。除此之外还收录了蚁川恒正《最高法院判例中显现的“尊重个人”》等论文。[9]《釜田泰介教授退职纪念号》中收录了对近年政府对出租车行业的再控制问题关注的松本哲治《职业选择的自由》和介绍事后审查程序法——组织法（lois organiques）的制定过程的池田晴奈《法国的事后审查的程序诸问题》等论文。[10]

2014年度出版的专著有：毛利透《统治构造的宪法论》，本书通过对宪法修改进行反思，以论者本人1999年以来发表的论文为核心，整体论述了政府机构中议会内阁制的变化、行政概念与法律概念、行政组织论等问题。同样关注修宪问题的有辻村みよ子《比较中的修宪论》。人权论相关的有长尾一紘《外国人选举权德国经验与日本课题》，本书对德国的情况做考察后，表达了无论是国家范围的选举还是地方性选举，对外国人授予选举权与被选举权都是应当被禁止的，即使是通过修改宪法，这种授予行为也应当被认为超越了宪法修改的边界的观点。对言论自由问题讨论的有，主张日本也需要出台对仇恨言论限制的师冈康子《仇恨言论是什么》、对SLAPP（违反公共参与策略性反诉法令）进行讨论的松井茂记《言论自由与诽谤》和横大道聪《现代国家中的言论自由》。其中《现

---

〔8〕 辻村みよ子「権利」としての選挙権と「投票価値平等」，明治大学法科大学院論集14号，2014年；青柳幸一，「ろう者」の憲法上の権利：真の言語としての日本手話，明治大学法科大学院論集14号，2014年。

〔9〕 山元一，現代憲法理論における主権：「市民主権」論をめぐる一考察，法学77卷6号，2014年；佐々木弘通，棄権の自由に関する一考察，法学77卷6号，2014年；蟻川恒正，最高裁判例に現われた「個人の尊厳」：婚外子法定相続分最高裁違憲決定を読む，法学77卷6号，2014年。

〔10〕 松本哲治，職業選択の自由：タクシーの再規制の問題を中心に，同志社法学64卷7号，2013年；池田晴奈，フランス事後的違憲審査制の手続的諸問題：憲法六一条の一の適用に関する組織法律の制定過程を通して，同志社法学64卷7号，2013年。

代国家中的言论自由》一书中，论者首先从传统的特权论角度出发，利用目的两分论区分了为了传达政府言论个人接受政府帮助模式和为了私人间话语多样性政府帮助的模式。提出了区分传统宪法学和现代宪法学中政府的形象，现代政府常常以保护人权的面貌出场，而此恰恰不利于保护人权。政府的给付、帮助行为侵害到接受给付者的自由意志。因此，现代国家的积极作为对言论自由的干涉成为新的议题。在违宪审查论中，佐佐木雅寿《互动式违宪审查理论》也值得注意，本书通过对原有国会与法院对立式的违宪审查制度反省，构建了“互动式违宪审查理论”的体系。此外，松本和彦编《日德公法学的挑战》和笹沼弘志《临床宪法学》也值得关注。〔11〕

（二）研究论文

直面修宪论暗潮涌动的今天，执念于修改宪法的现政权通过内阁法制局变更宪法解释的现状，对基础理论的论述是近年宪法学研究的焦点。如山元一在《法律时报》推出的《特辑/站在十字路口的宪法》的《企划主旨》中讲到，现在日本宪法学需要应对怎样的问题，展望怎样的将来，首先需要的是对基础概念的再检讨。在本特辑中，蚁川恒正《日本宪法序文中的“国家名誉”》一文探讨了普遍价值对国家的约束与向国益迈进之间并存的困难，特别指出对国益重视之时，不可忽略宪法序文的构造中国民之概念。玉蟲由树在《人权与国家权力》中，对公共福利的一元内在说重新进行了评价，并通过公共利益机能的分析，提出了“比起对人权制约，公共利益条文的作用更在于，使国家权力的发动正当化这一方面”观点。井上武史在《日本国宪法与立宪主义》中，批评了自民党宪法

---

〔11〕 毛利透，統治構造の憲法論，岩波書店，2014年；辻村みよ子，比較のなかの改憲論：日本国憲法の位置，岩波書店，2014年；長尾一紘，外国人の選挙権ドイツの経験・日本の課題，中央大学出版部，2014年；師岡康子，ヘイト・スピーチとは何か，岩波書店，2013年；松井茂記，表現の自由と名誉毀損 = Freedom of expression and defamation，有斐閣，2013年；横大道聡，現代国家における表現の自由：言論市場への国家の積極的関与とその憲法的統制，弘文堂，2013年；佐々木雅寿，対話的違憲審査の理論，三省堂，2013年；松本和彦編，日独公法学の挑戦：グローバル化社会の公法，日本評論社，2014年；笹沼弘志，臨床憲法学，日本評論社，2014年。

改正草案对立宪主义理解不充分的问题。[12]

同样为《法律时报》编辑部推出的《特辑/宪法解释与人事》中，蚁川恒正《宪法解释权利》对有权解释区分为“强力的解释（根据宪法81条得来的法院的解释）”和“弱势解释（国家机关职权解释）”，并对内阁的宪法解释权利考察后，表达了内阁对集团自卫权的解释的变更（应受其职权内在制约宪法解释行为）并不能合法化的观点。山室信一《思想联系中的“人治”与立宪主义》表达了立宪主义的本质是摆脱人治，向法治的转换，而人治（例如政治过程中的人事权的运用）过度利用的结果，则会导致法治崩溃的观点。此外，还收录了论述最高法院和内阁法制局并不能作为“宪法的守护人”的角色，而是应由人民担当观点的水岛朝穗《围绕“宪法的守护人”的制约与均衡的力学》一文。本合集还有对比日（牧原出《政治的人事介入与其独立性》）、德（三宅雄彦《联邦宪法法院的“法”与“人事”》）、法（井上武史《宪法委员会与最高行政法院》）、美（大林启吾《“围绕宪法解释的人事”和“围绕人事的宪法解释”》）的宪法解释与人事之间关系的论文。[13]

关于修宪问题的特辑还有《法学家》（ジュリスト）编辑部推出的《宪法“修改”问题》特辑，其中，长谷部恭男《宪法96条的“修改”》和宍户长寿《“修改宪法”的意义》是有代表性的两篇。前者讨论利用96条来变更96条的规定是否合法化、合理化问题；后者通过对“时间中的修宪”、“宪法解释的修宪”等修宪意义进行分析，论述了虽然在成熟国家中修宪并不具有特别意义，但“为了实现自我目的的修宪完全是对宪法破坏”的观点。[14]

---

〔12〕法律時報86卷5号，2014年。其中收录有：山元一，企画の趣旨；蟻川恒正，日本国憲法前文における¢国家の名誉£；井上武史，日本国憲法と立憲主義：何を考えるべきか；玉蟲由樹，人権と国家権力：「公共の福祉」の多元的機能。

〔13〕法律時報86卷8号，2014年。其中收录有：蟻川恒正，憲法解釈権力：その不在に関する考察；山室信一，思想連鎖のなかの「人の支配」と立憲主義；水島朝穂，「憲法の番人」をめぐる抑制と均衡の力学；牧原出，政治からの人事介入と独立性；三宅雄彦，連邦憲法裁判所をめぐる法と人事：ドイツの場合；井上武史，憲法院とコンセイユ・デタ：フランスの2つの憲法解釈機関；大林啓吾，「憲法解釈をめぐる人事」と「人事をめぐる憲法解釈」：アメリカの憲法実践から。

〔14〕長谷部恭男，憲法96条の「改正」，論究ジュリスト9号，2014年；宍戸常寿，「憲法を改正する」ことの意味，論究ジュリスト9号，2014年。

此外，在宪法总论中，小关康平《法人意思与法人机关意思》值得关注。本文在梳理萨维尼的法人拟制说与基尔克（Otto Friedrich von Gierke）的法人实在说后，提出国家作为法人在法出现前就已存在，然而因其天生的无行为能力，需要寻求代理人的帮助，以此为理论原点探讨“国家的目的是独立于国家机关的法人自己的意思”等问题。[15]

自民党发表的宪法修改草案将原本日本宪法中的“公共福利”改作了“公共利益和公共秩序”，字面上使得其与原来与人权同等位阶的理解发生了变化，因此关于人权边界的问题重新得到关注。栋居快行的《作为人权制约法理的公共福利论的现在》是极具代表性的一文，该文首先整理了关于公共福利的一元外在制约说，内在、外在二元制约说，最后论及一元内在制约说这一有力说。所谓一元内在说就是，人权与公共福利为性质相同的东西。并通过对2012年国家公务员法违反两事件（宇治桥事件、堀越事件）（以下国公法违反事件）的最高法院小法庭与1974年猿拂事件的最高法院大法庭判决的对比，批评了国公法违反事件判决并没有对猿拂事件的判决作出变更，相反是撕掉了猿拂判决中违宪审查标准的外衣，更露骨地采用了学界所批判利益衡量论的审查标准。论者指出在人权与公共福利冲突之时，审查标准论正因为有标准可言，对人权保护也更充分，而利益衡量论在这方面表现不佳，人权保护最后也只能是专案的（ad hoc）保护，并认为正因如此，“在实际的宪法判决中，人权 vs. 公共利益之间的争论点，正在转向审查标准论 vs. 比较衡量论这样对立形态”。平地秀哉《现在的“公务员政治活动的自由”》中，同样对国公法违反事件的最高法院判决中使用的利益衡量论进行了论述。关于这一问题的论述同时可以参考佐藤宽稔的《关于“公共利益”论的考察》与青柳幸一《围绕公务员

〔15〕 小関康平，法人意思と法人機関意思：国家法人意思の探求に捧げる試論，日本大学大学院法学研究年報43号，2013年。

的政治行为的自由的判例变更》二文。[16]

以上提到的论文除涉及公共福利问题外，还与人权主体问题相关。但关于人权主题问题，本年度依然热点关注了外国人人权，特别是选举权问题。至于原因，高希丽《驻日韩国・朝鲜人的投票选举权的选择・登陆制度的可能性》中提到的战后朝鲜人丧失日本国籍后，其群体在日本微妙的法地位，对此给出了较为合理的解释。另外，大西健司《基于关系权利理论的孩子人权论的再构成》一文也颇为有意义，本文是时隔两年对孩子的人权关注的文章，本文通过对玛莎・米诺（Martha Minow）的关系权利理论的分析，对人权主体为假想中“自律的人”这一传统进行诘问，并探讨了孩子（非假想中“自律的人”）的人权问题。[17]

因2013年9月4日，日本民法第900条第4项但书中规定的非婚生子女继承份额减半，违反宪法第14条平等权之规定，被最高法院判定违宪，所以平等权保障的问题在本年度得到了格外的关注。如蚁川恒正的《读非婚生子女继承份额最高法院违宪决定》，通过对比尊属杀违宪判决与国籍法违宪判决，分析了本次最高法院的违宪判断三个特点：其一，本次违宪判断的方法摒弃了1995年的判断是否“明显不合理”的标准；其二，本次的违宪判断中没有使用目的手段审查标准；其三，在判决中特别体现了“尊重个人”，并且区别了审查密度不同的3种事件类型，但也指出了因原本“尊重个人”所具备的规范强度，使得本次判决的审查密度并没提高的问题。井上典之《最高法院大法庭对非婚生子女继承份额违宪判决：宪法的角度》可作参考。除此之外，宍户长寿的《关于美国最高法院的同性婚姻的判决》以美国联邦法院裁定推翻婚姻保护法

---

〔16〕 棟居快行，人権制約法理としての公共の福祉論の現在：最高裁判決における近時の展開を踏まえて，レファレンス64巻5号，2014年；平地秀哉，公務員の政治活動の自由の現在，憲法問題25号，2014年；佐藤寛稔，公共の福祉」論に関する一考察，秋田法学55号，2014年；青柳幸一，公務員の政治的行為の自由をめぐる判例変更：猿払事件最高裁大法廷判決と目黒社会保険事務所事件最高裁第2小法廷判決［昭和49.11.6，2012.12.7］，明治大学法科大学院論集13号，2013年。

〔17〕 高希麗，在日韓国・朝鮮人の選挙投票権の選択・登録制度の可能性：韓国における在外国民選挙の動向をふまえて，法学ジャーナル89号，2013年；大西健司，関係的権利論による子どもの人権論の再構成，一橋法学12巻3号，2013年。

（DOMA）以及加州禁止同性婚姻的8号提案为素材，探讨了判决的射程，以及指出两项判决并没有论证同性恋婚姻是否正当的问题，并从两判决展开，探讨了平等权等问题。〔18〕

此外，高桥和广《德国联邦宪法法院中信息的自我决定权论的展开》一文也值得留意，本文通过对布里茨（Gabriele Britz）法官与布尔（Hans Peter Bull）争论的整理，对“个人信息管理权”进行了论述 ，特别需要指出的是，本文与2014年欧洲法院对Google的判决中所提到的“被遗忘的权利”的理论构成息息相关。同样讨论了“通过国家实现自由”问题的还有，市川芳治《反垄断法是“言论自由”的破坏者还是保护者（1）（2）》一文也颇有意味，本文通过梳理欧美反垄断法规制媒体的判例，讨论了国家在维护“言论自由市场”时，反垄断法的作用问题。〔19〕

近年来，京都朝鲜学校的仇恨言论成为社会问题，讨论仇恨言论、诽谤言论的论文成为言论自由部分研究的主流。其中有内野正幸《仇恨言论》、前田朗《对仇恨言论处罚的世界动向》，以及在《纽约时报》诉沙利文案后，对诽谤证明大规模修正的背景下，分析普通法下的诽谤和宪法下的诽谤之间关系的阪本昌成《“现实的恶意”（Actual Malice）规则的背景》等。〔20〕

从近年的研究趋势来看，对经济自由问题的研究并不是很多，不过因2014年10月内阁会议通过了《关于风俗营业的限制及业务

---

〔18〕 蟻川恒正，判例講座 起案講義憲法（第7回）婚外子法廷相続分最高裁違憲決定を読む，法学教室397号，2013年；井上典之，婚外子相続分違憲最高裁大法廷決定［平成25.9.4］：憲法の立場から，論究ジュリスト8号，2014年；宍戸常寿，合衆国最高裁の同性婚判決について，法学教室296号，2013年。

〔19〕 高橋和広，情報自己決定権論に関する一理論的考察，六甲台論集法学政治学篇60巻2号，2014年；市川芳治，競争法は「表現の自由」の破壊者か保護者か（1）情報社会の新しい秩序の形成期における一試論：欧米の事例から，法律時報85巻10号，2013年；市川芳治，競争法は表現の自由£の破壊者か保護者か（2）情報社会の新しい秩序の形成期における一試論：欧米の事例から，法律時報85巻11号，2013年。

〔20〕 内野正幸，時の問題 ヘイトスピーチ，法学教室403号，2014年；前田朗，ヘイト・スピーチ処罰の世界的動向：差別と迫害による被害を止めるために（特集 ヘイト・スピーチ法をめぐる状況），法と民主主義485号，2014年；阪本昌成，「現実の悪意」（Actual Malice）ルールの背景にあるもの：民事名誉毀損と表現の自由との調和，近畿大学法学61巻2・3号，2013年。

合理化等的法律的部分改正的法律》（風俗営業等の規制及び業務の適正化等に関する法律の一部を改正する法律案），其中对歌舞厅等营业场所放松了限制。虽然2014年已提交临时国会，但因众议院解散被废案。2015年3月再次提交国会审议。关于《关于风俗经营等的规制及业务正规化等的法律（風俗営業等の規制及び業務の適正化等に関する法律）》（以下称风营法）修改问题，新井诚《风营法中舞蹈营业限制的合宪性》与《围绕风营法对舞蹈营业限制的宪法论》两文结合2014年大阪地方法院的判决，对风营法规制的合宪行展开了讨论。论者通过分析法院的判决指出：虽然法院回避判断违宪问题，但法院同时言明了风营法对舞蹈营业的管制不但涉及营业的自由，还与言论自由相关。[21]

统治机构论中，虽然对议会研究中的审议民主问题和首相内阁研究中的权限问题是近年热点。但从数量来看，对违宪审查制度这一传统领域的研究依然是重点。

基础理论方面，爱敬浩二的《关于杰里米·沃尔德顿（Jeremy Waldron）的违宪审查制度批判》一文意味尤其深长。本文首先介绍了近年来英美对法律宪法批判的政治宪法学，以及加、英两国混合型人权保障体系，梳理了沃尔德顿对违宪审查制度批判中的对象、前提条件等问题。通过对批判美国最高法院奥尔沃顿，与拥护美式违宪审查制度的法农（Richard Fallon）间的争论的整理，表达了对法农的理论前提只是限定于实在宪法解释的（“狭义宪法理论”）不赞成，同时支持了沃尔德顿正当化的广义宪法（全球化视野下，各国法官在解释人权条款时会参照彼此的判例）的观点。此外，中谷实《围绕君之代齐唱的司法积极主义和司法消极主义（1)—(3)》也值得关注，本文以齐唱国歌事件的最高法院判决为素材，区分了其判决文本中显示的不同类型，并通过分析这些类型的判决，提出最高法院存在司法消极主义倾向。本年度对比例原则有着特别的关注，其中有：论述德式比例原则（适当性、必要性、狭义比例原则）各自独立机能的小山刚《比例原则与猿拂标准》，探讨

---

〔21〕 新井誠，風営法におけるダンス営業規制の合憲性について，広島法科大学院論集10号，2014年；新井誠，風営法によるダンス営業規制をめぐる憲法論：大阪地裁平成26年4月25日判決の検討，法律時報86巻9号，2014年。

英国法院适用比例原则的江岛晶子《英国对比例原则的继承》和《比例原则的国际化》，介绍法国宪法法院扩大比例原则适用的建石真公子《法国宪法委员会利用比例原则对基本权的保障》，松本和彦《德国比例原则的普遍性与特殊性》及小畑郁《人权条约机关中人权的概念及其判断方式》等。[22]

由于篇幅关系，在此对天皇制、和平宪法、人权论分论的生存权、政教分离问题不进行介绍，望读者谅解。

五、结 语

日本宪法学界的研究动向有以下四个特征。在研究内容方面，第一，本年度因修宪问题，对宪法学基础概念的研究相对集中，特别是讨论修宪的界限和意义问题的论文可谓汗牛充栋。第二，人权论的研究主要集中于讨论人权行使的界限问题，素材上主要选取了公务员人权和仇恨言论的问题。第三，违宪审查问题依然是宪法学研究的重中之重，而比例原则又是本年度重点讨论的领域。第四，本年度几篇涉及政府角色转换后国家作用的论文，提示了“通过国家实现自由”的新时期宪法学所需要面对的新问题。在研究方法方面，比较法研究是主流。其中，以户波江二、小山刚、松本和彦等为代表，对德国宪法学上的基本权保护义务、比例原则、三阶段审查的研究正在改变日本宪法学的话语和面貌。另外，以山元一、辻村みよ子、南野森等为代表，对法国宪法学的研究也值得瞩目，尤其是2008年法国宪法修改后，日本宪法学界对法国宪法委员会的事后审查制度以及相关的QPC的论说。

---

〔22〕 愛敬浩二，ジェレミー・ウォルドロンの違憲審査制批判について，名古屋大学法政論集255号，2014年；中谷実，君が代斉唱をめぐる司法消極主義と積極主義——外部行為の強制と教員の思想・良心の自由（1）（2）（3），南山法学36巻3・4号2013年、南山法学37巻1・2号2014年、南山法学37巻3・4号2014年；小山剛，比例原則と猿払基準，法学研究87巻2号，2014年；江島晶子，イギリスにおける比例原則の継受：ヨーロッパ人権条約と1998年人権法，比較法研究75号，2013年；江島晶子，比例原則のグローバル化：人権の対話，比較法研究75号，2013年；建石真公子，フランス憲法院における比例原則による基本権保護：フランス的憲法伝統とヨーロッパ法の交錯，比較法研究75号，2013年；松本和彦，ドイツの比例原則の普遍性と特殊性，比較法研究75号，2013年；小畑郁，人権条約機関における人権概念と判断手法：比例原則の位置づけと意義を中心に，比較法研究75号，2013年。

宪法作为国家的根本大法，其最高法规性注定了其政治性与本土性。虽然日本宪法学界一直注重比较法的研究方法，但学者们并没有因此对本国理论的研究有所松懈。我国的宪法研究在“依宪治国”的大环境下正面临机遇和挑战，笔者希望本文对日本宪法学动向的介绍，能够为国内学界提供些许灵感或启示。

2014年日本行政法学研究综述

周 蒨 *

一、导 言

(一) 本文的对象及范围

本文旨在对2014年日本行政法学界所举办的主要学会、展开的学术研究进行概括性的介绍。介绍外国法学界的研究动向时，最重要的一点莫过于要忠实于该国国内法学界的情况。因此，本文的撰写原则上参照了日本《法律时报》86卷13号（特集：2014年学界回顾·行政法）以及《公法研究》76号（学界展望：行政法）的相关内容。但因篇幅有限，本文在介绍日本行政法学的研究动向时，会侧重于学界的研究热点，并根据笔者的理解在一定程度上进行删减详略。

行政法涵盖的内容很广泛，经济金融、环境卫生、信息通讯、社会福祉等都是与行政法有关联的领域。但在研究回顾时，日本法学界通常不会把这些领域的研究纳入行政法中，而是作为单独部分进行介绍。[1] 本文沿袭《法律时报》的分类，主要介绍通常意义上的行政法领域的研究动态，并不包括上述个别领域的内容，还望读者周知并海涵。

---

* 周蒨，法学博士（一桥大学），久留米大学法学部讲师。

〔1〕 参见大田直史、石塚武志、小澤久仁男、南川和宣，2014年学界回顧 行政法，法律時報86卷13号，2014年。

（二）本文的构成

本文对2014年日本行政法学研究动态的介绍，主要由以下四部分构成：第一，介绍年度召开的代表性学会或研究论坛（学会动向），阐述行政法学界的年度热点话题。第二，参照《法律时报》及《公法研究》当中所涉及的文献，根据日本国内的研究情况以及笔者的理解，对行政法学界的学术研究进行分类介绍（学术研究动向），具体分为教科书、研究性专著及代表性论文。其三，在学说介绍的基础上，列举2014年行政法领域所出现的代表性判例，并简单分析判例和学说之间可能存在的连动性。其四，总结2014年日本国内行政法研究的主要特点，在此基础上，对中日两国的行政法研究情况进行简单的比较分析并予以评价。

二、学会动向

在日本行政法领域中，全国性的大型学会主要为一年一度的公法学会及行政法研究论坛。其中，公法学会包括宪法以及行政法两个领域，通常在每年十月的第三周周末召开，为期两天。而行政法研究论坛则通常在每年八月的第一个周六召开，为期一天。

（一）公法学会

2014年的日本公法学会，于10月18日～19日在位于东京的中央大学举办。会议的主题为“司法制度改革后的公法判例与公法学说”，分别召开了总会及第一、第二部会。

在总会当中涉及行政法的报告是，村上裕章的《司法制度改革后行政法判例的展开：理论的过剩与过小》以及常冈孝好的《司法制度改革后行政法学说的课题》。与此相呼应，第一部会中行政法相关的报告是，德本广孝的《地方公共团体之规律维持及债权放弃决议的意义：从行政法总论来看债权放弃决议》以及丰岛明子的《老龄叠加计算诉讼：生存权具体实现时相关裁量统制的课题》。第二部会中行政法相关的报告则是，仲野武志的《行政事件中诉讼要件的意义》以及深泽龙一郎的《行政事件诉讼中判断过程之统制：

基础考察》。[2]

（二）行政法研究论坛

2014年8月，同志社大学举办了行政法研究论坛。继2013年的主题“行政事件诉讼法改革十年验证”之后，2014年的行政法研究论坛以“行政不服审查法（行政复议法）的修改”为主题，分四个报告展开了讨论。具体为大野卓的《有关行政不服审查法关联三法》、市桥克哉的《行政上的变化与行政不服审查法修改：参考多治见市纠正请求审查会的经验》、松村享《基于地方自治体的立场：对本次法修改的评价》以及松仓佳纪的《行政不服审查法的修改：实务会如何变化》。[3]

可以看出，在2014年行政事件诉讼法修改十周年之际，日本行政法学界的主要讨论焦点在于，司法制度改革后法院在审理案件时所采用的判断标准与学说的关联性。另外，自2004年行政事件诉讼法修改以来，行政不服审查法的修改也成为热门论点。本次行政法研究论坛恰巧召开在该法修改（2014年6月13日通过了行政不服审查法的修正案，并同时通过了行政程序法的修正案）之后，从学术上以及实务上探讨了该法的修改内容。[4]

---

〔2〕 村上裕章，司法制度改革後における行政法判例の展開：理論の過剰と過小；常岡孝好，司法制度改革後の行政法学説の課題；徳本広孝，地方公共団体の規律維持と債権放棄議決の意義：行政法総論からみた債権放棄議決；豊島明子，老齢加算訴訟：生存権の具体的実現に係る裁量統制の課題；仲野武志，行政事件における訴訟要件の意義；深澤龍一郎，行政事件訴訟における判断過程の統制：その基礎的考察。

〔3〕 大野卓，行政不服審査法関連三法について；市橋克哉，行政の変化と行政不服審査法改正：多治見市是正請求審査会の経験を踏まえて；松村享，地方自治体の立場から：今回改正法の評価；松倉佳紀，行政不服審査法の改正：実務をどう変革できるのか。

〔4〕 除了行政法研究论坛中的报告文章，探讨行政不服审查法的修改的著作以及论文还有很多。著作方面例如：行政不服審査制度研究会編集，ポイント解説・新行政不服審査制度，ぎょうせい，2014年；宇賀克也，Q&A新しい行政不服審査法の解説，新日本法規，2014年；橋本博之，青木丈、植山克郎，新しい行政不服審査制度，弘文堂，2014年以及宇賀克也，行政不服審査法の逐条解説，有斐閣，2015年等。论文方面例如：前田雅子，行政不服審査法改正の論点；稲葉一将，行政不服審査法改正と救済態様；大橋真由美，行政不服審査法改正と行政不服審査における審理体制のあり方；洞澤秀雄，地方自治体における行政不服審査。这些论文均刊登在法律時報86卷5号，2014年。除此之外的论文还有：稲葉馨，行政法上の『不当』概念に関する覚書き，行政法研究第3号，信山社，2013年；橋本博之，個別法による不服申立前置について、慶応法学27号，2013年以及宇賀克也編，行政法研究第7号，信山社，2014年等。

三、研究动向

2014年日本行政法学的学术研究，可以分别从该年度出版的教科书、研究性著作以及公开发表的代表性研究论文中总结出若干动向。

（一）教科书

在教科书领域，表现的学术研究动向主要有以下四个方面：其一，针对行政不服审查法等法律的修改而改写的教科书。例如，宇贺克也的《行政法概说》系列。[5] 其二，主要从理论上系统讲解行政法的教科书。例如，曾和俊文的《学习行政法总论》。其三，面向初级及中级水平的法学学生，结合行政法各论进行解说的教科书。例如，原田大树的《例解行政法》及《演习行政法》；以具体事例为切入点，同样针对初中级水平的教科书有：土田神也的《基础演习行政法》。其四，主要以培养法科大学院的判例及事例分析能力为目的的教科书，例如，大桥洋一、齐藤诚、山本隆司编著的《行政法判例集1 总论·组织法》，高桥滋、石井升编著的《判例导航行政法》。[6]

（二）研究性著作

1. 合著·论文集等

2014年公法领域具有代表性的研究类著作，首先是长谷部恭男、安西文雄、宍户常寿、林知更编著的《现代立宪主义的诸相（高桥和之先生古稀纪念论文集）》。虽然这本书侧重于宪法学研究，但也收录了介于宪法与行政法之间的研究论文。该书的上卷收录了一些探讨行政法的基础理论及中心议题的文章，例如碓井光明

---

〔5〕 宇賀克也，行政法概説1：行政法総論，第五版，有斐閣，2014年；宇賀克也，行政法概説2：行政救済法，第四版，有斐閣，2014年。除此之外的教科书还有：藤原宙靖，行政法入門，第六版，有斐閣，2014年；稲葉馨，下井康史，中原茂樹，野呂充編，ケースブック行政法，第五版，弘文堂，2014年；石川敏行、藤原静雄、大貫裕之、大久保則子、下井康史，はじめての行政法，第三版，有斐閣，2014年等。

〔6〕 曽和俊文，行政法総論を学ぶ，有斐閣；原田大樹，例解行政法，演習行政法，東京大学出版会；土田神也，基礎演習行政法，日本評論社；大橋洋一、斎藤誠、山本隆司編，行政法判例集1総論·組織法，有斐閣；高橋滋、石井昇編，判例ナビゲーション行政法，日本評論社。

的《有关行政审判所统合的考察》、齐藤诚的《条例违法确认诉讼的构想（1947年）》、山本隆司的《对行政制裁的基础性考察》、交告尚史的《瑞典行政裁量论的宪法基础》以及渡边康行的《宪法上的权利与行政裁量审查》。该书的下卷则收录了宇贺克也的《隐私影响评价》等文章。[7]

第二，侧重于经济与法、社会与法的论著有伊藤真、松尾真、山本克己、中川丈久、白石忠志编著的《经济社会与法的作用（石川正先生古稀纪念论文集）》以及广渡清吾、浅仓むつ子、今村与一编著的《日本社会与市民法学（清水诚先生追悼论集）》。前者的论文集主要探讨地方自治团体在经济行为上所受到的约束，收录了碓井光明的《英国自治体监查的动向》、木内道祥的《理由提示的瑕疵引发的取消判决以及处分理由的替换》、高木光的《课征金的制度设计及比例原则》、高安秀明的《有关地方公共团体财务会计行为的违法性判断》以及中川丈久的《行政处分的法效果所指何物》等5篇行政法方面的文章。而后者的论文集主要针对2011年3月11日发生的东日本大地震及福岛核电站事故所引发的核能利用问题，从核能与社会、核能与居民之间的关系出发，收录了矶野弥生的《核电事故对策当中居民的参加权》以及人见刚的《德国市町村生活基础设施顾虑行政的（再）民营化》两篇文章。[8]

第三，与2014年度两大学会的主题相呼应，主要研究行政诉讼制度改革及验证的合著有以下几个：①矶野弥生、甲斐素直、角

---

〔7〕长谷部恭男、安西文雄、宍戸常寿、林知更编著，現代立憲主義の諸相——高橋和之先生古稀記念，有斐閣。此段所列的被收录论文的日语原文依次为：碓井公明，行政審判所の統合をめぐる一考察；斎藤誠，条例違法確認訴訟の構想（1947年）；山本隆司，行政制裁の基礎的考察；交告尚史，スウェーデン行政裁量論の憲法的基礎；渡辺康行，憲法上の権利と行政裁量審査；宇賀克也，プライバシー影響評価。

〔8〕碓井光明，英国自治体監査の動向；木内道祥，理由提示の瑕疵による取消判決と処分理由の差替え；高木光，課徴金の制度設計と比例原則；高安秀明，地方公共団体の財務会計行為の違法性判断について；中川丈久，行政処分の法効果とは何を指すのか；磯野弥生，原発事故対策における住民の参加権；人見剛，ドイツにおける市町村生活基盤配慮行政の（再）民営化。前四篇文章均收录于伊藤真、松尾真、山本克己、中川丈久、白石忠志，経済社会と法の役割——石川正先生古稀記念論文集，商事法務，2013年。后两篇文章均收录于广渡清吾、浅仓むつ子、今村与一编著，日本社会と市民法学——清水誠先生追悼論集，日本評論社，2013年。

松生史、古城诚、德本广孝、人见刚编著的《现代行政诉讼的到达点与展望（宫崎良夫先生古稀纪念论文集）》，从行政救济制度的创建目的及功能、理论上的问题点以及个别领域的纷争解决等三个角度进行了探讨。②阿部泰隆、齐藤浩编著的《行政诉讼第二次改革的论点》，主要从实务界的角度出发，阐述了律师对行政诉讼改革的一些看法，并收录了日本律师联合会出台的法律修改意见。③现代行政法讲座编辑委员会（冈田正则、榊原秀训、白藤博行、人见刚、本多泷夫、山下龙一、山田洋）编著的《自治体争讼·信息公开争讼（现代行政法讲座Ⅳ）》，对地方自治体系中“居民自治”以及“信息公开”这两个热点问题进行了提示及探讨。〔9〕

第四，在地方分权·地方自治领域中的合著。例如，三桥良士明、村上博、榊原秀训编著的《自治体行政体系的转换与法》，考察了近年来日本地方自治改革过程中涉及的“道州制”理论，阐述了地方自治中的权力分配等重要论点。〔10〕

第五，有关防灾管理及核能中的行政法问题，以东京大地震及福岛核电事故为契机，民主主义科学者协会法律部会编著了《东日本大震灾·福岛核电事故与法》，其中收录了下山宪治的《防灾·灾害风险管理与行政法学》、首藤重幸的《核电规制及脱离行政法的课题》、井户谦一的《核电诉讼的新延伸》，这些文章结合风险理论，对紧急事态发生时行政应尽的责任与义务进行了讨论。〔11〕

2. 专　著

作为研究专著所出版的单行本，其内容大致可以分为以下三个方向：

---

〔9〕 矶野弥生、甲斐素直、角松生史、古城誠、德本広孝、人见刚编著，現代行政訴訟の到達点と展望——宮崎良夫先生古稀記念論文集，日本評論社，2014年；阿部泰隆、齐藤浩编著，行政訴訟第2次改革の論点，信山社，2013年；现代行政法講座編集委員会，現代行政法講座第4巻自治体争訟·情報公開争訟，日本評論社，2014年。

〔10〕 三橋良士明、村上博、榊原秀訓编著，自治体行政システムの転換と法日本評論社，2014年。

〔11〕 下山憲治，防災·災害リスク管理と行政法学；首藤重幸，原発における規制と脱却の行政法的課題；井戸謙一，原発訴訟の新しい展開（这些文章均收录于法の科学44号特集——東日本大震災·福島原発事故と法）。除此之外，还有多篇单独的论文对于防灾及灾后重建进行了阐述，出于篇幅限制在此割爱。具体论文可参考法律时报86卷13号35页（14东日本大震灾与核电事故）。

第一，侧重行政法基础理论的著作。比如，冈田正则的《国家的不法行为责任与公权力的概念史：国家赔偿制度研究》从国家赔偿的角度讨论公权力与不法行为；正木宏长的《行政法与官僚制：行政法与专门性以及行政法学与相邻诸学问》以美国为比较对象，研究行政专门性与司法审查。[12]

第二，基于行政法的基础理论，从当前社会的热点问题，即公私合作、民间参与等出发，探讨行政与私人间关系的论著。比如，原田大树的《公共制度设计之基础理论》（弘文堂）以及山田洋的《风险与合作的行政法》。这两本著作都提到了目前社会所存在的公私合作的多种形态，前者着重于政策实现的制度设计，后者则着重于探讨如何更好地利用民间及社会资源达到公共目的。同样涉及公私合作的问题，板垣胜彦的《保障行政的法理论》则以德国法中的“保障国家”为切入点，研究公法上的国家任务实现与合同、不法行为等的相关性。[13]

第三，侧重行政法各论的著作，可细分为探究以下四个主题的著作：①以行政裁量为主题的著作。例如，深泽龙一郎的《裁量统制的法理与延伸》，考察了英国法中行政裁量论的性质及司法审查的结构。②以行政计划为主题的著作。例如，碓井光明的《都市行政法精义Ⅰ·Ⅱ》，将都市建设与行政法相结合。③以行政实效性确保的手段为主题的著作。例如，须藤阳子的《行政强制与行政调查》，讨论了强制执行等概念。④以行政程序为主题的著作。例如，宇贺克也的《号码法的逐条解说》，对2013年颁布的号码法进行了讲解。[14]

（三）代表性论文

除了上述合著或论文集中所收录的论文之外，2014年日本行

〔12〕 岡田正則，国の不法行為責任と公権力の概念史：国家賠償制度史研究，弘文堂，2013年；正木宏長，行政法と官僚制：行政法と専門性、そして行政法学と隣接諸学問，成文堂，2013年。

〔13〕 原田大樹，公共制度設計の基礎理論，弘文堂，2014年；山田洋，リスクと協働の行政法，信山社，2013年。板垣勝彦，保障行政の法理論，弘文堂，2013年。

〔14〕 深澤龍一郎，裁量統制の法理と展開——イギリス裁量統制論，信山社，2013年；碓井光明，都市行政法精義Ⅰ·Ⅱ，信山社，2013年（Ⅰ），2014年（Ⅱ）；须藤陽子，行政強制と行政調査；法律文化社，2014年；宇賀克也，番号法の逐条解説，有斐閣，2014年。

政法领域的代表性论文还有很多，根据其主要内容可以分为以下五个类别：

第一，在行政法总论方面，具有代表性的论文是盐野宏教授的《日本行政过程的特色：以大学设置认可过程（2014年）为素材》。该文以大学设置认可的具体过程为切入点，从制度以及运用的角度出发，提出了行政过程的特点以及欠缺之处。另外，与上述公私合作的著作相呼应，作为单独的研究性论文，原田大树的《全球化时代的公法・私法关系论》和兴津征雄的《全球性行政法与说明责任》探讨了全球化潮流中行政法具有的普遍规律；中川丈久的《问题提起：行政法与民法当中集团利益・集合利益如何存在》、亘理格的《共同利益论与“权利”认定的方法》以及仲野武志的《不可分利益保护的行政法・民事法比较分析》则是以集合利益为切入点，探讨了公法与私法的关系。除此之外，板垣胜彦在《保障国家中的私法理论》以及《德国公法学中“距离”概念》中更进一步分析了保障国家论对私法领域的影响。[15]

第二，针对行政法中重要的裁量概念，高木光在《对社会观念审查的变化：英国裁量论带来的启示》一文中，从英国裁量论的比较法角度出发，主张随着司法制度的改革，应当重新考虑制定裁量统制的类型。常冈孝好的《基于生活保护标准改定的合理性及必要及时原则所产生的特别标准设定申请权（1）（2・完）》，提出了在违反必要及时原则的情况下，应当适当放宽对行政裁量的限制，大臣则有义务重新考虑设定标准。同样涉及个别领域行政裁量的还有，服部麻理子的《外国人出入国管理当中的行政裁量统制及“外国人”的权利：法国入管法制及判例的动向、来自EU法的影响(1) –

〔15〕 塩野宏，日本の行政過程の特色：大学設置認可過程（平成24年），日本学士院纪要68卷2号；原田大樹，グローバル化時代の公法・私法関係論；興津征雄，グローバル行政法とアカウンタビリティ（这两篇论文均收录在東京大学社会科学研究65卷2号）；中川丈久，問題提起：行政法と民事法に集団的利益・集合的利益はどのように存在するのか；亘理格，共同利益論と「権利」認定の方法；仲野武志，不可分利益の保護に関する行政法・民事法の比較分析（这三篇论文均收录在民商法雑誌148卷6号）；板垣勝彦，保証国家における私法理論，行政法研究4号；板垣勝彦，ドイツ公法学における「距離」概念について，自治研究89卷10号。

(3・完)》。[16]

第三，针对行政行为中违法性承继的问题，主要有以下代表性论文。今村隆的《违法性的继承：最高裁平成21年12月17日判决的影响》、海道俊明的《违法性继承论再考（1）-(4・完)》、高木英行的《行政行为的隔离效果：以“违法性的继承”问题为线索》，以及常冈孝好的《有关处分理由的瑕疵及处分违法性的考察：以京都地判昭和34年2月7日下级裁判所民事裁判例集10卷2号262页为素材》。[17]

第四，在行政实效性确保方面，也有多篇论文进行了讨论。比如，高山佳奈子的《行政制裁法的课题：总论》、筑紫圭一的《环境法执行与行政制裁》、山本雅昭的《诸制裁的性质：从刑法角度出发》、中原茂树的《行政制裁》、笹仓宏纪的《行政调查：从刑事诉讼法的角度出发》、市桥克哉的《行政法上的强制执行：有关行政上秩序罚制度的改革》、松仓治代的《EU法之制裁程序》、笹仓香奈的《美国法之制裁程序》等。[18]

第五，研究行政诉讼的论文数量庞大。比较有代表性的例如，榊原秀训的《行政关系纷争中诉讼类型的交错》、下井康史的《“处分性”扩张及处分性概念的变化》、越智敏裕的《从诉讼实务中所见“处分性”扩大的倾向》、山田健吾的《行政关系纷争与确认诉

---

〔16〕 高木光，社会観念審査の変容：イギリス裁量論からの示唆，自治研究90卷2号；常岡孝好，生活保護基準改定の合理性と必要即応の原則に基づく特別基準設定申請権（1）（2・完），自治研究90卷2号及3号；服部麻理子，外国人の出入国管理における行政裁量統制と「外国人」の権利：フランスの入管法制と判例の動向、EU法の影響（1）-(3・完)，自治研究89卷10-12号。

〔17〕 今村隆，違法性の承継：最高裁平成21年12月17日判決の射程，日本大学法科大学院法務研究11卷；海道俊明，違法性承継論の再考（1）-（4・完），自治研究90卷3-6号；高木英行，行政行為の遮断効：「違法性の承継」問題を手掛りに，東洋法学57卷3号；常岡孝好，処分理由の瑕疵と処分の違法性に関する一考察：京都地判昭和34年2月7日下級裁判所民事裁判例集10卷2号262頁を素材にして，学習院大学法学会雑誌49卷1号。

〔18〕 高山佳奈子，行政制裁法の課題：総説；筑紫圭一，環境法執行と行政制裁；山本雅昭，諸制裁の性質：刑法の視点から；中原茂樹，行政制裁；笹倉宏紀，行政調査；刑事手続法の視点から；市橋克哉，行政法上のエンフォースメント：行政上の秩序罰制度改革について；松倉治代，EU法における制裁手続；笹倉香奈，アメリカ法における制裁手続（这些文章均收录于法律時報85卷12号）。

讼》、石田秀博的《从民事诉讼法研究者角度来看公法纷争中的确认诉讼》、深泽龙一郎的《行政关系纷争中的事实行为与民事诉讼》、川嶋四郎的《公法纷争中的事实行为与民事诉讼："公共设施中民事停止诉讼之活用可能性"的素描》。[19]

四、代表性判例

日本虽然不是判例法系国家，但对于法院的判决一贯抱有尊重并不断参照、吸收的习惯。因此，本文除了介绍2014年日本行政法学界的学说研究之外，还要解说该年度发生的几个重要判例，具体内容则参照《平成26年度重要判例解说》当中有关行政法的部分。

根据该判例解说，2014年行政法方面的重要判例，主要是从2013年11月起至2014年10月为止由最高裁判所作出的判决中，以行政诉讼要件、判决的标准为主要考量对象进行筛选。这些重要判例既有涉及行政程序、行政立法、裁量权、行政指导等总论方面的内容，也有涉及公权力的行使、原告适格、住民诉讼、国家赔偿等行政救济领域的内容。[20] 其中，对于行政救济领域中判决标准的变化，笔者主要简单介绍以下两个判例。[21]

1. 横滨地裁2014年5月21日判决。（自卫队基地噪音与"公权力的行使"——第四次厚木基地诉讼・岸本太树）：横滨地方裁

---

〔19〕 榊原秀訓，行政関係紛争における訴訟類型の交錯；下井康史，「処分性」拡張と処分性概念の変容；越智敏裕，訴訟実務から見た「処分性」拡大の傾向；山田健吾，行政関係紛争と確認訴訟；石田秀博，民事訴訟法研究者からみた公法紛争における事実行為と民事訴訟；深澤龍一郎，行政関係紛争における事実行為と民事訴訟；川嶋四郎，公法紛争における事実行為と民事訴訟：「公共施設に対する民事差止訴訟の活用可能性」に関する一素描（这些文章均收录于法律時報85卷10号）。

〔20〕 参见高橋滋，行政法判例の動き，ジュリスト臨時増刊（平成26年度重要判例解説），2015年，有斐閣，第32页以下。

〔21〕 对于以下两个判例的详细解说，可参见岸本大樹，自衛隊基礎騒音と「公権力の行使」——第4次厚木基地訴訟（差止請求），ジュリスト臨時増刊（平成26年度重要判例解説），第40－41页；勢一智子，産業廃棄物処理業許可処分の無効確認等訴訟における周辺住民の原告適格，ジュリスト臨時増刊（平成26年度重要判例解説），第42－43页。

判所在沿袭“厚木基地最判”[22] 所提出的判决标准上，承认了自卫队飞机运航处分“在性质上、内容上具有与一般行政处分所不同的特殊性”，即“属于不伴随法律效果发生之事实行为”。而且，由于“附近居民所受到的被害程度，控制在社会生活应当容忍的被害限度之内，所以附近居民与防卫大臣之间不存在法律地位受影响的关系”，据此，横滨地方裁判所认为“仅仅从效果来看的话，(该案中涉及的噪音与）因私人产生噪音而给附近居民带来影响的情况没有区别”。此次判决被认为采用了“民事停止诉讼中的违法性判断标准”，即“忍受限度论”，从而被学说上评价为“回归（了）民事诉讼”。[23] 本次判决之后，可能会掀起一轮对于“厚木基地最判”理论的重新讨论及思考。

2. 最高裁2014年7月29日第三小法庭判决。（产业废弃物处理业许可处分之无效确认诉讼中附近居民的原告适格·势一智子）：针对产业废弃物处理业许可处分的原告适格范围，最高法院在小田急判决以及もんじゅ判决的基础上，依照行政事件诉讼法第9条第2款，解释了相关法律法规的目的及制度构造等，从而首次承认了附近居民的原告资格，被视为具有代表性意义的判例。[24]

最高裁判所在小田急判决中所确定的原告适格理论，被视为行政诉讼中判断原告适格的一般性标准。对于原告适格的范围认定，以小田急判决为首的近年最高裁判决，基本采用不利益要件、保护

---

〔22〕 最高裁判所在1993年2月25日作出的判决，即“防卫大臣在行使权限时，附近居民有义务忍受伴随（自卫队飞机）运行过程中必然造成的噪音，该权限的行使……是公权力行使行为”，“（应当视其是）属于抗告诉讼对象的行政处分”。

〔23〕 参见福田護，第4次厚木基地航空機騒音訴訟：静かな空への半世紀の闘いに初の飛行差止め判決，法学セミナー719号，2015年，第20页。关于该判决的评析还有：麻生多聞，基地騒音訴訟初の自衛隊機飛行差止め命令（最新判例演習室/憲法），法学セミナー716号，2014年，第114页；山本竜一，自衛隊機運航処分差止請求を認容した事例：厚木基地第4次訴訟1審判決（最新判例演習室/行政法），法学セミナー716号，2014年，第115页等。

〔24〕 参见勢一智子，同前注21，第43页。关于该判决的评析还有：人見剛，産業廃棄物処分許可処分無効確認等請求事件（最新判例演習室/行政法），法学セミナー718号，2014年，第101页；北村喜宣，服に体を合わせる?：第3小法廷平成26年7月29日判決，自治実務セミナー53巻10号，2014年，第69页；桑原勇進，産業廃棄物処分業許可取消訴訟における周辺住民の原告適格，法学教室別冊附録414号，2014年，第7页。

范围要件及个别保护要件这三个标准进行判断。本判决则具体分析了因近年法律修改而引入的生活环境影响调查制度，将该制度的宗旨与居民利益的保护相结合，承认了个别保护要件的一般性，从而在某种程度上扩大了原告适格的认定范围。

五、结 语

综上所述，可以看出2014年日本行政法学界的学术动态主要体现在以下三个方向：首先，关于行政法一般性理论的探讨，除了对传统的行政过程论等问题进行研究之外，也根据社会发展出现的新现象提出新的研究课题，比如，在公私合作现象不断推进的当下如何确定国家的地位及义务等课题。其次，对于行政裁量的研究一直没有中断，但在行政职能及国家地位发生变化的背景下，裁量问题的讨论重心逐渐从传统的警察行政、公权力行使等领域转移到给付行政、福利行政等领域当中。最后，2014年恰好是行政事件诉讼法修改十周年以及行政不服审查法修改案通过之际，也许正因为如此，在这一年，在行政救济领域中出现了大量有关这两个主题的论文。特别是，围绕诉讼要件当中最为重要的“公权力的行使”以及“原告适格”范围的认定，除了相关的学术讨论之外，还出现了两个重要的判例，为今后的学术及实务研究确立了方向。同时，行政不服审查法的修改使现行制度发生了重大变化，因此可以推测接下来的几年内，对于新制度的运用会有更多的研究产生。如何简化程序、更切实地保护国民的权利及利益，将是行政不服审查领域一直讨论的课题。

但是，从比较法研究的角度来看，日本行政法学界的主流，特别是在基础理论及裁量领域等方面，仍然是借鉴以德国为首的大陆法系，以及英美法领域当中的司法审查制度，对其他地区的研究则略为单薄。虽然日本近来出现了有关全球化行政法的研究，但对于近邻，即中国大陆和台湾地区、韩国等国家及地区的制度介绍仍然寥寥可数，从地域性发展的角度来说仍然存在一定的局限性。

相比日本行政法的学界动态，中国在基础理论以及行政裁量方面的研究积累比较少，从学术的角度来看似乎有些遗憾。但与此相对，在中国，对当下社会热点问题的具体讨论则层出不穷，对法律及制度的实效性、具体适用来说值得称赞。另外，在行政救济领域，2014 年中国行政诉讼法的修改可谓是大事一件，随之而来的最高法院司法解释等相关规范文件的配套出台，使得行政诉讼制度的将来发展更加值得关注。今后，包括行政复议法在内的法律修改，以及针对急速发展的社会所带来各种新生问题的制度建设，可能会成为中国行政法学界的讨论主线。笔者希望届时学界能够结合外国法的研究，在符合国情的基础上，探讨及设计出适合中国的一套发展模式。

2014 年日本刑法学研究综述

张梓弦 *

一、导 言

本文旨在通过对日本 2014 年刑法学研究的回顾，来阐述日本刑法学于 2014 年的总体发展状况，并通过介绍刑法学者所出版的著作以及发表的论文，相对详细地论述在刑法总论与各论方面的理论现状。在参考文献方面，本文以《法律时报》的 2014 年学界回顾刑法部分[1]作为大纲，并结合 2014 年日本刑法学会的参考资料以及这一年度学者们的著作和论文来加以探讨。

与中国不同的是，日本的刑事立法体例并没有将所有的罚则都纳入刑法典之中，在刑法典之外的其他法律条文之中（例如，公司法、反垄断法、知识产权法、道路交通法，等等），存在着大量的特别刑法。而 2014 年日本刑法学发展的大方向，也正是在传统理论愈发深入研究的前提下，以经济刑法、医事刑法等特别刑法为中心，展开了全新的解释论、立法论乃至于刑法哲学层面的进一步考察。

以下，本文便从总论、各论以及特别刑法三个方面，来对 2014 年日本刑法学研究状况展开描述。

---

* 张梓弦，东京大学法学政治学研究科刑法学专业硕士研究生。

〔1〕 十河太朗、谷直之、緒方あゆみ，2014 年学界回顧 刑法，法律時報 86 卷 13 号，2014 年，第 54 - 69 页。

二、日本刑法总论于2014年的发展状况

(一) 基础理论

日本刑法学者对于总论的研究一直处于理论和实践高度并行的状态。与中国不同的是，日本刑法学者的研究更倾向于从解释论以及法社会学的角度入手，而并不单单拘泥于立法论。在贯彻以解释论为核心的基础之上，对刑事司法、刑事立法以及刑法理论的比较法研究进行考察，可谓是2014年日本刑法总论研究的整体倾向。

首先，作为刑法解释论的基础，日本学者于2014年在法益论方面有所突破。对于法益的保障不仅仅拘泥于传统的法益论，而应在此之上考虑人与人之间的和平共存、法对于社会生活的规制以及宪法所保障的“自我决定权”，即在各论犯罪所保护的法益之上进一步思考现世代与将来世代的社会责任以及文化秩序（例如，在考量现世代和将来世代的环境问题基础上，将海拔较低的领土因全球变暖导致的水位上升而淹没也纳入到环境刑法的保护范畴之中；因民俗文化导致的特殊的对于死者的安葬方式是否应被纳入尸体遗弃罪中也应慎重考虑〔2〕）。由于法益论的发展也具体地决定了刑法解释论的展开，对于法益理解的深入也决定了我们对于刑法整体理解的深入。从这个角度来讲，法益论是2014年日本刑法学者的首要突破点。〔3〕

其次，在法益论的基础之上，日本学者于2014年更加倾向于从社会形势以及国民意识的角度，来研究刑法在社会中的发展方式。日本自2009年导入裁判员制度之后，逐渐开始将国民的司法意识以及国民的司法参与度作为刑法基础理论中至关重要的一点进行考察。一般认为，裁判员制度的目的是提高国民司法的参与度，

---

〔2〕 高山加奈子，将来世代の法益と人間の尊厳，收录于岩瀬徹、中森喜彦、西田典之编，町野朔先生古稀記念：刑事法・医事法の新たな展開　上卷，信山社，2014年。

〔3〕 2014年有关刑法基础理论的其他文章，萩原滋，刑法における自己决定の自由；若尾岳志，刑法上のパターナリスティックな介入とその限界；浅田和茂，「新時代の刑事法」管見；吉田敏雄，自由主義法治国と刑法」，以上均收录于高橋則夫、川上拓一、寺崎嘉博、甲斐克則、松原芳博、小川佳樹编，曽根威彦先生・田口守一先生古稀祝賀論文集　上卷，成文堂，2014年。

将国民的法感觉反映至庭审中，同时增进民众对司法的理解及其信赖性。与此同时，伴随着裁判员制度而产生的刑法问题也层出不穷。例如，如何将刑法中复杂的概念解释给并没有刑法理论基础的裁判员？如何利用裁判员定罪量刑？如何将裁判员的作用融入刑法解释论之中？等等。有关此类问题，新仓修教授提出了自己的见解，他认为应该将裁判官和裁判员放在同一起点以及同一基准上来保障裁判员能够切实发挥作用，这一方面可以更好地让裁判员融入刑事司法的体系之中，另一方面也能够消除作为裁判员的国民的不安以及不满之感。〔4〕而这也是日本刑法学者日后仍需要持续研究的问题。

（二）构成要件论

构成要件（Tatbestand）一般理解为刑法中所规定的作为犯罪的行为类型。这一概念最早从德国而来，战前经过小野清一郎博士、泷川幸辰博士等人的介绍，从而成功地被日本刑法理论所借鉴并加以使用。由于构成要件具有犯罪个别化功能（区分此罪与彼罪）、故意规制功能（确定刑法中的故意所需要认识到的事实范围）、违法推定功能（构成要件的该当即可推定违法性的存在）。〔5〕从这三个方面来看，构成要件理论在犯罪论中有着不可替代的重要性，对构成要件的研究也为解释论的开展打下了坚实的基础，正因如此，日本学者对其讨论也经久不衰。具体来说，构成要件包含如下几个方面：主体、行为与结果、因果关系、不作为、主观的构成要件。从2014年日本构成要件论的发展来看，值得介绍的有主体、因果关系以及不作为。

1. 主 体

有关构成要件中主体的讨论，主要集中在对身份犯的讨论之中。与中国不同的是，日本在刑法典第65条对于身份犯有着明确

---

〔4〕 相关文章请参见：新倉修，市民の司法参加と犯罪論体系，收录于高橋則夫、川上拓一、寺崎嘉博、甲斐克則、松原芳博、小川佳樹编，曽根威彦先生・田口守一先生古稀祝賀論文集 上卷，成文堂，2014年。

〔5〕 山口厚，刑法総論，有斐閣，2007年，第27页。

的规定。[6] 因而日本学者对身份犯的讨论，便主要集中在对刑法典第65条的解释之上。例如，香川达夫教授认为，身份犯应作为义务犯去理解，并在此之上将身份概念与目的、占有者、业务者、保护责任、亲族等概念结合理解，综合其间的关系进行整体判断。[7] 此外，大越义久老师将身份犯的研究回溯至旧刑法时代，得出了身份并不是"行为的属性"，而是"行为人的属性"，从而认定日本现阶段有关于身份犯的判例应重新反省的结论。[8]

2. 因果关系

在此之前町野朔教授针对因果关系（特别是其中的条件关系的判断）曾有着自己独到的见解，其中指出：因果关系中所持续争论的条件关系的实质应理解为结果回避可能性，在判断条件关系之时，不必要考虑违法的假定替代原因[9]。町野教授的这一观点也被视为突破了传统因果关系论的框架，为因果关系论日后的发展打下了坚实的基础。而小林宪太郎在2014年町野老师的古稀祝贺论文集上发表了《条件关系的判断方法》的论文，其中便是基于町野老师的理论，并在此之上稍加修改，提出了自己的见解。具体可以总结为以下四点：①"条件关系 = 结果回避可能性"这一消极的要件本身也具有刑法理论上意义；②在判断条件关系时不应对结果进行无限制的具体化；③在判断条件关系之时必须加上对于假定事件的判断；④与刑法的期待相违背的现阶段仍未现实化的假定事件也应加入至条件关系的判断之中。[10] 上述四点一方面重新定义了条件关系的内涵和外延，明确了条件关系不仅仅指的是和法则的条件关系，也包含了结果回避可能性的判断，也防止了在判断条件关系

---

〔6〕日本刑法典第65条第1项：加功于因行为人身份所应构成之犯罪之时，即便是非身份者，仍视为共犯；第65条第2项：由于身份而影响刑罚之轻重时，对非身份者处以通常之刑罚。

〔7〕关于身份犯的讨论主要集中在日本刑法各论的"侵占罪"与"业务上侵占罪"、"遗弃罪与保护责任者遗弃罪"。具体请参见香川達夫，身分概念と身分犯，成文堂，2014年。

〔8〕参见大越義久，身分犯における身分，神奈川法学46卷2·3号，2014年。

〔9〕参见町野朔，犯罪論の展開Ⅰ，有斐閣，1989年；町野朔，刑法総論講義案Ⅰ第2版，信山社，1995年。

〔10〕小林憲太郎，条件関係の判断方法，收录于岩瀬徹、中森喜彦、西田典之编，町野朔先生古稀記念：刑事法・医事法の新たな展開 上卷，信山社，2014年。

时对结果过度具体化所导致的因果关系的肯定过于轻而易举的结果；另一方面，着眼于刑法整体，将刑法的期待与因果关系的判断进行整合。

3. 不作为犯

有关不作为犯，丸山雅夫在町野教授古稀纪念论文集的上卷以《有关不真正不作为犯的限定原理》为题撰文。[11] 该文章中，丸山教授认为，并不总是以排他性的支配来限定不真正不作为犯的成立范围，不真正不作为犯的成立范围应从规范的角度以及事实的角度两个方面进行综合性判断。同时，萩原贵史也以不真正不作为犯为主体撰文，对不真正不作为犯的保障人的作为义务违反以及同价值性进行了考察。[12] 此外，在过失不作为犯的领域，如何将过失不作为犯和一般的不作为犯进行比较，二者的注意义务是否存在着本质上的区别之类的问题，也被日本学者再次提上了议程。[13]

（三）违法论

有关违法论的讨论，主要集中在违法性的本质、正当防卫以及紧急避险。

1. 违法论的本质

违法论的本质是日本刑法学界自20世纪伊始便持续讨论的问题，主要的论点集中在行为无价值论与结果无价值论的争议之上。有关此类争议，松宫孝明教授以《有关结果反（无）价值论》为题撰文，指出了以客观主义、规范违反说、客观归属论、行为人不法论为前提的结果无价值论应何去何从。此外，生田胜义教授发表名为“违法的质・相对性与法关系的相对性（序说）”的论文，以行为无价值与结果无价值之争为基础讨论了违法性中法关系的相对

---

〔11〕 丸山雅夫，不真正不作為犯の限定原理について，收录于岩瀬徹、中森喜彦、西田典之编，町野朔先生古稀記念：刑事法・医事法の新たな展開 上巻，信山社，2014年。

〔12〕 萩原貴史，不真正不作為犯における構成要件的同価値性の要件について(1)(2)，名古屋学院大学論集50卷3号、4号，2014年。

〔13〕 具体请参见：岡部雅人，過失不作為犯における「注意義務」について，收录于高橋則夫、川上拓一、寺崎嘉博、甲斐克則、松原芳博、小川佳樹编，曽根威彦先生・田口守一先生古稀祝賀論文集 上巻，成文堂，2014年。

性，并将其进行了类型化处理。[14]

2. 正当防卫

正当防卫论是刑法的违法性阻却事由之中，无论在理论层面还是实务层面均极其重要的问题，因而日本学界一直将对于正当防卫的讨论作为违法论中的重中之重。2014年度日本刑法学界对于正当防卫的讨论主要集中在：自招侵害、防卫行为的一体性以及成立要件。

有关自招侵害的论著，主要有：冈本昌子《自招侵害与正当防卫论》[15]、原口伸夫《自招的侵害》[16]、日和田哲夫《有关自招侵害》。[17] 这些文章分别从自招行为直至防卫行为的经过、自招行为的主观层面、被害人利益等角度再一次解释了自招侵害的实质，并结合判例为自正当防卫论提供了新的视角。

有关防卫行为的一体性的论著，主要有：照沼亮介《有关过剩防卫和行为的一体性》[18]、林美月子《复数行为和过剩防卫》。[19] 在这两篇文章中，照沼教授与林教授分别对过剩防卫的第一行为与第二行为的行为一体性的判断基准，以及行为一体说的具体根据进行了阐述。有关正当防卫成立要件的论著，主要有：中森喜彦《防卫行为的相当、过剩及其认识》[20]、内山良雄《紧急救助型与自我防卫型的偶然防卫》[21]、振津隆行《有关无意识的正当防卫》。[22]

---

〔14〕 生田勝義，違法の質・相対性と法的関係の相対性（序説），立命館法学352号，2014年。

〔15〕 岡本昌子，自招侵害と正当防衛論，收录于川端博、浅田和茂、山口厚、井田良编，理論刑法学の探究7，成文堂，2014年。

〔16〕 原口伸夫，自招の侵害，桐蔭法学20卷2号，2014年。

〔17〕 日和田哲夫，自招侵害について，收录于岩瀬徹、中森喜彦、西田典之编，町野朔先生古稀記念：刑事法・医事法の新たな展開　上巻，信山社，2014年。

〔18〕 照沼亮介，過剰防衛と『行為の一体性』について，收录于川端博、浅田和茂、山口厚、井田良编，理論刑法学の探究7，成文堂，2014年。

〔19〕 林美月子，複数行為と過剰防衛，收录于岩瀬徹、中森喜彦、西田典之编，町野朔先生古稀記念：刑事法・医事法の新たな展開　上巻，信山社，2014年。

〔20〕 中森喜彦，防衛行為の相当、過剰、その認識，收录于岩瀬徹、中森喜彦、西田典之编，町野朔先生古稀記念：刑事法・医事法の新たな展開　上巻，信山社，2014年。

〔21〕 内山良雄，緊急救助型と自己防衛型の偶然防衛について，收录于高橋則夫、川上拓一、寺崎嘉博、甲斐克則、松原芳博、小川佳樹编，曽根威彦先生・田口守一先生古稀祝賀論文集　上巻，成文堂，2014年。

〔22〕 振津隆行，認識なき正当防衛について，金沢法学57卷1号，2014年。

其中，中森教授将行为人的重大过失的有无作为防卫行为相当性的判断前提，认为防卫行为过剩之时便不需要在责任层面再对故意或过失进行探讨。内山教授则以偶然防卫为切入点，对防卫他人权利的紧急救助型与防卫自己权利的自我防卫权进行了区分。

3. 紧急避险

2014年度，日本学者关于紧急避险的讨论主要集中在探求紧急避险的实质原理[23]以及补充性要件[24]之上。

铃木优典以“紧急避险之中的补充性要件”为题撰文，探讨了在“无其他可选择的手段”这一意义之下的补充性要件与在“最小限度的侵害”这一意义之下的补充性要件。[25] 吉田敏雄则发表了名为《免责紧急避险》的文章，讨论了免责型紧急避险的法律性质及其成立要件。[26] 桥田久则以“针对紧急避险的紧急避险”为题撰文，探讨了与正当化紧急避险行为相对抗的行为能够成立紧急避险，并最终得出了否定的见解。[27] 此外，紧急避险其他方面的讨论也仍在持续，相关文章有：远藤聪太《紧急避险论的再探讨（1）-（4）》、[28] 永井绍裕《紧急避险中的转嫁以及第三者保护》[29]，等等。

（四）责任论

在日本刑法三阶层的体系之下，即便满足了构成要件该当性以及违法性之时，也可能因为不具备有责性而不能肯定犯罪的成立。[30] 而这也是责任主义的基本立场。日本的责任论在此之前受

---

〔23〕 日本学者对于紧急避险的性质存在争议，主要分为以下三种观点：①违法阻却事由说；②责任阻却事由说；③二元说。除此之外，针对紧急避险的构成要件，日本学者的讨论也如火如荼。

〔24〕 一般认为，紧急避险是在使用其他的方法无法回避危险之时所具有的补充性手段，因此要求紧急避险必须满足其补充性要件。

〔25〕 鈴木優典，緊急避難における補充性の要件，收录于高橋則夫、川上拓一、寺崎嘉博、甲斐克則、松原芳博、小川佳樹编，曽根威彦先生・田口守一先生古稀祝賀論文集　上卷，成文堂，2014年。

〔26〕 吉田敏雄，免責緊急避難，北海学園大学法学研究49卷1号，2014年。

〔27〕 橋田久，緊急避難に対する緊急避難，名古屋大學法政論集256号，2014年。

〔28〕 遠藤聡太，緊急避難論の再検討（5），法学協会雜誌131卷12号，2014年。

〔29〕 永井紹裕，緊急避難における転嫁と第三者保護について，早稲田大学大学院法研論集147号，2014年。

〔30〕 当然，这时候可以肯定违法层面的犯罪。

德国的影响颇深，而现今的日本刑法学者也逐渐发展出了属于自己的一套成熟的责任论体系。具体而言，责任论的争议点主要包括：责任非难的本质、责任能力、故意与过失。

1. 责任非难的本质

责任非难的本质是一个非常抽象的概念，单纯在哲学或者社会学层面的讨论似乎会过于偏离刑法本体。也正因如此，日本学者在尝试将刑事责任的讨论与其他因素相结合。松村格将意思自由和刑事责任相结合，并撰文《意思的自由与刑事责任（3）》，一方面批判了传统德国责任论的观点，另一方面从日本的角度出发讨论了刑法解释论之中的“自由意思”这一概念并将其和神经科学体系下的“自由意思”进行对比。〔31〕 伊东研祐则将行为概念和刑事责任相结合，以“行为能力及责任能力的犯罪论体系的内在规定及其关系构造”为题撰文，在明确了行为概念的基础上，对行为能力与责任能力、故意、过失的关系进行了探讨。〔32〕 安田拓人教授也撰文针对町野朔教授之前所提出的责任能力论进行了修正，认为町野教授所主张的责任能力论、责任能力制度论以及不可知论的观点仍存在再解释的余地。〔33〕 此外，三宅孝之和吉中信人分别从非难的角度以及少年刑法的角度撰文，深入阐述了责任论的本质。〔34〕

2. 责任能力

有关责任能力，主要的讨论集中在裁判员制度产生之后，如何通过裁判员来认定刑事责任存否的问题。有关于此，斋藤由纪《裁判员裁判与责任能力》一文中进行了详细的论述。〔35〕 此外，绪方

---

〔31〕 松村格，意思の自由と刑事責任，駒澤法学 13 号，2014 年。

〔32〕 伊東研祐，行為能力及び責任能力の犯罪論体系的内実規定と関係構造 1，收录于高橋則夫、川上拓一、寺崎嘉博、甲斐克則、松原芳博、小川佳樹编，曽根威彦先生・田口守一先生古稀祝賀論文集　上卷，成文堂，2014 年。

〔33〕 安田拓人，町野教授の責任能力論について，收录于岩瀬徹、中森喜彦、西田典之编 、町野朔先生古稀記念：刑事法・医事法の新たな展開　上卷，信山社，2014 年。

〔34〕 三宅孝之，刑事責任と非難，島大法学 57 卷 1 号，2014 年；吉中信人，少年法における責任概念，收录于岩瀬徹、中森喜彦、西田典之编，町野朔先生古稀記念：刑事法・医事法の新たな展開　下卷，2014 年。

〔35〕 齋藤由紀，裁判員裁判と責任能力，收录于石塚伸一、岡本洋一、楠本孝、前田朗、宮本弘典编，足立昌勝先生古稀記念論文集：近代刑法の現代的論点，社会評論社，2014 年。

あゆみ、田中圭二等人也分别从智力障碍者的刑事责任能力、量刑判断、复杂的醉酒状态者的刑事责任能力等角度撰文，对责任能力的诸多方面进行阐述。[36]

3. 故意与过失

有关故意，林阳一在《作为危险放置意思的故事》一文中，具体分析了意思要素与认知要素的内容，并在此基础之上探寻了故意非难的界限。[37] 大庭沙织在《作为认识形成过程的故意》一文中，对具体案例中针对行为人犯罪实现可能性的过小评价以及过大评价进行区分认定，在个案中逐一探讨行为人形成认识的心理过程。[38]

有关过失的论著较多，2014 年主要的争议点集中在过失论与各论犯罪的结合。例如，古川伸彦在《近时的刑事判例中有关制造物责任与过失的人的认定》一文中，针对过失不作为犯的成立与否进行了判断，并探讨了注意义务与作为义务的认定之间的关系。[39] 大塚裕史在《铁路事故与企业领导的管理、监督责任》中，以日本 JR 铁路的福知山线脱轨侧翻事故的判决为切入点，对铁路事故之中企业领导的刑事责任进行了具体的分析。[40] 北川佳世子在《围绕复数行为人的过失处罚的问题点》中，以横滨市立大学附属医院将受诊患者认错这一判决为契机，讨论了复审行为人的过失竞合。[41] 此外，杉本一敏的《从结果无价值论角度看过失犯的结果

---

〔36〕 緒方あゆみ，発達障碍者の刑事責任能力と量刑判断，中京大学 CHUKYO LAWYER 19 号，2014 年；田中圭二，複雑酩酊と刑事責任能力，愛媛法学会雑誌 39 号，2014 年。

〔37〕 林陽一，危険放置意思としての故意，收录于岩瀬徹、中森喜彦、西田典之编「町野朔先生古稀記念：刑事法・医事法の新たな展開　上巻」，信山社，2014 年。

〔38〕 大庭沙織，認識形成プロセスとしての故意，收录于高橋則夫、川上拓一、寺崎嘉博、甲斐克則、松原芳博、小川佳樹编，曾根威彦先生・田口守一先生古稀祝賀論文集　上巻，成文堂，2014 年。

〔39〕 古川伸彦，比較的近時の刑事裁判例における製造物責任と過失の認定について（特集 刑事製造物責任をめぐる諸問題），刑事法ジャーナル37 号，2013 年。

〔40〕 大塚裕史，鉄道事故と企業幹部の管理・監督責任，收录于高橋則夫、川上拓一、寺崎嘉博、甲斐克則、松原芳博、小川佳樹编，曾根威彦先生・田口守一先生古稀祝賀論文集　上巻，成文堂，2014 年。

〔41〕 北川佳世子，複数人の過失処罰をめぐる問題点，收录于高橋則夫、川上拓一、寺崎嘉博、甲斐克則、松原芳博、小川佳樹编，曾根威彦先生・田口守一先生古稀祝賀論文集　上巻，成文堂，2014 年。

回避可能性》[42] 以及林干人的《结果回避可能性与危险的现实化》[43] 均在过失犯论的探讨中涉及了结果回避可能性的理论。

（五）未遂论

对于未遂论的探讨，主要集中在实行行为的着手、不能犯、中止犯三个层面。

1. 实行行为的着手

有关于实行行为的着手，具有代表性的论文有二本柳诚《实行着手与罪刑法定主义》与盐见淳《不作为犯的着手时期》。其中，二本副教授从刑法最基本的罪刑法定原则对实行的着手进行了剖析，认为实行的着手应和具体罪的构成要件相契合，这样才能保证罪刑法定的贯彻。盐见教授则对如何认定无法直观判断的不作为犯的着手提出了建设性的见解，即从义务履行可能的最后时间点迫切到来之际，或者作为义务内容的作为行为在遂行困难之际，可认定不作为犯的实行着手。[44]

2. 不能犯

日本之前有关不能犯的讨论主要集中在具体的危险说、客观的危险说以及修正的客观危险说这三个学说之上。其中以山口厚教授所提出的修正的客观危险说最为有说服力，而2014年日本刑法学界有关于不能犯的研究也可谓是基于山口教授的修正的客观危险说发展而来。其中，和田俊宪教授在《不能犯的各论分析》一文中指出，将通常的侵害犯与财产犯罪中的领得罪进行区分，对于前者的不能犯判断需要更高程度的危险性，而对于后者的不能犯判断则应重视一般预防的必要性。另外，冈田侑大在《不能犯与规范构造的

〔42〕 杉本一敏，結果無価値から見た過失犯の結果回避可能性，收录于高橋則夫、川上拓一、寺崎嘉博、甲斐克則、松原芳博、小川佳樹编，曽根威彦先生·田口守一先生古稀祝賀論文集　上巻，成文堂，2014年。

〔43〕 林幹人，結果回避可能性と「危険の現実化」，收录于岩瀬徹、中森喜彦、西田典之编，町野朔先生古稀記念：刑事法·医事法の新たな展開　上巻，信山社，2014年。

〔44〕 二本柳誠，実行の着手と罪刑法定主義，收录于高橋則夫、川上拓一、寺崎嘉博、甲斐克則、松原芳博、小川佳樹编，曽根威彦先生·田口守一先生古稀祝賀論文集　上巻，成文堂，2014年；塩見淳，不作為犯の着手時期，收录于高橋則夫、川上拓一、寺崎嘉博、甲斐克則、松原芳博、小川佳樹编，曽根威彦先生·田口守一先生古稀祝賀論文集　上巻，成文堂，2014年。

关系》一文中尝试将违法论以及行为规范、制裁规范进行合并考察，从而来探讨其与不能犯论的关系。[45]

3. 中止犯

有关中止犯的文献主要有：野泽充《中止犯论的问题点》、须之内克彦《中止犯中止行为的因果性考察》、关哲夫《障碍未遂、中止未遂中的点与线》、铃木一永《有关中止犯中的内含型既遂犯》。这几篇文章分别从中止行为的真挚努力、中止行为与危险消灭或是结果不发生之间的因果关系、中止犯与法条竞合或者包括的一罪的关系等角度、对中止犯进行了探讨[46]。

（六）共犯论

2014 年度有关于共犯的论著数量较多，主要的争议点集中在：正犯与狭义的共犯的区别，共同正犯，承继的共犯，教唆犯以及帮助犯。

有关于正犯与狭义的共犯的区别的文章有：井田良《所谓的参与形式三分法（共同正犯、教唆犯、帮助犯）》；日高义博《间接正犯与共谋共同正犯》；矢田阳一《正犯概念之争与实行行为》；松泽伸《共犯与正犯的区别》；田川靖紘《有关正犯与共犯的试论》。其中，以井田教授以及日高教授的论文最为具有特色。井田教授对现行刑法所采用的参与形式三分法的历史发展及其理论根据进行了梳理。日高教授则探讨了间接正犯与教唆犯的区别基准，以及共谋共同正犯的理论定位，并在此基础之上指出了间接正犯与共

---

〔45〕 和田俊憲，不能犯の各論的分析・試論の覚書，收录于岩瀬徹、中森喜彦、西田典之编，町野朔先生古稀記念：刑事法・医事法の新たな展開　上卷，信山社，2014 年；岡田侑大，不能犯と規範構造の関係について，早稲田大学大学院法研論集 150 号，2014 年。

〔46〕 野澤充，中止犯論の問題点，收录于川端博、浅田和茂、山口厚、井田良编，理論刑法学の探究 7，成文堂，2014 年；須之内克彦，中止犯における中止行為の因果性に関する一考察，明治大学法科大学院論集 13 号，2013 年；関哲夫，障害未遂・中止未遂における点と線・試論，收录于高橋則夫、川上拓一、寺崎嘉博、甲斐克則、松原芳博、小川佳樹编，曽根威彦先生・田口守一先生古稀祝賀論文集　上卷，成文堂，2014 年；鈴木一永，中止犯における内包既遂犯について，收录于高橋則夫、川上拓一、寺崎嘉博、甲斐克則、松原芳博、小川佳樹编，曽根威彦先生・田口守一先生古稀祝賀論文集　上卷，成文堂，2014 年。

同正犯的区别判断基准。[47]

有关共同正犯的文章有：照沼亮介《共同正犯的理论基础与成立要件》、松宫孝明《不法持有强制的共谋共同正犯及其主观要件》。照沼教授的文章着重阐明了共同正犯成立要件的理论根据，在此基础之上对共谋的射程、共犯的脱离、不作为共犯的构成、承继的共犯也进行了探讨。松宫教授的文章则对共谋共同正犯进行了分类，即①对等共同型；②委托监督型；③命令利用型，并相应地讨论了三者的主观要件。[48]

有关承继的共犯，主要的文献是基于日本最高裁判所于平成24年（2012年）公布的一件有关于承继的共犯的决定[49]而进行的讨论。相关文章有：松宫孝明《有关承继的共犯》、小林宪太郎《所谓承继的共犯》、宫崎万寿夫《承继的共犯之新展开》。此三篇文章均以平成24年决定为基础，并各自对该决定进行了相应的补充，即在认定伤害罪之余，也应有成立承继的共犯的余地。[50]

---

〔47〕 井田良，いわゆる関与形式三分法（共同正犯・教唆犯・幇助犯）をめぐって，研修784号，2013年；日高義博，間接正犯と共謀共同正犯の区別，收录于高橋則夫、川上拓一、寺崎嘉博、甲斐克則、松原芳博、小川佳樹编，曽根威彦先生・田口守一先生古稀祝賀論文集　上巻，成文堂，2014年；矢田陽一，正犯概念を巡る争いと実行行為，明治大学大学院法学研究論集40号，2013年；松澤伸，共犯と正犯の区別について，收录于高橋則夫、川上拓一、寺崎嘉博、甲斐克則、松原芳博、小川佳樹编，曽根威彦先生・田口守一先生古稀祝賀論文集　上巻，成文堂，2014年；田川靖紘，正犯と共犯の区別に関する一試論，收录于高橋則夫、川上拓一、寺崎嘉博、甲斐克則、松原芳博、小川佳樹编，曽根威彦先生・田口守一先生古稀祝賀論文集　上巻，成文堂，2014年。

〔48〕 照沼亮介，共同正犯の理論的基礎と成立要件，收录于岩瀬徹、中森喜彦、西田典之编，町野朔先生古稀記念：刑事法・医事法の新たな展開　上巻，信山社，2014年；松宫孝明，けん銃不法所持の共謀共同正犯とその主観的要件について，收录于石塚伸一、岡本洋一、楠本孝、前田朗、宮本弘典编足立昌勝先生古稀記念論文集：近代刑法の現代的論点，社会評論社，2014年。

〔49〕 平成24（2006）年11月6日最高裁判所的决定如下：在其他行为人对被害人施加暴行并致使被害人受伤后，被告人参与并与其他行为人共谋，在此之上被告人对被害人展开了更加严重的暴行并致使被害人遭受了更加严重的伤害。被告人与之前的暴行行为之间并没有因果关系，但在参与了之后共谋以及因此所引起的更严重的伤害，据此便足以认定其成立伤害罪的承继的正犯。具体请参见：最高裁判所刑事判例集66卷11号，2012年，第1281页。

〔50〕 松宫孝明，「承継的」共犯について，立命館法學352号，2013年；小林憲太郎，いわゆる承継的共犯をめぐって，研修791号，2014年；宮崎万壽夫，承継的共犯論の新展開，青山法務研究論集7号，2013年。

有关教唆犯以及帮助犯，2014 年度的讨论主要集中在教唆犯的因果性以及中立的帮助行为。虽然教唆犯的判例较少，但理论层面的认定仍不容小觑。前田雅英的《教唆犯的实相》一文便是在明确教唆犯处罚根据的前提下，针对教唆犯的教唆行为与正犯的实行行为之间的因果性进行了探讨。另外，帮助犯中对于中立的帮助行为的探讨自日本最高裁判所平成 23 年针对 Winny 事件所做的决定开始便一直备受关注。[51] 有关于 Winny 事件，龟井源太郎在《Winny 事件最高裁决定与中立行为论》一文中强调，最高裁判所于平成 23 年 12 月 19 号所做的 Winny 事件的决定，并不是关于中立行为的判例，而是针对不特定多数人的帮助。这个论点可谓打破了传统的观点另谋新意。与此相对，佐久间修在《共犯的成立范围与归属原理》一文中，则坚持了中立行为与帮助犯的一贯立场。此外，滨田新的《精神帮助的成立要件的具体化》、小岛秀夫的《帮助犯中因果关系的意义》也颇具亮点。[52]

三、日本刑法各论于 2014 年的发展状况

日本刑法各论于 2014 年的发展主要集中在针对个人法益的犯罪以及针对财产法益的犯罪。有关于这两类犯罪，日本历来的讨论都不在少数，而随着时代的变化以及科技的发展，刑法解释论与各论的开展也与时俱进。例如，机动车事故的增多而导致有关过失致死伤的认定也随即发生变化；器官移植手术的发达以及脏器移植法

---

〔51〕 有关 Winny 事件，具体的判决如下：无论是适法或是侵害著作权，将软件 Winny 在网络上公布并向不特定多数人公开，从帮助正犯使其可以利用此软件侵害著作权的行为具体焦点在于：①被告人对于具体的著作权侵害并不具有认识和放任；②该软件的公开提供并没有超出一定的范围，因而被告人对于该软件侵害著作权的盖然性之高难以认定。根据以上两点可以认为被告人的“中立行为”并不具有帮助犯的故意。具体请参见：最高裁判所刑事判例集 65 卷 9 号，2011 年，第 1380 页。

〔52〕 前田雅英，教唆犯の実相，收录于岩濑徹、中森喜彦、西田典之编，町野朔先生古稀記念：刑事法・医事法の新たな展開　上卷，信山社，2014 年；龟井源太郎，Winny 事件最高裁決定と「中立的行為」論，法学研究 87 卷 3 号，2014 年；佐久間修，共犯の成立範囲と帰属原理，收录于高橋則夫、川上拓一、寺崎嘉博、甲斐克則、松原芳博、小川佳樹编，曽根威彦先生・田口守一先生古稀祝賀論文集　上卷，成文堂，2014 年；濱田新，精神的幇助成立要件の具体化，法学政治学論究 98 号，2013 年；小島秀夫，幇助犯における因果関係の意味，收录于三原憲三，増田豊，山田道郎編，刑事法学におけるトポス論の実践：津田重憲先生追悼論文集，成文堂，2014 年。

的出台和修改，也间接地影响了对故意伤害的认定；网络环境的发达导致虚拟财产的日益增多，有关财产犯罪中“财产”的认知也在不断地被刷新。可见，刑法各论的大发展方向是以时代的变化、科技的进步为基础，以不断变化的法益及对法益的保护的需求为前提，进而回归至刑法解释论本身的这样一个趋势。以下，本文将从侵犯个人法益的犯罪以及侵犯财产法益的犯罪进行综述。

（一）侵犯个人法益的犯罪

1. 针对生命以及身体（尸体）的犯罪

具体的文章有内田文昭《受托杀人、自杀参与的可罚性》、柑本美和《刑法上的伤害与精神障碍》、山中敬一《针对身体、尸体的攻击于刑法上的意义》；原田保《以人骨为素材的纪念品的刑法意义》[53]。

其中，内田文昭的文章将自杀参与的处罚根据认定为“作为参与杀人的无正犯的共犯”，此外在对受托杀人未遂的被害者的探讨中加入期待可能性的理论。柑本美和的文章则具体探讨了PTSD[54]之类的精神伤害是否也能认定为刑法中的伤害。山中敬一的文章则探讨了针对作为身体一部分的人体构成物（例如心脏支架、假肢等）与尸体的攻击的法律性质。而原田保则对于最近作为商业素材的人体骨骼纪念品的适法性进行了评价，并对其与日本刑法第190条尸体损坏罪中的遗骨领得的关系进行了分析。

2. 针对性的犯罪

2014年度针对性的犯罪方面最具特色的文章当属辰井聪子的《侵犯自由之犯罪的保护法益》以及神元隆贤的《性暴力犯罪的行为及其类型》。辰井聪子在文章中将侵犯性自由犯罪和其他侵犯自

---

〔53〕 内田文昭，受託殺人・自殺関与の可罰性，收录于岩濑徹、中森喜彦、西田典之编，町野朔先生古稀記念：刑事法・医事法の新たな展開　上巻，信山社，2014年；柑本美和，刑法上の傷害と精神的障害，收录于岩濑徹、中森喜彦、西田典之编，町野朔先生古稀記念：刑事法・医事法の新たな展開　上巻，信山社，2014年；山中敬一，身体・死体に対する侵襲の刑法上の意義（3），関西大学法学論集63巻4号，2013年；原田保，人骨素材記念品の刑法的意義，收录于高橋則夫、川上拓一、寺崎嘉博、甲斐克則、松原芳博、小川佳樹编，曽根威彦先生・田口守一先生古稀祝賀論文集　下巻，成文堂，2014年。

〔54〕 创伤后应激障碍（PTSD）是指个体经历、目睹或遭遇到一个或多个涉及自身或他人的实际死亡，或受到死亡的威胁，或严重的受伤，或躯体完整性受到威胁后，所导致的个体延迟出现和持续存在的精神障碍。

由的犯罪（例如侵入住宅罪、监禁罪）进行了对比，并得出了此类犯罪所真正保护的法益并非仅仅是自由，更是隐藏在自由之下的人格权。神元隆贤在文章中则强调了行为人的性意图并不是能够左右性自由的法益侵害的主观违法要素。在这两篇论文之外，日本大阪的律师协会人权拥护委员会性暴力被害探讨组出版了《性暴力与刑事司法》一书，女性犯罪研究会也刊行了《性犯罪、被害》一书。[55]

3. 针对名誉的犯罪

日本学界对针对名誉的犯罪的探讨主要集中在名誉损毁罪与宪法所保障的表现自由（言论自由）之间的平衡。有鉴于此，专田泰孝撰文《名誉损毁罪与具备相当理由的表现活动》，在此中讨论了即便表现活动、表现行为超出了现行法所预想的范围，但若其具有相当的理由，并且能够证明其真实性，那么即便对事实有所误解，也仍然可以否定故意从而不处罚。与此相对，三上正隆则以《名誉损毁罪之中真实性的误信》为题撰文，认为现行规定确保“真实的事实”的流通，是为了调和名誉的保护与表现的自由之间的平衡，但在揭露虚伪或者真伪不明的事实之时，也可以肯定名誉损毁的违法性，对于真实性的误信并不决定非难可能性的不存在，而是可以否定责任层面的故意。此外，有关名誉损毁的文章还有田中利幸的《从刑法的观点来看有关表现自由的权利的今日之课题》以及内海朋子的《有关感情刑法的保护之序论》。[56]

（二）侵犯财产法益的犯罪

财产犯罪的讨论在日本刑法各论中的研究中占有相当大的比重。2014年度针对财产犯罪的讨论则将着眼点放在了财产犯罪的

---

〔55〕 辰井聡子，「自由に対する罪」の保護法益，收录于岩瀬徹、中森喜彦、西田典之编，町野朔先生古稀記念：刑事法・医事法の新たな展開　上卷，信山社，2014年；神元隆賢，強制わいせつ罪における性的意図（2），北海学園大学法学研究50卷1号，2014年。

〔56〕 専田泰孝，名誉毀損罪と相当の理由ある表現活動，收录于高橋則夫、川上拓一、寺崎嘉博、甲斐克則、松原芳博、小川佳樹编，曽根威彦先生・田口守一先生古稀祝賀論文集　下卷，成文堂，2014年；三上正隆，「名誉毀損罪における真実性の誤信」の法的処理，收录于高橋則夫、川上拓一、寺崎嘉博、甲斐克則、松原芳博、小川佳樹编，曽根威彦先生・田口守一先生古稀祝賀論文集　下卷，成文堂，2014年；田中利幸，刑法の観点から「表現の自由についての権利をめぐる今日的課題」，国際人権24号，2013年；内海朋子，感情の刑法的保護について序論，横浜法学22号，2014年。

细节上，例如，财产犯罪中的“不法领得”意思与“占有”概念、银行存款与财产犯罪等。

1. 有关财产犯罪中的“不法领得意思”

有关于“不法领得意思”，主要的文章有：穴沢大辅《有关不法领得的客体》以及冨高彩《判例之中的不法领得意思之再探讨》。穴沢大辅在文章中主要考察了一时利用后的返还这一类事例，以及这类事例中“权力者的排除”这一要素的要否、物的性质及其功能的利用于何种程度而言被侵害。冨高彩的文章则将不法领得的意思分为：仅存在毁弃或隐匿之意思、毁弃或隐匿之外还存在为自己或第三人之利益之目的、为自己或第三人之利益而取得、物的用途不明这四种情况。[57]

2. 有关银行存款

于日本京都举办的第91届日本刑法学大会的分组讨论之一，便是以银行存款与财产犯罪之间的问题作为契机而开展。其中的论文如下：桥爪隆《与银行存款有关的刑法上的诸问题》、上嶌一高《与误汇款有关的自己名义下存款的处分》、樋口亮介《针对存款的委托物侵占罪》。三篇文章分别详细地从各方面分析了银行存款与财产犯罪，明确了不同的侵犯银行存款的行为应认定为盗窃、诈骗还是侵占。[58]

3. 有关诈骗罪

诈骗罪的讨论因为新判例的激增而处于议论的风口浪尖。其中，山口厚在《有关诈骗罪的近时动向》一文中整理了近期的判例以及学说，指出了财产损害之外的其他情况也应该作为判断诈骗罪中“交付”的重要要素。松宫孝明则在《举动型欺罔行为以及诈骗罪的故意》一文中，具体指出“举动型诈骗”[59] 中的举动的意

---

〔57〕 穴沢大輔，不法領得の客体について，收录于岩瀬徹、中森喜彦、西田典之编，町野朔先生古稀記念：刑事法・医事法の新たな展開　上卷，信山社，2014年；冨高彩，判例における不法領得の意思の再点検，收录于岩瀬徹、中森喜彦、西田典之编，町野朔先生古稀記念：刑事法・医事法の新たな展開　上卷，信山社，2014年。

〔58〕 以上内容请参见：銀行預金をめぐる刑法上の諸問題（特集 銀行預金をめぐる財産犯），刑事法ジャーナル38号，2014年。

〔59〕 举动型诈骗主要是指类似本无付款之意而去餐厅点餐之类的情形，其中，点餐行为被视为“举动”。

义，于一般而言，交易方应考虑“营业上重要的事实”，并需要推断该事实存在与否，同时着眼于诈骗罪中的不法领得意思。此外，四篠北斗在《隐匿身份而成立的法律行为与诈骗罪：围绕暴力团成员利用高尔夫球场一案》中，对隐匿暴力团身份进入本不让暴力团成员进入的高尔夫球场这一违背公序良俗的行为是否可以符合诈骗罪的构成要件进行了探讨。此外，京藤哲久《Cyber空间的犯罪与电子计算机使用诈骗》、桥爪隆《电子计算机使用诈骗罪中的虚伪性判断》、伊藤亮吉《背任罪中的图利加害目的》等文章也分别阐述了不同类型的诈骗罪的解决方式。〔60〕

四、特别刑法于2014年的发展状况

如前所述，日本刑法学这一年的发展是在传统理论愈发深入研究的前提下，以经济刑法、医事刑法等特别刑法为中心，展开了全新的解释论、立法论的探讨。因为经济刑法和医事刑法本身的专业倾向性，对于二者的分析也不仅仅局限于最传统的分析套路。以下便从经济刑法以及医事刑法两个方面分别阐释经济刑法和医事刑法的发展。

（一）经济刑法

经济刑法所涵盖的内容很广，从抽象的角度来讲，经济刑法所保护的法益是自由市场经济秩序的运作及其信赖感，同时也顾忌到私人经济生活以及国家经济利益。〔61〕其主要包括针对企业或市场的犯罪、针对一般消费者或投资者的犯罪、针对国家经济技能的犯罪、针对情报或者知识产权的犯罪。2014年日本经济刑法的进展

---

〔60〕山口厚，詐欺罪に関する近時の動向について，研修794号，2014年；松宫孝明，挙動による欺罔と詐欺罪の故意，收录于岩瀬徹、中森喜彦、西田典之编，町野朔先生古稀記念：刑事法・医事法の新たな展開　上巻，信山社，2014年；四篠北斗，身分を秘匿してなした法律行為と詐欺罪：暴力団員のゴルフ場利用をめぐって，桐蔭法学20巻2号，2014年；京藤久哲，サイバー空間における犯罪と電子計算機使用詐欺罪（供用型），收录于岩瀬徹、中森喜彦、西田典之编，町野朔先生古稀記念：刑事法・医事法の新たな展開　上巻，信山社，2014年；橋爪隆，電子計算機使用詐欺罪における「虚偽」性の判断について，研修786号，2013年；伊藤亮吉，背任罪における図利加害目的，收录于高橋則夫、川上拓一、寺崎嘉博、甲斐克則、松原芳博、小川佳樹编，曾根威彦先生・田口守一先生古稀祝賀論文集　下巻，成文堂，2014年。

〔61〕关于经济刑法的法益的具体内涵，日本学界仍然争议不断。

主要集中在针对企业法领域的犯罪以及不正竞争防止法领域的犯罪。

1. 有关企业法领域的犯罪

伊东研祐在《有关特别背任罪的解释立场》一文中，针对日本公司法第960条所规定的特别背任罪以及之前刑法改正之时所一直探讨的业务上背任罪而进行了立法史的考察。另外，松原芳博在《法学教室》的杂志上撰文《破产犯罪》，其中对日本破产法第265条第1项所规定的诈欺破产罪的客观处罚条件，即“破产手续开始之决定的确定”的行为时期及其具体状况进行了探讨。

此外，京藤哲久的《从刑法到经济刑法》一篇文章中，在探讨具体的经济犯罪的同时，也详细讨论了刑法典所规定的财产犯罪与特别法所设定的经济犯罪的关系，并从作为经济犯罪所保护的法益的公正竞争秩序以及消费者保护等视角进行了论述。[62]

2. 有关不正竞争防止法领域的犯罪

针对不正竞争防止法领域的犯罪，主要的议论集中在不正竞争防止法第2条第6项所规定的商业秘密于刑事法上保护的必要性。有关此内容的文章有：四篠北斗《有关商业秘密的刑法保护的必要性》、只木诚《侵害商业秘密之罪》、文熙泰《商业秘密的刑事保护》。在这些文章之中，一方面讨论了商业秘密的必要保护性：另一方面也探讨了商业秘密的财产性以及价值性，进而明确了不正竞争防止法该项规定本身的目的。[63]

（二）医事刑法

有关医事刑法的文章于2014年度日本刑法学界而言可谓是最为高产。医事法在日本作为一门单独的学科，具有其专业性和特殊性，而刑法学界所探讨的内容主要集中在刑法与医事法的交叉领域，具体来说可以分为以下四个方面：医疗过失、患者的自己决定权、死亡的自己决定权、脑死亡以及器官移植。

---

〔62〕伊東研祐，特別背任罪の解釈視座について，島大法学56卷4号，2013年；松原芳博，倒産犯罪，法学教室401号，2014年；京藤哲久，刑法から経済刑法へ，明治学院大学法科大学院ローレビュー19号，2013年。

〔63〕四條北斗，営業秘密の刑法的保護の必要性について，大阪経大論集64卷4号，2013年；只木诚，営業秘密侵害の罪，法学教室397号，2013年；文熙泰，営業秘密の刑事的保護，阪大法学63卷5号，2014年。

1. 医疗过失

刑法若过多地介入医疗事故则会导致医疗这一概念界定的萎缩，同时也会因为院方的隐匿行为而导致真相探明愈发困难不堪。2014年6月，为了防止与诊疗行为相关联的患者的非预期性死亡之类的医疗事故的发生，日本的厚生劳动省设立，或建立了医疗安全调查委员会制度（也就是所谓的“医疗事故调查制度”）。该制度将向第三机关的登记申报与院内调查之类的义务赋予医疗机关。而基于这一制度及其理念，日本出台了医疗介护综合推进法。正是因为这一法案的出台，日本刑法学界有关于医疗事故的解决方针便和以前大有不同，刑法与医事法的介入程度也会因此而被相应地调整。铃木博康在《医疗事故与刑事司法》一文中便将该制度与消费者法领域的消费者安全调查委员会制度、运输行业之中运输安全委员会制度进行了比较，从而明确了医疗事故调查制度的意义及其必要性、刑事司法的介入对医疗带来的影响（例如，检察机关如何介入，以多大的程度介入医疗事故的调查）。井田良则在《围绕医疗事故与刑事过失论的考察》一文中，结合现在日本入罪化处理的医疗事故较少这一现状，从立案阶段的调查直至理论层面的刑法谦抑性的运用之类的角度，重新审视了过失处罚的总体方针。[64]

2. 患者的自己决定权

患者的自己决定权主要表现为患者有特殊的宗教信仰，以及患者有权决定是否接受医生提供的治疗方案或是选择医生所提供的诸多治疗方案中的一种。但是在患者的健康状况急剧恶化从而不得不采取紧急治疗的情况下，应如何在患者的生命以及自己决定权中取舍则是刑法中一直讨论的重点。萩原由美惠在《因宗教上的理由而拒绝输血与刑事责任》一文中，围绕着类似于“坚持自己是耶和华的信徒”而拒绝输血的事件，从民法以及刑法的视角分别进行探讨，并参考德国的理论进而划分了宪法所保障的信教自由以及患者的自己决定权之间的界限，得出了“当输血是救命的唯一手段之

---

〔64〕 鈴木博康，医療事故と刑事司法，收录于石塚伸一、岡本洋一、楠本孝、前田朗、宮本弘典编，足立昌勝先生古稀記念論文集：近代刑法の現代的論点，社会評論社，2014年；井田良，医療事故と刑事過失論をめぐる一考察，收录于高橋則夫、川上拓一、寺崎嘉博、甲斐克則、松原芳博、小川佳樹编，曽根威彦先生・田口守一先生古稀祝賀論文集 上卷，成文堂，2014年。

时，应优先对患者的生命进行救助；亦即，在此类情况下应在某种程度下对信教的自由进行制约”的结论。岡上雅美在《再论治疗行为与患者的承诺》一文中探讨了专断的医疗行为，其中区分日本医事法学者主张的“医疗行为伤害说”与德国医事法学者主张的“医疗行为非伤害说”，并得出了在现行法制度下，侵犯患者人格权的专断医疗行为主要在民事法层面进行规制便足够的结论，这也符合刑法所一直提倡的谦抑性以及补充性的原则〔65〕。

3. 死亡的自己决定权

死亡这个概念一直是刑法解释论中的重点，无论是作为结果出现在各论的犯罪之中，亦或者对死亡本身的界定，都存在着诸多拿捏不定之处。特别是对类似于安乐死、终末期医疗这一类问题，始终没能得出统一的结论，医疗界虽然针对此类情况专门出台过相应的指导方案，但复杂的个案比比皆是，因而对于安乐死以及终末期医疗的讨论并不能完全按照指导方案进行整齐划一的处理。有关于此，井田良在《再论终末期医疗与刑法》这篇文章中，对于治疗行为中人工呼吸器的摘除这一类型为进行了评价，对于患者的恢复可能性以及剩余生命的认定进行了严密的判断。此外，田坂晶在《治疗行为中止的容许性》一文中，参考了德国的理论并对同意杀人罪与治疗中止行为的关联性进行了探讨。此外，相关文章还有山本紘之《治疗中止的不可罚性的依据》以及绪方あゆみ《终末期医疗与刑法》。〔66〕

4. 脑死亡与器官移植

关于脑死亡与器官移植，主要焦点在于日本的脏器移植法第 6 条否定了脑死等于人的死亡的说法，因而在脑死的状态下将器官摘除便难以肯定其正当性。浅田和茂在《器官移植法改正的问题点》

〔65〕 萩原由美惠，宗教上の理由による輸血拒否と医師の刑事責任，收录于岩瀬徹、中森喜彦、西田典之编，町野朔先生古稀記念：刑事法・医事法の新たな展開　上卷，信山社，2014 年；岡上雅美，治療行為と患者の承諾について再論，收录于高橋則夫、川上拓一、寺崎嘉博、甲斐克則、松原芳博、小川佳樹编，曽根威彦先生・田口守一先生古稀祝賀論文集　上卷，成文堂，2014 年。

〔66〕 井田良，再論・終末期医療と刑法，收录于岩瀬徹、中森喜彦、西田典之编，町野朔先生古稀記念：刑事法・医事法の新たな展開　下卷，信山社，2014 年；田坂晶，治療行為中止の許容性，島大法学 56 卷 4 号，2014 年；山本紘之，治療中止の不可罰性の根拠について，大東法学 23 卷 1 号，2013 年；绪方あゆみ，終末期医療と刑法，中京大学 CHUKYO LAWYER 20 号，2014 年。

一文中便对此进行了探讨，进而得出了在将脑死认定为人的死亡的现状之下，应同时尊重人生前的意思以及死后所残存的尊严，并对此从社会和法律两方面进行判断。此外，日本庆应大学所主办的“与尖端医疗技术有关的法律制度研究”课题组中也呈现了许多有关脑死亡以及器官移植的优秀论文。例如，和田俊宪发表了《与人体组织在医学上的利用有关的法律以及伦理问题》，其中探讨了器官移植以及器官买卖的违法性以及相应的违法阻却事由。[67]

五、结 语

以上是对日本2014年刑法学的研究状况所作的简单介绍，仅仅是对2014年所出版或发表的重要文献进行了点评与摘录，不能穷尽日本刑法学的方方面面。虽然只是管中窥豹，但从长远的角度来讲，日本学者对于刑法解释学的重视值得我们借鉴。笔者深知比较法的研究不能仅仅停留在表面，单纯地效仿毫无实质性效用，明白为何需要借鉴、如何借鉴，才是比较法的意义之所在。希望本文的努力能为我国刑法学的发展尽到微薄之力。

---

〔67〕 浅田和茂，改正臓器移植法の問題点，收录于石塚伸一、岡本洋一、楠本孝、前田朗、宮本弘典编足立昌勝先生古稀記念論文集：近代刑法の現代的論点，社会評論社，2014年；和田俊憲，ヒト組織の医学的利用に関する法的・倫理的諸問題：刑事法学の立場から，慶應法学29号，2014年。

2014年日本民法学研究综述

赵　晶*

一、导　言

本文主要回顾2014年与财产法相关的研究动向。基于传统民法的框架，逐次介绍民法总论、物权法、债权法、无因管理、不当得利、侵权行为等领域的研究成果。本文主要参考《法律时报》第86卷第13号的2014年学界回顾财产法部分。[1] 另外，文末还将介绍三部代表性的纪念论文集以及学会的动向。

用一篇简短的研究综述概括包罗万象的民法领域的研究成果，实属不易。本文力图给国内相关领域的研究带来一缕春风，但由于篇幅上的限制，在内容上有所侧重，遗漏之处也在所难免，还望学界同仁海涵。

二、民法总论的研究进展

本部分将选取法人、法律行为、代理三个方面的研究成果作简要介绍。

（一）法　人

首先，围绕公益法人制度的改革，代表性论文有太田达男的《从公开资料看5年间的状况》和《公益法人制

---

* 赵晶，法学博士（京都大学），中国海洋大学法政学院法律系讲师。

〔1〕 新井誠、小賀野晶一、清水元、執行秀幸、高田淳、遠藤研一郎，2014年学界回顧 民法（財産法），法律時報86巻13号，2014年。

度改革3法律成立为止的经过（1）（2）》。其次，织田博子的《法人法规定的强行法规性》、稻田和也的《章程自治与强行法规性》，都是从民法与商法的角度，对以往尚未涉及的法人法规定中的强行法规性进行了探讨。[2]

（二）法律行为

意思表示一直是学界关注的焦点，以下论文分别从不同角度探讨了意思表示、法律行为。

例如伊藤进的《私法规律的构造（2）：强行法规的效力及其构造（上）（中）（下）》，通过对有关强行法规效力的通说（二元论）和有力说（一元论）及其法规范构造的考察，明确了私法规范的构造与公序良俗的关系。中舍宽树的《表见法理的归责构造》一文对虚伪表示、表见代理等表见法理进行了细致全面的研究。除此之外，关于基础学习的文献，主要有水野谦的《民法第94条第2款及第110条的类推适用（最高裁判所2006年2月23日判决，民事判例集第60卷2号第546页）》、滝沢昌彦的《从民法・条文的再出发 第97条・526条，电子消费者契约法第3、4条（契约成立与意思表示的到达）》、丸山绘美子的《从民法・条文的再出发 第95、96条，消费者契约法第4条（合意的瑕疵）》等。[3]

（三）代 理

樋口範雄、佐久间毅主编的《现代代理法》，以美国代理法第三次重述的内容为参考，与现代代理法进行了比较研究。收录于该书的代表性论文有：樋口範雄的《代理法的意义与第三次重

〔2〕 太田達男，公表資料で見る5年間の状況，公益法人43巻5号，2014年；太田達男，公益法人制度改革3法成立までの経緯(1)(2)，公益法人43巻6号、43巻7号，2014年；織田博子，法人規定の強行法規性，法律時報86巻5号，2014年；稲田和也，定款自治と強行法規性，法律時報86巻6号，2014年。

〔3〕 伊藤進，私法規律の構造(2)：強行法規の効力・その効力構造（上）（中）（下），法律論叢86巻1号、86巻2、3号、86巻6号，2013－2014年；中舍寛樹、表見法理の帰責構造，日本評論社，2014年；水野謙，民法第94条第2項及び110条の類推適用（最判平成18・2・23民集60巻2号546頁），法学教室399号，2013年；滝沢昌彦，民法・条文からの再出発　第97条・526条、電子消費者契約法第3条・第4条（契約の成立と意思表示の到達），法学教室406号，2014年；丸山絵美子，民法・条文からの再出発　第95条・第96条、消契法第4条（合意の瑕疵），法学教室406号，2014年。

述》、佐久间毅的《日本的任意代理与美国的代理》、溜箭将之的《外观法理中的代理权（表见代理权）》、神作裕之的《非显名代理》、加毛明的《主观性事件与认识归属的法理》、万泽阳子的《董事等的诉讼防御费用与代理法》和《投资顾问的责任与代理法》等。[4]

三、物权法的研究进展

关于物权法的研究进展，本文主要介绍物权法总论和担保物权两方面的研究状况。

（一）物权法总论

最近关于物权法的日法比较法研究盛行。2014年比较法学会组织了以"法国的'财与法'理论和课题"为题的研讨会。财产（biens）对于采物权、债权严格区分理论的日德民法学者来说，是一个全新的概念，但通常所说的财产法基本上与物权法相对应。从历史角度分析，财产法实质上是以有体物所有权为核心的物权法，但随着法律的发展，财产法涵盖了各种各样的财产形态，发挥着灵活作用，对日本物权法理论的发展影响深远。比如村田健介的《法国所有概念的意义(1)-(7)完》，从正面讨论了法国法上著作者人格权的法律性质。吉田克己的《身体的法律地位(1)(2)》参照法国法上的讨论，是对身体的法律构成进行尝试性研究的佳作。

以物权变动及对抗为课题展开研究的主要是以下论文：松田佳久的《物权变动中的不完全权和完全权（一）》一文为了从理论上说明二重让与中未经登记的所有权（作者称之为"不完全权"）不能对抗已登记的所有权（作者称之为"完全权"），通过分析各学说，提出了与最高裁判所判决法理相整合的理论。根据作者的观点，不完全权属观念上的所有权，可以重复让与，但是对于完全权则丧失权利。

---

〔4〕 樋口範雄、佐久間毅編，現代の代理法，弘文堂，2014年。主要收录的文章如下：樋口範雄，代理法の意義と第三次リステイトメント；佐久間毅，日本の任意代理とアメリカのAgency；溜箭将之，外観法理による代理権（表見的代理権）；神作裕之，非顕名代理；加毛明，主観的事情と認識帰属の法理；萬澤陽子，取締役等の訴訟防御費用と代理法；萬澤陽子，投資アドバイザーの責任と代理法。

关于比较法研究的成果，郑芙蓉的《中国物权变动法制的构造与理论》对中国不动产物权变动的法制概况，以及中日两国在不动产交易、土地、建筑物等方面的法律规制进行了比较研究，从立法论、解释论的角度提出了若干具体建议。

在区分所有法方面，《有关受灾的区分所有建筑物再建设的特别措施法》于2013年6月改正，《法学家》（ジュリスト）第1459号专门进行了介绍。除此之外，《公寓学》（マンション学）第48号专刊发表了专题“围绕改正受灾公寓法的诸问题”。该领域的研究还有田口勉的《背信的恶意者与利益衡量》、尾岛茂树的《不动产租赁的取得时效与对抗》、伊藤知义的《俄罗斯不动产善意取得制度》等。[5]

（二）担保物权

关于担保物权的研究，本文主要介绍抵押权及非典型担保领域的研究现状。

首先，对于抵押权，作为立法资料的研究有高桥智也的《布瓦索纳德〈帝国民法草案注解〉（4）》。作为论文集，田原睦夫的《从实务看担保法的诸问题》一书也值得关注。

关于论文方面，阿部裕介的《抵押权人的“追求权”(6)(7)》讨论了自法国古代法以来至今的学说与判例，在此基础上详细研究了法国法上抵押权的追及效力。锦织成史的《抵押权价值权说的逻辑与抵押不动产租金的物上代位的宗旨》一文分析了抵押权价值说下物上代位限制的构造与民法第371条的关系，主张物上代位的请求权基础是第304条，通过第371条解决物上代位的问题无异于南辕北辙。关于担保权侵害的问题，清水惠介的《担保权侵害一般救济手段的相互关系》一文分析了损害赔偿请求权、期限利益丧失等

---

〔5〕 村田健介，フランスにおける所有概念の意義(1)－(7)完，法学論叢171卷6号、172卷3号、172卷4号、174卷2号、174卷4号、174卷5号、174卷6号，2012－2014年；吉田克己，身体の法的地位(1)(2)，民商法雑誌49卷1号、49卷2号，2013年。松田佳久，物権変動における不完全権と完全権　その1，創価法学43卷3号，2014年；鄭芙蓉，中国物権変動法制の構造と理論，日本評論社，2014年；田口勉，背信的悪意者と利益衡量，神奈川法学46卷1号，2013年；尾島茂樹，不動産賃借権の時効取得と対抗，名古屋大学法政論集250号，2013年；伊藤知義，ロシアにおける不動産善意取得制度，比較法雑誌47卷2号，2013年。

问题。

其次，非典型担保领域也出现了众多研究成果。像田高宽贵的《让与担保法的构成·再论》，对于新型让与担保的法律构成，以自己的观点即私人实行型担保权说为基础，探讨了不动产让与担保中担保权人处分标的物的问题、动产让与担保中重复设定恰当与否以及让与担保权的效力内容，并对让与担保今后发展的应有趋势进行了展望。最高裁判所2006年7月20日等若干判决中将附买回特别约定的买卖认定为让与担保，渡部晃的《与集合动产让与担保契约的目的动产有关的债务人的处分行为与重整程序的开始》一文从法的安定性及预测可能性角度，指出了上述判例法理的问题点所在。最近还有2件最高裁判所判决认同了基于让与担保的物上代位，对此问题的讨论有渡边干典的《基于动产让与担保的物上代位》、横田敏史的《基于让与担保的物上代位之考察》等。[6]

四、债权法的研究进展

债权法改正仍然是本年度的热门话题，本部分将首先介绍债权法改正的进展情况，在此基础上，概观债务不履行、责任财产的保全、多数当事人之间的债权债务关系等领域的若干研究成果。

（一）债权法改正

至今为止，关于对债权法改正的讨论多围绕中间草案展开，2014年度发表了涉及中间草案的数篇论文，内容包括债务不履行、契约解除、风险负担、出卖人的担保责任等。例如，内田贵的“债权法改正与民法（债权法）的学习”。“特集：债权法改正与契约

---

〔6〕 高橋智也，ボアソナード「帝国民法草案註解」(4)，比較法雑誌47卷3号，2013年；田原睦夫，実務から見た担保法の諸問題，弘文堂，2014年；阿部裕介，抵当権の「追求権」について(6)(7)，法学協会雑誌130卷11号、130卷12号，2013年；錦織成史，抵当権価値権説の論理と抵当不動産の賃料に対する物上代位の趣旨，同志社法学65卷2号，2013年；清水恵介，担保権侵害に対する一般的救済手段の相互関係，日本法学79卷4号，2014年；田高寛貴，譲渡担保の法的構成・再論，名古屋大学法政論集254号，2014年；渡部晃，集合動産譲渡担保契約の目的動産についての債務者（設定者）の処分行為と再生手続の開始，收录于野村豊弘先生古稀記念論文集：民法の未来，商事法務，2014年；渡辺幹典，動産譲渡担保に基づき物上代位，收录于松山大学創立90周年記念論文集，2013年；横田敏史，譲渡担保に基づく物上代位についての一考察，国学院法研論叢40号，2013年。

法理”确认了中间草案的若干内容，同时也指出了草案与判例、学说之间的偏离。具体包括潮见佳男的《计划宗旨》、《损害赔偿》，鹿野菜惠子的《错误・不实表示》，山本敬三的《法律行为总则的改正现状与课题》，石川博康的《契约的宗旨与本意》，山本丰的《格式条款》，佐久间毅的《利益相反行为・代理权的滥用》，松井和彦的《解除・风险负担》等。

另外，对中间草案提出各自意见的论文亦不在少数。例如山田创一的《民法（债权法）改正中间草案之考察》、桥口祐介的《对法务省民事局参事官室的“民法（债权关系）改正中间草案”的意见》、椿寿夫的《关于民法改正的若干评论》，都是在评价民法改正内容的基础上，或通过比较法分析，或例举其中的问题，建议广泛征求国民意见，切实提出了各种解决方案。

不仅限于学术界，实务界也展开了激烈的讨论。潮见佳男、笹井朋昭、长谷川雅典、望月治彦、渡边光昭、山野目章夫等主持的“从企业实务看民法（债权关系）改正的中间草案（上）（下）”座谈会，从消灭时效、暴利行为、不真实表示、条款、承包、委托等角度讨论了民法改正对实务产生的影响。高山崇彦、中原利明、松尾博宪、山野目章夫、岡正晶等主持的“债权法改正的审议过程与遗留课题”座谈会则主要讨论了对金融交易实务的影响。〔7〕

最新的进展是在2014年8月26日召开的法制审议会民法（债权关系）小组第96次会议中通过了“关于民法（债权关系）改正

---

〔7〕 内田貴，債権法改正と民法（債権法）の学習，阪大法学63卷2号，2013年；法律時報86卷1号（2014年）「特集：債権法改正と契約法理」收录如下主要文章：潮見佳男，企画趣旨；鹿野菜穂子，錯誤・不実表示；山本敬三，法律行為通則に関する改正の現況と課題；石川博康，「契約の趣旨」と「本旨」；山本豊，約款；佐久間毅，利益相反行為・代理権の濫用；松井和彦，解除・危険負担。山田創一，民法（債権法）改正の中間試案に関する考察，専修ロージャナール9号，2013年；橋口祐介，「民法（債権関係）の改正に関する中間試案」に対する法務省民事局参事官室への意見，法政理論46卷2号，2014年；椿寿夫，民法改正に関する若干の検討と論評，法律時報86卷6号，2014年；潮見佳男、笹井朋昭、長谷川雅典、望月治彦、渡辺光昭、山野目章夫，座談会　企業実務からみた民法（債権関係）の改正に関する中間試案（上）（下），NBL1014・1015号，2013年；高山崇彦、中原利明、松尾博憲、山野目章夫、岡正晶，債権法改正の審議の経過と残された課題，金融法務事情62卷2号，2014年。

的大纲草案"〔8〕，今后正式法案的制定将以大纲草案为基础展开。作为重要的参考资料，同年12月出版了由潮见佳男所著的《关于民法（债权关系）改正的大纲草案概要》〔9〕一书，即对该大纲草案的内容作了详细介绍。

（二）债务不履行

关于债务不履行领域的研究成果也大多围绕债权法改正展开。发表的主要论文有户田知行的《关于出卖人的担保责任与债务不履行责任的法律改正（2）（3）完》、长坂纯的《债务不履行的损害赔偿》、小林一郎的《民法第415条后段‘债务人的归责事由’（上）（下）》、山口志保的《美国契约法交涉责任的根据》、远藤元一的《故意、重过失的法律责任与损害赔偿（上）（下）》、樱井博子的《英国法的违约的利益返还损害赔偿的展开》、小笠原奈菜的《与信息提供义务有关的契约当事人的信赖保护》等。〔10〕上述论文分别从不同角度对债权法改正中间草案的内容进行了评价，同时通过介绍所对应的各国关于债权法的规定，或表达了对中间草案改正内容持消极立场的观点，或提出自己的主张。

（三）责任财产的保全

关于责任财产保全的论文主要有片山直也的《债权人撤销权的类型与法律规范的构造》、工藤祐严的《民法第424条第2款“不以财产权为目的的法律行为”释义》、大久保宪章的《财产分割与债权人撤销权》等，内容主要集中于债权人撤销权的类型以及法规范的构造。

---

〔8〕民法（債権関係）の改正に関する要綱仮案。

〔9〕潮見佳男，民法（債権関係）の改正に関する要綱仮案の概要，一般社団法人金融財政事情研究会，2014年12月。

〔10〕戸田知行，売主の担保責任と債務不履行責任に関する法改正について(2)(3)完，立正大学経済学季報63巻1号、63巻3号，2013年；長坂純，債務不履行による損害賠償，法律論叢86巻2・3号，2013年；小林一郎，民法415条後段「債務者の責めに帰すべき事由」（上）（下），NBL1006、1007号，2013年；山口志保，アメリカ契約法における交渉責任の根拠，大東法学23巻1号，2013年；遠藤元一，故意・重過失の法的責任と損害賠償（上）（下），市民と法85号、86号，2014年；櫻井博子，イギリス法の契約違反に対する利益の吐き出し損害賠償の展開，東北ローレビュー1号，2014年；小笠原奈菜，情報提供義務による契約当事者の信頼の保護，現代消費者法23号，2014年。

除此之外，对中国法的债权人代位权制度进行基础性研究的代表作有小口彦太的《关于对中国债权人代位权的基础性研究》、《关于中国债权人取消权的基础性研究》。[11]

（四）多数当事人之间的债权债务

民法（债权法）改正的议题中也包括连带债权债务，此次债权法改正增加了民法典未明确规定的连带债权方面的内容。

以连带债务为课题的研究成果主要有深川裕佳的《再论连带债务的相互保证说》，铃木尊明的《法国连带债务关系成立的法律构造（1）》、《复数当事人债权债务归属关系的基本构造》。以上论文主要结合债权法改正的动向，就连带债务的绝对效力、分割关系、不可分关系、连带关系进行了详细的研究。

以连带债权为课题的研究成果有铃木健太郎、宇治野状步的《利用连带债权的平行债务》，岩川隆嗣的《平行债务的有效性之考察》，近藤优子的《审判中的连带债权认定标准》。以上论文通过分析相关判例，探讨了连带债权的构成要件，同时结合债权法改正的课题，从实务的观点讨论了平行债务的利用可能性。[12]

五、无因管理·不当得利·侵权行为的研究进展

（一）无因管理

无因管理领域的研究成果并不多，讨论视角也主要集中在要件及效果、紧急无因管理。代表性论文有池内博一的《代理与事务管

---

〔11〕片山直也，詐害行為の類型と法規範の構造，收录于森征一、池田真朗編，内池慶四郎先生追悼論文集私権の創設とその展開，慶應義塾大学出版会，2013年；工藤祐巌，民法第424条第2項の「財産権を目的としない法律行為」の意味について，名古屋大学法政論集254号，2014年；大久保憲章，財産分与と詐害行為，修道法学36巻1号，2014年；小口彦太，中国における債権者代位権の基礎的研究，早稲田法学89巻1号，2013年；小口彦太，中国における債権者取消権の基礎的研究，早稲田大学比較法学47巻3号，2014年。

〔12〕深川裕佳，連帯債務に関する相互保証説の再評価，名古屋大学法政論集254号，2014年；鈴木尊明，フランスにおける連帯債務関係成立の法的構造(1)，早稲田大学法研論集148号，2014年；鈴木尊明，複数当事者への債権債務帰属関係の基本構造，早稲田大学法研論集149号，2014年；鈴木健太郎、宇治野壮歩，連帯債権を利用したパラレルデット，金融法務事情62巻4号，2014年；岩川隆嗣，パラレルデットの有効性に関する考察，東京大学法科大学院ローレビュ8号，2013年；近藤優子，裁判における連帯債権の認定基準，中央大学大学院研究年報43号，2013年。

理》、塩原真理子的《紧急事务管理人的责任减轻》、平田健治的《英美法上的救助义务的定位》、二见绘里子的《对环境损害适用事务管理的可能性》等。池内论文围绕代理与无因管理的关系，认为只有在满足紧急性或必要性要件时，其效果才归属于本人。塩原论文参照德国法上的讨论，对紧急无因管理责任减轻规定的宗旨以及作为经营者的无因管理者责任减轻与否进行了研究。平田论文详细介绍了英美法上与紧急无因管理相对应的救助义务的讨论状。[13]

(二) 不当得利

不当得利领域的研究状况如下：齐藤哲志的《法国返还请求的诸法理（8）-（10・完）》，从物权变动体系与不当得利制度是否处于相互影响的关系、为什么日本法将善意取得人的利益返还范围限定在现存利益所得等问题意识出发，展开了相关的讨论。油纳健一的《不当得利法中“使用利益”的范围（1）》明确提出了物本身的价值耗损也属于“使用利益”范围的观点。西村峯裕、松村遼羽的《不法原因给付与损益相抵的可否（1）》一文以日本最高裁判所1998年6月10日判决为基础，讨论了不法原因给付能否与损害进行损益相抵的问题。另外，笹川明道的《美国原状恢复・不当得利法第三次重述》一文介绍了美国第三次原状恢复・不当得利法重述的沿革、构造和概要。[14]

(三) 侵权行为

侵权行为领域的研究成果主要集中在责任论、违法性、因果关系、共同侵权行为、特殊侵权行为等方面。

1. 侵权行为责任论

在责任论方面，主要有以下代表性论文：前田太郎的《侵权行

---

〔13〕 池内博一，代理と事務管理，收录于植木哲編，法律行為論の諸相と展開：高森八四郎先生古稀記念論文集，法律文化社，2013年；平田健治，英米法圏における救助義務の定位，阪大法学63卷3・4号，2013年；二見絵里子，環境損害に対する事務管理の適用の可能性，早稲田大学法研論集150号，2014年。

〔14〕 斎藤哲志，フランスにおける返還請求の諸法理（8）-（10・完），法学協会雑誌130卷10号、11号、12号，2013年；油納健一，不当利得法における「使用利益」の範囲(1)，広島法学37卷2号，2013年；西村峯裕、松村遼羽，不法原因給付と損益相殺の可否(1)，産大法学47卷3・4号，2014年；笹川明道，米国での「第3次原状回復・不当利得法リステイトメント」の刊行について，神戸学院法学42卷3・4号，2014年。

为责任原理的多元意义及相互关系（1）、（2）》、浦川道太郎的《危险责任的一般条款》、西村隆誉志的《日本民法典·商法典编纂过程中的用语确定》、山本阳一的《亚当·斯密（Adam Smith）的侵权行为论》。主要围绕责任原理间的相互关系、危险责任等课题，通过比较法研究，提出了各自的观点。〔15〕

2. 违法性

在违法性理论研究方面，有吉田克己的《交易的侵权行为与自己决定权》、荻野奈緒的《从挖人事例看契约侵害论的意义和界限》、田上富信的《纯粹经济损害的赔偿》等。〔16〕吉田论文以判例为素材，对有关交易的侵权行为中自己决定权的意义进行了考察。荻野论文为了考察挖人事件中契约侵害的意义及界限，以法国法为视角，重新讨论了日本的通说、最近的有力说以及判例法理。田上论文对纯粹经济损害的赔偿进行了比较法上的详细考察，结合日本法的现状，提出了相应的建议。

3. 因果关系

因果关系领域的研究成果主要有新美育文的《法律上的因果关系》，以最高裁判所的判决为素材，讨论了如何认定事实关系不确定的因果关系。新美教授的另一篇论文《法律上的因果关系与疫学的因果关系》，从同样的问题意识出发，参照最近欧美法中的讨论，明确了疫学因果关系的意义和界限。另外，须贺宪子的《由低频噪音造成的健康损害与事实因果关系及忍受限度判断的现状》，对于低频噪音损害，以公害调整委员会责任裁定申请案件为素材，详细

〔15〕 前田太郎，不法行為法における責任原理の多元性の意義とその関係性(1)(2)，愛知学院大学論叢法学研究55卷1·2号、55卷3·4号，2014年；浦川道太郎，危険責任の一般条項，收录于野村豊弘先生古稀記念論文集：民法の未来，商事法務，2014年；西村隆誉志，日本民法典·商法典の編纂過程における用語の確定，愛媛法学会雑誌39卷1·2号，2012年；山本陽一，アダムスミスの不法行為論，名古屋大学法政論集250号，2013年。

〔16〕 吉田克己，取引的不法行為と自己決定権，收录于西谷敏先生古稀記念論文集（上）労働法と現代法の理論，日本評論社，2013年；荻野奈緒，引抜き事例にみる契約侵害論の意義と限界，同志社法学65卷2号，2013年；田上富信，経済的損害の賠償，愛知学院大学論叢法学研究55卷1·2号，2014年。

讨论了因果关系的认定、忍受限度的判断。[17]

4. 共同侵权行为

围绕石棉诉讼判决，学界掀起了共同侵权行为理论的讨论热潮。例如，大塚直的《建设石棉诉讼中加害行为的竞合》以及前田阳一的《民法第719条第1款后段中共同侵权行为论的新展开》等。永下泰之的《原因在损害赔偿法上之地位（5）、(6・完)》一文总结了德国法的讨论，对日本法中的原因减责论进行了再思考。[18]

5. 特殊侵权行为

特殊侵权行为领域的研究大多涉及药害诉讼、医疗侵权诉讼、消费者团体诉讼、父母的民事责任等。例如，吉村良一的《“药害易瑞沙（Iressa）”中的制药公司责任》、樋口範雄的《美国医疗过失诉讼与现代课题》、高田义之的《对律师的惩戒请求与侵权行为》、都筑满雄的《消费者集体受害的恢复与侵权行为》、吉村显真的《美国侵权行为法中父母的民事责任的概况》等。

此外，围绕福岛核电站事故中的损害赔偿，2014年陆续发表了多篇论文。例如，淡路刚久的《“作为包括性生活利益的平稳生活权”的侵害与损害》，吉村良一的《原子能损害赔偿纷争审查会“中间指针”的性质》，大坂惠里的《福岛第一原子能发电站事故中东京电力的法律责任》、米村滋人的《大地震与损害赔偿法》、

---

〔17〕 新美育文，法における因果関係，法律論叢86卷1号，2013年；新美育文，法における因果関係と疫学的因果関係，收录于野村豊弘先生古稀記念論文集：民法の未来，商事法務，2014年；須賀憲子，低周波音による健康被害と事実的因果関係および受忍限度判断の現状，専修大学法学研究所紀要39号，2014年。

〔18〕 大塚直・建設アスベスト訴訟における加害行為の競合，前田陽一・民法719条1項後段をめぐる共同不法行為論の新たな展開，收录于野村豊弘先生古稀記念論文集：民法の未来，商事法務，2014年；永下泰之，損害賠償法における素因の位置(5)(6)，北大法学論集64卷5号、65卷1号，2014年。

水上贵央的《福岛核电事故损害赔偿的时效延长立法》等。[19]

6. 欧洲侵权行为法

作为欧盟成立以来最大的私法研究项目，《共同参考框架草案》（DCFR）奠定了欧盟私法统一的基础，其中第六编“契约外责任”是欧洲侵权法统一的模范法典，一部分学术著作及文章也将橄榄枝投向于此。例如松原孝明的《欧洲侵权行为法调和的动向(1)(2)》、山本周平的《欧洲侵权行为法的一个缩影》、大久保邦彦的《损害赔偿法的内在体系与动态体系论的立法》等。[20]

六、纪念论文集的出版

本年度相继出版了几部著名学者的纪念论文集。

森征一、池田真朗主编的《私权的创设及其展开（内池庆四郎先生追悼论文集）》，其中收录了已故内池教授的3篇遗稿，及其门生的若干论文。例如，内池庆四郎的《无意识的不同意与错误之间的关系》、《民法第97条·526条基本问题的设定》、《承诺的效力与契约成立时期的问题》，池田真朗的《从债权让与到债务承担·契约让与》，片山直也的《欺诈行为的类型与法律规范的构造》，河原格的《第117条规定中无权代理人的责任》，北居功的《意思

〔19〕 吉村良一，「薬害イレッサ」における製薬会社の責任，立命館法学350号，2013年；樋口範雄，アメリカの医療過誤訴訟と現代的課題，收录于野村豊弘先生古稀記念論文集：民法の未来，商事法務，2014年；高田義之，弁護士に対する懲戒請求と不法行為，愛媛法学会雑誌39卷3·4号，2013年；都築滿雄，集団的消費者被害の回復と不法行為法，名古屋大学法政論集254号、2014年；吉村顕真，アメリカ不法行為法における親の民事責任の概況，青森法政論叢14号，2013年；淡路剛久，“包括的生活利益としての平穏生活権”の侵害と損害，法律時報86卷4号，2014年；吉村良一，原子力損害賠償紛争審査会「中間指針」の性格，法律時報86卷5号，2014年；大坂恵里，福島第一原子力発電所事故における東京電力の法的責任，法律時報86卷7号，2014年；米村滋人，大震災と損害賠償法，論究ジュリスト6号，2013年；水上貴央，福島原発事故損害賠償の時効延長立法，法律時報86卷4号，2014年。

〔20〕 松原孝明，ヨーロッパにおける不法行為法調和への動向(1)(2)，大東法学58号、61号，2011年、2013年；山本周平，ヨーロッパ不法行為法の一断面，北大法学論集64卷3号，2013年；大久保邦彦，損害賠償法の内在的体系と動的体系論による立法，大阪大学大学院国際公共政策研究18卷1号，2013年。

表示的再生可能性》等。〔21〕

由五十岚敬喜、近江幸治、楜泽能生主编的《民事法学的历史与未来（田山辉明先生古稀纪念论文集）》收录了与田山教授研究课题（物权法以及债权法的制度论、解释论等）相关的诸多论文。例如，浦川道太郎的《德国危险责任的成立》、藤村和夫的《人身伤害保险与原因减额》、小贺野晶一的《原子能发电站事故与损害赔偿责任》、渠涛的《农民集体所有土地承包合同中的财产关系》、镰野邦树的《区分所有建筑物的管理费剩余金之法律性质》，藤井俊二的《再论“定期建筑物租赁期间届满后的法律关系”》等。〔22〕

由能见善久、樋口範雄、大塚直、中山信弘、冲野真己、岗孝、本山敦主编的《民法的未来（野村丰弘先生古稀纪念论文集）》一书收录了野村教授研究业绩中关于民法、法国法、信托法等领域的论文。具体有冈孝的《从瑞士新法的角度再探讨日本任意监护制度》、渡部晃的《与集合动产让与担保契约中目的动产相关的债务人的处分行为与重整程序的开始》、石川博康的《法国本质债务论的展开与整合性的原理》、森田修的《法国法上“清偿”的法律性质论》、中田裕康的《从契约法看双方未履行双务契约》等。〔23〕

---

〔21〕 森征一、池田真朗編，内池慶四郎先生追悼論文集 私権の創設とその展開，慶應義塾大学出版会，2013年。该论文集收录了内池庆四郎的三篇遗稿，分别是「無意識的不合意と錯誤との関係について」、「民法第97条・第526条における基本的問題の設定」、「承諾の効力と契約成立時期の問題」。另外该论文集还收录了池田真朗，債権譲渡から債務引受・契約譲渡へ；片山直也，詐害行為の類型と法規範の構造；河原格，117条の定める無権代理人の責任；北居功，意思表示の再生可能性。

〔22〕 五十嵐敬喜、近江幸治、楜澤能生編，民事法学の歴史と未来（田山輝明先生古稀記念論文集），成文堂，2014年。除田山教授的论文外，该论文集收录的文章主要如下：浦川道太郎，ドイツにおける危険責任の成立；藤村和夫，人身傷害保険と素因減額；小賀野晶一，原子力発電所事故と損害賠償責任；渠涛，集団所有土地の農家による請負契約上の財産関係；鎌野邦樹，区分所有建物における管理費余剰金の法的性質；藤井俊二，「定期建物賃貸借期間満了後の法律関係」再論。

〔23〕 能見善久、樋口範雄、大塚直、中山信弘、沖野眞已、岡孝、本山敦編，民法の未来（野村豊弘先生古稀記念論文集），商事法務，2014年。除野村教授的论文外，该论文集收录的其他文章有：岡孝，スイス新法から日本の任意後見制度を再検討する；渡部晃，集合動産譲渡担保契約の目的動産についての債務者（設定者）の処分行為と再生手続の開始；石川博康，フランスにおける本質的債務論の展開と整合性の原理；森田修，フランスにおける「弁済の法的性質」論；中田裕康，契約法から見た双方未履行双務契約。

七、学会动向

日本私法学会于2014年10月11日—12日在中央大学举行，研讨会的主题是“财产的多样化与民法学的课题”。同时进行了以“民法（债权关系）改正的论点与讨论课题”、“功能主义的法解释论与概念法学之间的桥梁”等为题的扩大研究会。研讨会的具体研究报告有、和田胜行的《关于让与人破产时将来债权让与担保的效力》、村田健介的《所有权与精神性利益之间的关系》、小林一郎的《民法第415条后段“债务人的归责事由”》、峯川浩子的《医疗设施的组织责任》等。[24]

八、结语

从以上研究成果、学会动向的介绍中，不难看出日本民法研究的几个特点：

第一，理论与实践的充分结合。民法是一门实用性极强的学科，理论的架构往往离不开实务上的讨论，所以日本学界历来重视判例研究，专门以判例研究为课题的杂志及论文层出不穷，不仅有面向基础学习的《民法判例百选》，也有各年度主要的《判例解说》。

第二，比较法研究的成果显著。日本在对待法律制度与法律文化方面，一向擅长吸收他国之所长，民法领域的研究尤为明显。在诸如民法总论、物权法等体系和原则方面的基础研究，大多继受以德国法和法国法为核心的大陆法系的理论，在代理法、契约法、侵权行为法等领域，也注重英美法的比较研究。

第三，紧跟世界先进的立法研究成果。日本民法学界立足于本国法律制度研究的同时，也密切关注世界范围内的最新立法动向。具体内容涉及债权法改正、欧洲私法统一进程、美国不当得利第三次重述等。通过本文的介绍可知，民法（债权关系）改正依然是学

---

〔24〕 研究会主题的日文表示为「財の多様化と民法学の課題」。扩大讨论的议题是「民法（債権関係）改正の論点と検討課題」、「機能主義的法解釈論と概念法学との架橋」。研讨会的研究报告主要有：和田勝行，譲渡人倒産時における将来債権譲渡担保の効力；村田健介，所有権と精神的利益との関係；小林一郎，民法415条後段「債務者の責めに帰すべき事由」；峯川浩子，医療施設の組織責任。

说及实务讨论的核心，与此相关，涌现出了大批以外国立法动向为主题的译著与论文。例如，笹川明道的《美国原状恢复·不当得利法第三次重述》；Christian Von Bar/Hans Schulte－Nölke 等主编，窪田充见、潮见佳男、中田邦博、松岗久和、山本敬三、吉永一行监译的《欧洲私法的原则定义模范准则》；Coester－Waltjen、Dagmar Coesrer、Michael 著，新井诚编《德国与欧洲的私法和程序法：Coester－Waltjen，Dagmar Coesrer，Michael 论文集》[25] 等。

我国的民法学研究是在改革开放之后重新起步的，在注重本土制度建构的同时，我们不能忽视外国法的比较研究，尤其是在世界经济一体化发展的大趋势下，民法学领域的研究更应重视比较法的研究。另一方面，民法的研究离不开实务，实务的发展也需依托理论的架构，因此，在构筑抽象理论的同时，应当结合裁判实践，注重判例研究，逐渐消除理论与实践的隔阂，以期形成本土化的理论体系。

---

〔25〕 笹川明道，米国での「第3次原状回復・不当利得法リスティトメント」の刊行について，神戸学院法学42卷3・4号，2014年；クリスティアン・フォン・バール、エリック・クライブ、ハンス・シュルテネルケ、ヒュー・ビールほか編，窪田充見、潮見佳男、中田邦博、松岡久和、山本敬三、吉永一行監訳，ヨーロッパ私法の原則・定義・モデル準則，法律文化社，2013年；ダグマール・ケスター－，ヴァルチェン/ミヒャエル・ケスター－著，新井誠編，ドイツとヨーロッパの私法と手続法：ダグマール・ケスター－，ヴァルチェン/ミヒャエル・ケスター－論文集，日本評論社，2013年。

图书在版编目（CIP）数据

日本法研究. 第1卷/牟宪魁主编. —北京:中国政法大学出版社，2015.9
ISBN 978-7-5620-6307-0

Ⅰ.①日… Ⅱ.①牟… Ⅲ.①法学－研究－日本 Ⅳ.①D931.3

中国版本图书馆CIP数据核字(2015)第237732号

出版者　中国政法大学出版社
地　　址　北京市海淀区西土城路25号
邮寄地址　北京100088信箱8034分箱　　邮编100088
网　　址　http://www.cuplpress.com（网络实名：中国政法大学出版社）
电　　话　010-58908524（编辑部）　58908334（邮购部）
承　　印　固安华明印业有限公司
开　　本　650mm×960mm　1/16
印　　张　17.5
字　　数　260千字
版　　次　2015年9月第1版
印　　次　2015年9月第1次印刷
定　　价　42.00元